高校小学教育专业卓越教师培养系列教材

部分书目

小学教师专业发展概论
生命教育导论
教育法学与小学校园安全概论
小学语文课程与教学论
小学数学课程与教学论
小学科学实验教学论
小学综合实践活动课程与教学论
汉字学与小学识字教学
古诗理论与小学古诗教学
儿童文学与小学语文教学
小学数学课程文化性导论

本系列教材为

教育部卓越教师培养计划改革项目成果

高校小学教育专业卓越教师培养系列教材

古诗理论与小学古诗教学

张平仁　主编

人民教育出版社
·北京·

图书在版编目（CIP）数据

古诗理论与小学古诗教学/张平仁主编．—北京：人民教育出版社，2015.9

高校小学教育专业卓越教师培养系列教材

ISBN 978-7-107-30215-2

Ⅰ.①古…　Ⅱ.①张…　Ⅲ.①古典诗歌—诗歌理论—中国—高等学校—教材②小学—古典诗歌—中国—教学研究—高等学校—教材　Ⅳ.①I207.22②G623.202

中国版本图书馆 CIP 数据核字（2015）第 221610 号

人民教育出版社出版发行

网址：http://www.pep.com.cn

人民教育出版社印刷厂印装　全国新华书店经销

2015 年 9 月第 1 版　2015 年 11 月第 1 次印刷

开本：787 毫米×1 092 毫米　1/16　印张：21.75

字数：335 千字　印数：0 001~3 000 册

定价：40.10 元

如发现印、装质量问题，影响阅读，请与本社出版科联系调换。

（联系地址：北京市海淀区中关村南大街 17 号院 1 号楼　邮编：100081）

《高校小学教育专业卓越教师培养系列教材》

总 序

2014年教师节前夕，习近平总书记在北京师范大学师生座谈会上提出了好老师的四项标准。这四项标准是有理想信念、有道德情操、有扎实学识、有仁爱之心。我理解，作为好老师的理想信念应该有两个方面：一是坚持中国特色社会主义道路，担负中华民族伟大复兴的历史使命；二是热爱教育事业、热爱学生，把学生培养成国家的栋梁。在道德情操方面，老师要传道授业，自己就应该有高尚的道德情操，做道德的楷模。老师要践行社会主义核心价值观，以身作则，做学生的榜样。同时要掌握教育规律，具有高尚的师德。关于扎实学识，我认为就是强调学问和见识。教师的责任是传授知识，培养能力。教师不仅要具备敦厚的知识底蕴，而且还要有真知灼见、开阔的视野和深睿的智慧。谈到仁爱之心，习近平总书记说：“教育是一门‘仁而爱人’的事业。”老师要用爱心激发学生学习进步的火花，开启通向知识智慧之门。为了贯彻落实习近平总书记教师节重要讲话精神，推动教师教育综合改革，培养让党和人民满意的好教师，2014年12月，教育部根据《关于实施卓越教师培养计划的意见》，发出了《关于公布卓越教师培养计划改革项目的通知》。其中，卓越小学教师培养改革项目备受关注。现就学习贯彻习近平总书记教师节讲话精神、推进卓越小学教师培养谈几点认识。

一是要正确处理小学教师的特点与大学专业教育的关系。小学生活泼好动、好奇性强，小学老师应是一个多面手，既能教学科知识，又能带领孩子开展各种文体活动。小学老师要有童心童趣，最好能歌善舞，才能和孩子们打成一片，培养孩子们的良好习惯和活泼开朗的性格。因此，小学教育专业应该拓宽通识教育，特别要重视文艺、体育类选修课，鼓励师范生选修。我曾经提议开设儿童文学、自然科学概论、社会科学概论等课程，以此提高小学教师的科学文化修养。

二是要正确处理专业性和综合性的关系。小学教育专业培养单科教师好，还是培养全科教师好，历来有争议。但小学教育具有综合性，特别是农村规模小的学校，以全科教师最为适宜。城市里学校规模较大，适合单科教学。但考虑到小学教育综合性的特点，小学教育专业培养目标不宜过窄，最好是以一个学科专业为主，另修一个辅科专业。国外一般都要求小学教师能胜任两门以上学科的教学，这种要求值得借鉴。

三是要正确处理小学教师的职业性和大学学科专业性的关系。大学是以学科为基础发展起来的，因而重视学科建设。但小学教师是一种职业。一般职业除了要有职业理想和职业道德外，主要是要求掌握职业的技能。专业与职业两者是有区别的，有时是矛盾的。因此，高校小学教育专业要解决好这个矛盾，既要让师范生掌握教育学科的理论，培养学生的理性思维，达到高等教育对学术水平的要求，又要培养师范生教书育人的技能，如设计教学、整合教育资源、编写教案、实施教学、组织活动、写好三笔字等技能。小学教育专业既然是大学本科的层次，就要有一定的学科理论的支撑，毕业生要有一定的理论水平和科学研究的初步能力。

我认为，高师小学教育专业区别于中师教育，应主要在理论层面上和人文学识上。要让师范生掌握教育教学规律和小学阶段儿童成长的规律，同时提高科学文化知识水平和人文修养。总之，小学教育专业卓越教师培养是一个新事物，它的课程教材建设必须建立在科学研究的基础上。

首都师范大学初等教育学院是全国小学教师教育改革的一面旗帜，是我国开展本科学历小学教师培养的先行者。其小学教育专业首批入选“国家级特色专业”，并首批入选“教育部卓越教师培养计划改革项目”。在总结长期以来小学教师教育改革发展经验的基础上，首都师范大学初等教育学院联合有关院校，对小学教育专业如何培养卓越小学教师进行了深入的探讨，组织编写了一套《高校小学教育专业卓越教师培养系列教材》，将陆续由人民教育出版社出版发行。该系列教材既继承了百年中师的优良传统，又赋予了高等教育的深刻内涵，并把科学性、理论性、实践性、前沿性作为编写原则和追求目标。我相信这套教材的编写出版一定能为高师小学教育专业建设和卓越小学教师培养做出重要贡献。

是为序。

2015 年 4 月 19 日

（本总序作者顾明远先生系首届教育部小学教师培养教学指导委员会主任、中国教育学会名誉会长、北京师范大学资深教授）

《高校小学教育专业卓越教师培养系列教材》

前 言

近年来，教育部先后组织研制和颁布了《教师教育课程标准》《小学教师专业标准》等一系列标准，对我国教师教育改革发展进程产生了重要影响。在此基础上，教育部又于2014年出台了《关于实施卓越教师培养计划的意见》，要求各高校以实施卓越教师培养计划为抓手，整体推进教师教育改革创新，全面提高教师培养质量。

《高校小学教育专业卓越教师培养系列教材》编写出版工作正是在这样的大背景下启动的。本套教材是由首都师范大学初等教育学院牵头并联合有关院校，在人民教育出版社教师教育课程教材研究开发中心的支持下，根据教育部《关于实施卓越教师培养计划的意见》的精神，并参照《小学教师专业标准》《教师教育课程标准》而编写的。

首都师范大学初等教育学院小学教育专业设置于1999年，2007年首批入选“国家级特色专业”，2014年首批入选“教育部卓越教师培养计划改革项目”。这套教材的编写是在全面总结首都师范大学小学教育专业十几年来小学教师培养模式改革与教材建设经验基础上进行的，集中体现了小学教师教育传承百年师范经验与教师教育改革创新的统一；国际视野与本土实践的统一；学科建设与专业建设的统一。本套教材的具体特点如下。

1．注重学科建设对专业建设的支撑。教材建设历来是专业建设的重要内容，而重视教材建设又不能只就教材建设论教材建设。教材建设一定是以学科建设为基础，在深入研究的基础上形成教材。首都师范大学小学教育专业的教学团队先后围绕“小学儿童研究”“初等教育基本理论研究”“小学教师教育研究”“大学课程与小学课程对接的研究”“小学各学科课程与教学的研究”等专题展开学科建设，形成了一批具有小学教育特色的研究成果。本套教材正是这些成果的结晶。它力图贯彻教育部卓越教师培养计划中关于“吸收儿童研究、学习科学、心理科学、信息技术的新成果”的要求。

2．坚持理论与实践的对接。即关注源自小学教育实践中生成的问题研究，反哺小学教师教育，使大学教材具有鲜活的实践特征。本套教材充分运用案例，在分析研究的基础上，试图提升到理论的高度加以诠释，反过来指导实践，形成“真情境、小问题、高观点”循环往复螺旋式上升的思维模式。

3．落实教育心理类课程与专业学科类课程的整合。为了避免小学教师教育教材建设可能存在的教育学类、心理学类及高师各专业学科课程简缩拼盘、小学教育专业特色不突出的现象，本套教材致力于突破传统的学科体系，强调按需取材，即根据小学教师人才培养需要来决定内容的取舍，尽量消除重复内容。

4．强调大学课程与小学课程的对接。以往学生在大学期间学习许多诸如“高等数学”“大学语文”等大学的课程，但到了小学一线教学所接触的是小学数学、小学语文等课程。这两类课程往往是“两张皮”，甚至不少学生认为大学里这些课程的设置是没有用的。对此问题，首都师范大学初等教育学院的老师们在语文、数学等相关学科领域进行了十几年的研究与探索。本套教材中的《古诗理论与小学古诗教学》《儿童文学与小学语文教学》《汉字学与小学识字教学》《文本解读理论与小学语文教材分析》等，对上述问题给予了很好的回应，使师范生学会用居高临下的观点来看小学的教学内容。

另外，本套教材还特别关注小学教育专业实验课程教材的开发，力图通过实验课程教材改革，更好地为培养未来小学教师的科学素养、探究精神、创新意识和实践能力提供支撑。

人民教育出版社一贯以教育事业为重，以教材建设为重，对本套教材的研究开发给予了大力指导和帮助。特别是郭戈研究员和本套教材的丛书责编刘立德编审、韩华球副编审等有关领导及编审人员，为本套教材的总体设计、编写立项和编辑出版付出了巨大的努力，谨在此一并表示衷心感谢！

由于我们的水平有限，需要探索的问题还有很多，本套教材或有疏漏甚至错误之处，敬请读者批评指正为盼。

王智秋

2015年5月10日

（本前言作者系教育部小学教师培养教学指导委员会秘书长、全国教师教育学会小学教师教育委员会理事长、首都师范大学初等教育学院院长、本套教材总主编）

本书前言

中国文化是诗性文化，诗歌是古代文学的代表形式，她深刻影响着国人的思维方式，深度滋润着国人的心灵世界。从《诗经》所载最早的作品（西周初年）至清末，古代诗史达三千年，若算上上古歌谣，时代更久。在漫长的发展历程中，古诗作品繁多，体裁多样，同时理论研究深入全面，给我们留下了丰厚的文化遗产。当今的社会制度、文化心理与古代相比已发生了很大的甚至是根本性的变化，但文化发展本身具有很强的连续性，传统的观念和思维方式作为一种集体无意识，已融会在中国人的血液中，成为立身之本。文化的任何发展和变革都必须首先基于对传统的继承而非抛弃，古代的人文精神是当今文化发展的基本源泉。作为传统人文精神的重要载体，古诗对传承中华文明有着不可替代的作用，且相对于政治学、伦理学，其精华更多而糟粕更少，更易被今人接受。继承不仅是为了保存，更是为了体验、创新，古诗鲜活的场景、浓厚的情感、含蓄的表达在当下仍可以让我们安顿心灵、了解历史、启迪智慧，读古诗即是寻找精神的家园。

古诗教学是语文教学的重要组成部分，是学生学习古诗的主要渠道。它也是语文教学的难点，很多教师反映古诗不好教，不知道怎么教，教到什么程度算合适，教学效果不够理想，等等。同时，古诗教学也是探讨的热点，相关论文很多。不过在热烈的探讨背后，存在一个普遍性的不足：对古诗的本质特点认识不够，探讨的含金量有待提高。从教学实践和理论研究两方面看，古诗教学已成为语文教学的一个软肋。我们认为造成这一现象的根本原因在于教师古诗素养欠缺，具体表现在古诗理论与作品解读两个方面。古诗理论体系纷繁复杂，又充满哲理的深度，对于小学教师来说，常觉生疏和“高深”，谈不上比较全面深入的了解。在作品解读方面，现有的教参、教辅对于作品的精义、言外之意、重点字词、艺术手法等的把握理解也常不尽如人意，尤其是缺乏合理有效的解读思路。以上两方面的欠缺使教师常无法吃透教材，对作品的理解有限，由此也限制了教学上的深入探讨和运用。

《小学教师专业标准》对教师的专业知识和教育教学知识及专业能力提出了明确要求，关于古诗及其教学的知识和能力是小学教师应该具备的基本素质之一。本教材的目的是帮助教师掌握基本的古诗理论，提高作品鉴赏能力，提升教学水平。教材分理论篇、教学篇、作品篇三部分，理论篇结合小学古诗教学实践，简明地、有重点地介绍古诗的基本理论，以符合小学教师的理解水平；教学篇结合古诗理论和作品解读思路，对古诗教学的原则、步骤、方法、模式等问题做了阐述，力图使所提理论符合小学古诗教学实践，有可行性，能解决目前存在的一些问题；作品篇运用新的思路，比较深入细致地解读了小学教材中的常见古诗，以便为教师较好地理解古诗内容提供借鉴。理论、教学、作品三者有机结合，以加深理论素养为前提，以提高作品解读能力为基础，以推进教学水平为归宿。既注重基础知识的阐述，也注重能力培养的引导，以适应教师自我发展、终身学习的需求。

本书可作为小学教师职前培养相关课程的教材，建议安排 18 学时；也可作为小学教师教学参考书，及教师培训和自学教材。每一章前有内容提要（第七、八章因内容较特殊而没有列），概括本章主要内容；后有思考题，一般是对该章内容的扩展性思考。书末所列参考文献既是本书写作的参考资料，也可作为读者拓展阅读的参考资料。

本书编写过程中得到了一线教师和相关专家的大力支持，全国著名特级教师孙双金老师、窦桂梅老师慷慨惠允将自己的教学实录收入本书，孙绍振老师、黄亢美老师、赖配根老师、顾丽芳老师、胡兰老师慷慨惠允将自己对相关教学实录的点评收入本书，另外还收录了已去世的钱正权老师的点评，对他们嘉惠教林的德举深表谢意。首都师范大学初等教育学院陈瑜老师为本书编写提出了宝贵建议，谨致谢意。学界对古诗的理论、鉴赏、教学已进行了大量研究，本书编写过程中参考了相关成果（凡直接参考的在书中已注明），在此一并致谢。

本书第一至第七章由张平仁编写，第八章由李雪、杨楠、刘佳艳、秦美玉及张平仁编写。全书由张平仁统稿。

由于我们水平有限，对古诗理论及小学古诗教学的研究尚有欠缺，书中一定存在各种不足和缺点，敬请方家指正。

编　者

2015 年 7 月

目 录

上 理论篇 1

下 作品篇 167

上　理论篇

我国古代有极其丰富的诗歌理论，它们从多个方面对诗歌的本质、功用、创作、审美、表现手法等做出各种阐释，是古代文学理论的宝贵财富。不过这些诗歌理论有两个突出特点：零散和感悟。首先是存在形式零散。古代诗论家基本上是以随笔随录的方式发表自己的见解，诗论大量地以序跋、札记、随笔、书函、杂纂等方式存在，很少有专门的、体系严密的理论著作。最成体系的著作是南朝梁刘勰的《文心雕龙》，被誉为“体大而虑周”（清章学诚《文史通义·诗话》），再就是清人叶燮的《原诗》，基本上自始至终围绕着自己的诗论主张展开论述。其次，理论批评大都是具体的、感悟式的。论者往往结合或针对具体的作品或作家发表看法，诗选、诗评是如此，大量的诗话著作也是如此，常引用、收录很多诗句来印证某一观点，这些观点都有很强的具体针对性。与此相应，观点主要不是由逻辑思辨而得，而是通过感悟的方式得出，运用大量比喻、象征、通感、联想、暗示等手法来描述、说明观点和概念。另外，理论术语没有明确的内涵，具有模糊性、朦胧性特点。论者往往是从个人的直接经验或心理感受出发创造和运用理论术语，不讲究其逻辑严密性，如“体”可以指诗体、体裁，也可以指体性风格，还可以指体味、体验等。很多术语内涵有交叉，如“兴”“韵”“悟”“神”几个术语就是如此。这种情形给现在的理论研究带来了较大障碍。

古代诗论的上述特点使之始终没有形成完整严密的理论体系，更不用说完整严密的理论著作了，这给古诗理论探究带来一定困难。本书理论篇对古诗理论的介绍不求面面俱到，也不做过于深奥的探究，只就其基本问题做一些阐述。

第一章

古诗的创作及意境

【本章提要】

诗歌产生于生产劳动和情感表达需要，最早与音乐、舞蹈结合在一起。诗人创作诗歌主要是为宣泄心中的愤懑，即“发愤著书”。诗歌创作过程包括诗情的引发、培养、生成、表达几个环节，贯穿着两个基本方面：一是诗情是借助景来完成的，二是诗情表达以直觉感知的方式进行。形成作者的主观情意与客观物境互相交融的意境，是诗情呈现的主要方式。

第一节 诗歌的产生

一、诗歌产生的社会学解释

一般认为，诗最初孕育于劳动之中。《淮南子·道应》载："今夫举大木者，前邪（yé）许，后亦应之，此举重劝力之歌也。"（现在扛抬巨大木头的人，前面的发出"邪许"的号子声，后面的人也跟着喊，这种号子就是抬重东西时用来鼓劲用力的歌声。）号子突出的是节奏，内容往往没什么实际含义，歌声的节奏与生产中动作的节奏相一致，歌声是生产节奏的自然延伸。这种号子并不是严格意义上的诗歌，却是诗歌的胚芽。

经进一步发展，诗歌成为再现生产过程、传授实践经验的工具。传说为黄帝时歌谣的《弹歌》曰："断竹，续竹，飞土，逐肉。"（砍断竹子，将竹子的两端用韧性绳子系上做成弓箭，看见猎物将泥弹飞射出去，追逐被射中的猎物。）表现了从弓箭的选材到射中猎物的过程。传说为舜时歌谣的《蜡（zhà）辞》曰："土反其宅，水归其壑，昆虫毋作，草木归其泽。"（田土返回原地不要流失，水流向洼地不要泛滥成灾，有害的昆虫不要繁殖，危害庄稼的草木返回到沼泽地。"蜡辞"即"腊辞"，是古人每年十二月祭祀百神、感谢众神灵对农作物的福祐的仪式上所用的祝词。）反映了人们在生产活动中对水土保持和除草防虫等方面的认识。在这两首歌谣中，歌词不再仅仅表示节奏，而有实际的含义。歌词内容突出的是对生产活动的反映和传授知识的特性，也就是起到认识功能。另外，尽管比较简单，但它们已经表现出人们对形式美（押韵、音节等）有意识的追求。上述歌谣已是比较成熟的诗歌，之前应还有一个漫长的过渡阶段，只是现在无法找到实例①。

诗歌虽萌芽、发展于生产劳动，但同时也孕育着情感因素。在号子的吭唷之声里，多少包含着对生活的热爱；在表现生产活动、传授生产知识时，也不免含有对生产的热情向往和回味。但这些都只是诗歌的附属品。随着人类情感的进一步丰富和诗歌的进一步发展，情感就从生产活动中独立出来，成为诗歌生成的最重要动力。

二、诗歌产生的心理学解释

中国古代诗论认为诗是因表现情感需要而产生的。《诗大序》说②：

> 诗者，志之所之也。在心为志，发言为诗。情动于中而形于言，言之不足，故嗟叹之；嗟叹之不足，故永（咏）歌之；永歌之不足，故手之舞之，足之蹈之也。（志之所之：心中的所想所感所去的地方，即情志借以表达的方式。发言：表现于语言文字。中：心中。）

情感是人天生就有的（尽管最初人的情感比较简单），要把不能抑制的情感表现出来，最好的方式就是诗。情感具有内在的节奏，而诗也有节奏，两相契合。另外，情感是混沌的、朦胧的，不易清晰解说的，而诗的表达方式也与此相应。

---

① 张松如主编，庄严、章铸著：《中国诗歌美学史》，吉林大学出版社 1994 年版，第 18—19 页。

②《诗大序》是《诗经》卷首从总体上阐述《诗经》创作意图、功用等的序言，相对于每篇作品前的小序而言，也称《毛诗序》。

三、诗、乐、舞同源

从现有的材料及实例看，诗歌、音乐、舞蹈是同源的，最早时是三位一体的混合艺术。古希腊的诗歌、舞蹈、音乐三种艺术都起源于酒神祭典。近现代学者对世界各地土著居民的研究，及中国学者对边远地区少数民族部落的研究都发现，这些尚处在原始生产状态下的人们唱歌时一定跳舞，跳舞时也一定唱歌。歌词的最大功用在应和跳舞节奏，没什么实际意义或意义很简单，且字句往往颠倒错乱。后来三种艺术逐渐分化，走上了独立发展的道路，不过之间还是存在千丝万缕的联系。

中国古人认为诗是对情感和生活的表现，重在表达主观感受，这奠定了中国古代诗歌以抒情为主的传统，虽然也有不少叙事诗，且不乏名篇，但在诗歌史上不占主流，且这些叙事诗大都不同程度地受到抒情传统的影响。西方人则认为诗是模仿的艺术，诗是对外界事物的“再现”。模仿需要比较完整地再现生活或情感，由此奠定了古代西方（尤其是古希腊）诗歌以叙事为主的传统。

第二节 作家创作动机

作家的创作动机大体上可分为功利与非功利两种，非功利动机主要是出于审美愉悦或内心情绪的宣泄。审美愉悦即所谓的“自适”“自娱”说，创作纯粹是为了满足主体精神的需要，使作者的性灵得到充分的陶冶和愉悦。更多的作品是为了宣泄心中的愤懑而创作的，即“发愤著书”。屈原《九章·惜诵》即已指出“发愤以抒情”，司马迁《史记·太史公自序》认为："《诗》三百篇，大抵贤圣发愤之所为作也。此人皆意有所郁结，不得通其道也，故述往事，思来者。"意有郁结而不得通其道，即受到某种外界的打击或挫折，产生愤懑、悲伤等情绪，无从排遣，只有通过著书，把愤懑、悲伤的情绪融会在书里表达出来。从心理学的角度看，实际上是通过宣泄而使情绪达到平衡，著书是作家心理的甚至是生命的需要。"发愤著书"与因"自适""自娱"而著书相较，承载着作家更强烈的情绪体验和更深刻的生命体悟，写出的作品也更具感染力。从哲学的角度看，人的存在本质上是有缺憾的，故愤懑较欢愉更多地、更深入地占据着人们的心灵，"发愤著书"也就成为作家基本的，也是最重要的创作动机，在诗歌史上占有重要地位。

与"发愤著书"相联系的另一个提法是"不平则鸣"。韩愈《送孟东野序》指出"大凡物不得其平则鸣"，"不平"就有愤懑，"鸣"即是一个表达、宣泄的过程，实际上涵纳于"发愤著书"说之中。

"发愤著书"从效果上看往往能写出好的作品，即所谓的"穷而后工"。韩愈《荆谭唱和诗序》云：

> 夫和平之音淡薄，而愁思之声要妙；欢愉之辞难工，而穷苦之言易好也。是故文章之作，恒发于羁旅草野；至若王公贵人，气满志得，非性能而好之，则不暇以为。（和平：平和，和顺。要妙：美好。工：精巧，好。穷苦：困顿艰苦。是故：所以。性能而好之：天性能作穷苦之诗且喜欢作此类诗。不暇以为：没有时间来作。）

欧阳修《梅圣俞诗集序》认为："写人情之难言，盖愈穷则愈工。然则非诗之能穷人，殆穷者而后工也。"（穷人：使人困顿。殆：乃。）"穷而后工"成为历代诗论家不断述说的话题。明人谢榛《四溟诗话》云："欢喜之意有限，悲感之意无穷。"清人赵翼《题元遗山集》云："国家不幸诗家幸，赋到沧桑句便工。"以至于清人纪昀《俭重堂诗序》云："夫欢愉之辞难工，愁苦之音易好，论诗家成习语矣。"

第三节 诗歌创作过程

诗歌的创作过程包括诗情的激发、培养、生成、表达诸阶段。古代诗论对诗歌创作过程的论述比较零散，比较完整地论述创作过程的是陆机的《文赋》。

诗歌创作的第一步是激发诗情。作者看到客观物象而触动了情思，产生了创作冲动，古人称之为感物。陆机《文赋》云："遵四时以叹逝，瞻万物而思纷。悲落叶于劲秋，喜柔条于芳春。"（随着春夏秋冬四时的交替而慨叹逝去的景物，观看万物而激发起了纷纭的思情。在劲健的秋风里悲叹叶落凋零，在鲜花盛开的春天里喜爱新长的柔弱的枝条。）季节变化会引起人们不同的感受。《文心雕龙·物色》云："春秋代序，阴阳惨舒，物色之动，心亦摇焉。……情以物迁，辞以情发。"（春夏秋冬按序更替，阴气盛的秋冬时感到凄惨，阳气盛的春夏时感到舒畅，景物声色的变动，会引起人的思想感情的波动。……人的思想感情是随着景物的变化而变化的，文章是随着思想感情的变化而产生的。）不同的物象激发不同的情感，情随物变。钟嵘《诗品序》云："气之动物，物之感人。故摇荡性情，形诸舞咏。"（气的变化催生了万物的变化，万物的盛衰变化又触动了人的情感。所以振动激荡起来的性情，通过歌舞表现出来。）气触动了物的变化，物的变化又催生、推转了情感变化。归根结底，情感的生成、变化是由万物之源的气引发的；人是自然的一部分（不似西方人与自然是对立的），其情感自然也由万物激发而成。诗情如此，音乐亦如此，《礼记·乐记》云："乐者，音之所由生也，其本在人心之感于物也。"（音乐是由声音所产生的，其根本在于人的心理有感于外界事物。）感物说强调诗情不是纯粹的作者主观的产物，而是客观物象激发的结果，客观物象一开始便参与到了诗情活动中，在诗情激发过程中起着重要作用。这一现象古代诗论广泛地用"兴"来表达（兴的含义不止激发诗情，但这是其在诗论中最基本的含义）。并非所有诗情活动都由客观物象引发，但由物象引发诗情是中国古代诗歌发生论的典型形态。

诗情激发起来后，就要继续培养。首先要使心灵进入虚静状态，暂且切断视听与外在世界的联系，不受外界干扰，冥心静悟；让思维自由翱翔，俯仰天地，吸纳万物，使感受到的各种物象及相关知识在其间碰撞、交融。在哲学领域，《老子》第十六章已提出"致虚极，守静笃。万物并作，吾以观复。"（把心机和成见完全消解干净，确保心灵宁静的境界达到极致。万物蓬勃生长，我看出往复循环的道理。）诗论方面，陆机《文赋》对此做了精微形象的描绘：

> 其始也，皆收视反听，耽思傍讯。精骛八极，心游万仞。其致也，情曈昽而弥鲜，物昭晢而互进。倾群言之沥液，漱六艺之芳润。浮天渊以安流，濯下泉而潜浸。……收百世之阙文，采千载之遗韵。谢朝华于已披，启夕秀于未振。观古今于须臾，抚四海于一瞬。（开始创作时，不看不听无关的信息，潜心思索，旁搜博寻。神思能飞到八极之外、万仞之高。文思到来，主观的情意由朦胧逐渐走向鲜明，承载情意的客观物象也逐渐清晰而并呈互涌。情思既得大意，则于群书中选取其精华之词，于六经中吸吮芳香而能润泽大地之语。驰骋想象，上穷碧落下黄泉，忽而漂浮于平稳流动的天池之上，忽而洗涤于潜入地下的泉水之中。博收百代未述之意，广采千载不用之辞。前人已用辞意，如早晨的花朵已然开过，辞谢不用；前人未用辞意，像傍晚含苞的蓓蕾尚未开放，启而用之。片刻观尽古今，眨眼横览四海，精华之物皆罗致眼前。）

在冥心静悟的过程中，诗情由朦胧而逐渐鲜明，物象之间、物象与诗情之间相互激荡交融，并深入已有作品吸纳精粹。《文心雕龙·神思》云：

> 文之思也，其神远矣。故寂然凝虑，思接千载；悄焉动容，视通万里。吟咏之间，吐纳珠玉之声；眉睫之前，卷舒风云之色。其思理之致乎！故思理为妙，神与物游。……是以陶钧文思，贵在虚静，疏瀹五藏，澡雪精神。（作文时的构思，其想象可以飞得很远。所以安静地凝神静虑时，思绪可以连接到千年以前；悄悄地改变一下容颜，目光可以看通万里之外。在吟哦咏唱之间，可以吐露出珠玉般清脆圆润的声音；在眉毛睫毛之前，似乎出现了风云卷舒变幻的景象。这就是作文构思时运用想象力所造成的景况吧。所以写作构思的道理是很微妙的，内心的想象与外在的景物一起遨游。……所以要像泥瓦匠控制转轮那样驾驭作文的构思，最重要的就是消除杂念，心灵宁静，疏通五脏，使内心爽畅，洗涤精神，使情思净化。）

在心灵不掺杂念的虚静状态下，情与物象更加广泛地交融生发，不受时间空间的限制，原先被触发的朦胧的诗情愈来愈鲜明，愈来愈集中地与某些物象相结合，投射于其上，逐渐成熟。另外，虚静状态还为思维营造了一个混合场，在其中各种物象是混合的整体，而不是分割独立地呈现。

随着诗情越来越鲜明集中，最终找到最能恰切地表现此诗情之境象，诗情便生成并由此通道显现出来。这个过程往往是灵感突现式的，亦即古人所乐道的妙悟。妙悟即精微神妙地感悟，历代诗论对此论述颇多。陆机《文赋》云："若夫应感之会，通塞之纪，来不可遏，去不可止。藏若景灭，行犹响起。"（若说主客观互相感应而成的融会贯通，文思通达与滞塞的头绪，那是来的时候不可遏止，去的时候也无法强留，一切皆出自然。文思滞塞时物与意皆隐藏如形影灭没，文思通达时物与意相称如响之应声。）明人汤显祖《合奇序》云："予谓文章之妙，不在步趋形似之间。自然灵气，恍惚而来，不思而至。"（步趋：追随，效法。）当代学者朱光潜对灵感有简明的解说：

> 读一首诗和作一首诗都常须经过艰苦思索，思索之后，一旦豁然贯

通，全诗的境界于是像灵光一现似的突然现在眼前，使人心旷神怡，忘怀一切。这种现象通常人称为“灵感”。诗的境界的突现都起于灵感。灵感亦并无若何神秘，它就是直觉，就是想象，也就是禅家所谓“悟”。①

灵感在中西方诗歌创作中都是不可或缺的，不过西方认为灵感主要来自于虚拟的上帝的启示，而中国的悟主要来自于物象对主体的激活和启发。

当悟得真谛、灵感降临时，标志着心物间的屏障已打通，诗情便充足地生成并呈现出来了，这种呈现是靠意境来实现的。意境即载意之境，本质在于情景交融，把相关单个的携带特定诗情的物象（即意象）组合成一个整体的场，用以承载已经形成的诗情。诗情最初是感物而起，培养阶段在与物象的激荡交融中成熟，灵感的迸发也需借助物象实现，诗情形成的整个过程都离不开物象的参与，情已牢牢黏附在景之上。诗情本身是不能直接呈现的，需投射到可视、可感的物象上，并且中国诗歌不像西方诗歌有较重的说理思辨色彩，诗情大都朦胧多义、幽深精微，无法直接抒发，只能借助意境来传达。唯有把心绪全然且恰切地映射到或静态或动态的意境上时，才能使情全部融入景，为其找到理想的载体，实现心物间最直接也是最深度的沟通和转换。

意境成熟、诗情生成后，便进入创作实施阶段，即把诗情形诸文字。形成文字时涉及的问题很多，如选择字词、考虑声律等，最重要的是根据诗歌形式特点，在构成意境的意象中选择最能体现诗情的部分，把它们组合成一个有机整体，达到浑然天成的效果。最终文字表现出的首先不是诗情（也有直抒胸臆的诗句，此处暂不讨论），而是情景结合的意境。

上述诗歌创作的诸环节中，贯穿着两个基本方面。一是诗情的引发、培养、生成、表达，始终是借助景来完成的，二者黏附在一起，成为诗歌的基本要素。古代诗论对此多有阐述，如：“作诗本乎情景，孤不自成，两不相背。……景乃诗之媒，情乃诗之胚：合而为诗。”②“情景名为二，而实不可分离，神于诗者，妙合无垠。”③（无垠：没有边际。）“昔人论诗词，有景语、情

① 朱光潜著：《诗论》，上海古籍出版社 2001 年版，第 43 页。

②（明）谢榛撰：《四溟诗话》卷三，人民文学出版社 1961 年版，第 69 页。

③（清）王夫之撰：《姜斋诗话》卷二，人民文学出版社 1961 年版，第 150 页。

语之分别，不知一切景语，皆情语也。”① 二是诗情虽借助物象引发、培养、生成、表达，但并非借助其做逻辑推理、理性思辨，而是在物象的激发引领、交融互动下，以直观顿悟，或者说直觉感知的方式进行的。

需要指出的是上述创作过程是富于意境之作的一般情况，并非每首诗都如此。

第四节 意境

意境是作者的主观情意与客观物境相互交融而形成的艺术境界，是中国诗学的核心命题（需要指出的是并非每首古诗都有意境或典型的意境，唐前诗歌尤其如此，不少诗歌是直接抒情）。意境形成于诗情的生成阶段，在诗情的表达阶段以文字形式呈现出来，并延伸于诗歌的审美过程，读者通过它来领悟诗情，所以意境实际上贯穿于诗歌的创作与审美两个阶段。

意境是由意象构成的。意象本是中国古典哲学概念，“意”指意义、意蕴，“象”本指客观事物或人的外部形态。《周易》中的卦象大都有多种解释，《系辞上》借孔子之口说：

> 子曰：“书不尽言，言不尽意。”然则圣人之意，其不可见乎？子曰：“圣人立象以尽意，设卦以尽情

① 王国维著，王振铎编：《〈人间词话〉与〈人间词〉》，河南人民出版社 1995 年版，第 4 页。

伪，系辞焉以尽其言。变而通之以尽利，鼓之舞之以尽神。”（情伪：真假。系辞：连系上卦爻辞，即给卦象配上相关的解释性文字。利：好处。神：神妙的作用。）

卦象并不纯粹是对自然物象真实的形容和模拟，而是把自然物象抽象化、观念化，使之能产生某种象征意义。“立象以尽意”意味着“象”是为“意”服务的，要想全面深入地表达主观意图，就要将其承载于具体的物象上。从本质上讲，象不足以尽意，但可以表意，诗学领域尤其如此。诗情本身是难以名状的，既然是借助外物引发、生成，在诗中就应描绘这物象，使其成为诗情的载体，且用有限的物象蕴含深远无尽的诗情。意象是载意之象，是诗情与物象的紧密结合。

意象是单个的，一首诗可以由多个意象构成。这些意象构成一个统一的整体，便是意境，它是作者的主观情志与客观物境互相交融而形成的艺术境界。意境说形成于唐代，唐诗与前代诗歌的一个明显差别便是普遍具有成熟的意境。情与景是意境的两翼（景在有些诗境中并不直接出现，是虚化的，如陈子昂《登幽州台歌》直抒胸臆，没有写景，但我们仍然可以感觉到或补充出一个诗人独立于台上、四顾茫然的景象），明清诗论家更加明确了两者的关系。明人谢榛《四溟诗话》云：“诗乃模写情景之具，情融乎内而深且长，景耀乎外而远且大。”① 清人王夫之《姜斋诗话》云：“不能作景语，又何能作情语耶?”“含情而能达，会景而生心，体物而得神，则自有灵通之句，参化工之妙。”②近人王国维提出了境界说，可以说是对意境说的最后完善。

意境的根本要求是心物交融、情景交融，在此基础上形成含蓄蕴藉、微妙悠远的美学效果。意境牵涉到情、言、象、境四大方面的复杂关系，在具体作品中每个方面的比例有较大差异，故意境的具体形态是多样的。意境不仅是个诗学观念，也广泛运用在散文、戏曲、小说及绘画、书法、园林等领域，内涵更为丰富。

---

①（明）谢榛撰：《四溟诗话》卷四，人民文学出版社 1961 年版，第 118 页。

②（清）王夫之撰：《姜斋诗话》卷二，人民文学出版社 1961 年版，第 154、155 页。

【思考与练习】

1. 找出一些属于“欢愉之辞”的诗歌，看其艺术成就与属于“穷苦之言”的诗歌有何不同。或结合中外名著，探讨“发愤著书”的意义。

2. 以具体古诗或自身创作诗歌为例，想象分析作者的创作过程。

3. 找出一些不具有意境或不具有典型意境的古诗，探讨其与有典型意境的古诗的差别。比较现当代诗歌与古诗在意境方面的差异。

第二章

古诗的美学特点及鉴赏

【本章提要】

古诗的基本美学特点：核心特点是感悟为本，表达方式是直观呈现，诗情流泻是混整天然，表达效果是含蓄悠远。古诗鉴赏的总原则是先直观感悟后理性分析。诗意往往是多向的，不应追求单一的、确切的解释。诗歌鉴赏应借鉴古代诗论重感悟的特点。

第一节 古诗的美学特点

一、核心特点：感悟为本

与西方文化的分析性、思辨性、逻辑性相对，中国文化具有明显的直观性、混整性、感悟性的特点，是一种以直觉、形象思维为核心的悟性文化。李泽厚指出："中国哲学无论儒、墨、老、庄以及佛教禅宗都极端重视感性心理和自然生命。""审美而不是宗教，成为中国哲学的最高目标。"① 诗歌是中国文化的代表形式，正如刘士林所总结的："中国文化的本体是诗。其精神方式是诗学，其文化基因库就是《诗经》，其精神峰顶是唐诗。总括起来说就是：中国文化是诗性文化。或者说诗这一精神渗透、积淀在传统社会的政治、经济、科学、艺术各个门类中，并影响甚至是暗暗决定了它们的历史命运。"② 诗歌对事物和情感不是直接析说，而是需要通过物作为中介，以直觉感知的方式使情感和意义隐晦、曲折地传达出来，即"立象以尽意"，其完备形态是情景交融、营造意境。情感和意义寄寓于物的呈现方式又常会产生"言外之意""味外之旨"，具有不可解、说不尽的特点，即言不尽意。再进

① 李泽厚著：《中国古代思想史论》，天津社会科学院出版社 2003 年版，第 293—294 页。

② 刘士林著：《中国诗哲论》，济南出版社 1992 年版，第 2 页。

一步，诗性本质上“必然具有不可言说性”①。

古代诗论对感悟性特点多有阐发，最著名的是南宋人严羽，他以禅喻诗，在《沧浪诗话·诗辨》中提出：“大抵禅道惟在妙悟，诗道亦在妙悟。且孟襄阳学力下韩退之远甚，而其诗独出退之之上者，一味妙悟故也。惟悟乃为当行，乃为本色。”（孟襄阳：孟浩然，湖北襄阳人。韩退之：韩愈，字退之。当行：本行。）妙悟即精微玄妙地感悟，是一种灵感式的直觉思维，是作诗最基础的思维方式。严羽此论对后世影响深远。诗歌创作并非绝对摒弃理性思维，特别是表达阶段会有一定的理性思维参与，但都以直观感悟为基础，最后形成的诗境应是混整性的而非分析性的，是可意会而不可言传的，正如清人叶燮《原诗·内篇下》所说：

> 诗之至处，妙在含蓄无垠，思致微渺，其寄托在可言不可言之间，其指归在可解不可解之会，言在此而意在彼，泯端倪而离形象，绝议论而穷思维，引人于冥漠恍惚之境，所以为至也。（至处：最好处。思致：意趣或意境。指归：作品的主旨。离形象：离开具体的意象。绝议论而穷思维：使议论停止，使思维穷尽，即无法用理性思维言说。）

二、表达方式：直观呈现

借景抒情是古诗最基础的表现手法。诗情并非明白说出，而是自然蕴含在景中，最终寄寓作者诗情的是意境，其中的意象直观呈现在我们面前。直观呈现包含以下几层意思。

一是字面表现的首先是物象而不是作者的诗情，如孟浩然《宿建德江》和张继《枫桥夜泊》都为表现愁绪之作，但诗中只有一个直接抒情的“愁”字，其他都为客观物象。古人强调“诗中有画”“诗画本一律”，即缘于诗和画一样，首先展示的是客观物象。苏轼《书摩诘蓝田烟雨图》云：“味摩诘之诗，诗中有画；观摩诘之画，画中有诗。”其实“诗中有画”是古诗的普遍特点，

① 王南著：《中国诗性文化与诗观念》，四川民族出版社 2002 年版，第 309 页。

只是王维以画家兼诗人，诗作中表现得更突出一些。

二是诗中的意象常常按作者初见初闻时的顺序和感受来写，如杜甫《陪郑广文游何将军山林十首》(其五)："绿垂风折笋，红绽雨肥梅。"写风雨过后的景象，"绿垂"置于"风折笋"之前，就保持了作者初见时的经验过程：先是见到绿色的叶子垂了下来，仔细一想，原来是风把笋吹折了。后句同此。再如《绝句》："泥融飞燕子，沙暖睡鸳鸯。"按事理应是"燕子飞""鸳鸯睡"，将动词提前，除了格律上的考虑，还有助于表现作者这样的经验过程：看到天上有鸟在飞，仔细一看，原来是燕子；看到沙滩上有东西睡着，仔细一看，原来是鸳鸯。人对事物都是先感觉而后分析思考的，直观呈现保持了作者原初的思维状态，可以带着读者一同经历当初的过程，从而保持了诗歌的本真状态。

三是诗中的意象之间一般都有方位、因果、逻辑等多方面的关系，但在诗意最初形成时，这些关系并不分明，正如美籍华裔学者叶维廉所说：

> 在事件发生之际，时间空间是一体的，正如我说话的时候，我动手势的时候，既是时间的也是空间的。在实际的经验里，所谓时间、空间、因果原是不存在的，我们把一个原是混一不分的整体现象打破，然后将一些片面的事物选出，再把它们利用人为的分类观念——时间、空间、因果——串联起来，定位、定义。中国古典诗人，因为了解到这些元素会减缩我们原有的较全面的感觉，所以在表物的过程中"尽量"保持语法中的自由——所谓"若即若离"的指义行为。①

不限定意象之间的关系，而是让其直接涌现出来，就能最大限度地保持语法自由，使诗意损耗降到最低。如"客舍青青柳色新"，只指出有"客舍"和"柳"两种意象而不确定其方位关系，由此"青青"与"柳"是否有关系也就不确定，事实上作者最初只是感受到了"客舍青"与"柳色新"，至于它们的方位、因果关系原本没有细想，只将最初所见所感写了出来，给读者留下发挥想象空间。欧阳修《六一诗话》引同时人梅尧臣语："必能状难写之景如在目

① 叶维廉著：《中国诗学》，生活·读书·新知三联书店 1992 年版，第 23 页。

前，含不尽之意见于言外，然后为至矣。”景物之间有形形色色的关系，所达之情又幽眇难传，故为难写之景，对此须用直观之法，不考虑其中的因果、方位等关系，把刹那间的意象感受直接呈现出来，做到“如在目前”。这样所达之意“不尽”，且只能于“言外”求之。这是所有诗人努力的方向。意象并置的诗在直观呈现上表现得很突出，如温庭筠《商山早行》：“鸡声茅店月，人迹板桥霜。”马致远〔越调〕《天净沙·秋思》：“枯藤老树昏鸦，小桥流水人家，古道西风瘦马。”汉语不像英语有词性、时态的变化，语法关系较灵活，诗歌典型地表现了这一特点。

为了使意象直观呈现，诗人常用白描手法。白描原指绘画中用墨线勾勒事物轮廓，不着颜色或略施淡墨渲染，诗歌中的白描主要指写下最初的所见所闻所感，不用或少用典故，写景抒情顺畅直达，本色自然。

三、诗情流泻：混整天然

中国文化讲究“混沌”，道家尤如此，诗歌则追求混整天然，具体有以下几个方面。

一是意境是一个浑然整体，各个意象不是像机器的零部件那样组合在一起，而是相互影响渗透，其间的联系是多向的。如张继《枫桥夜泊》“江枫渔火对愁眠”句，“对”字表现的不仅是作者面对愁绪，还有作者面对江枫渔火、江枫与渔火相对、作者面对“月落乌啼霜满天”的背景、作者面对钟声等多向联系，而且使乌啼、月落、霜满天、江枫、渔火、钟声都染上了愁绪。意境所包含的情与景、字面意思与深层诗情都是混整一体、不能截然分割的。

二是诗情及表现手法要天然自来，无法做理性析说。老子从哲学上认为“道法自然”，古人作诗特重天趣自然，对“苦吟”常有微词，如宋人张耒《东山词序》云：“文章之于人，有满心而发，肆口而成，不待思虑而工，不待雕琢而丽者，皆天丽之自然，而性情之至道也。”宋人蔡启《蔡宽夫诗话》云：“诗语大忌用工太过，盖炼句胜则意必不足。”陆游《文章》云：“文章本天成，妙手偶得之。粹然无疵瑕，岂复须人为。”天然自来的情感是一种直觉灵感，无法用理性思维去言说，正如陶渊明《饮酒》（其五）所言：“此中有真意，欲辩已忘言。”当然追求自然天趣并不等于遣词造句不讲法度、不求精工，只是要做到雕琢而不见痕迹。

四、表达效果：含蓄悠远

古代诗歌注重在短小的篇幅内蕴含丰富的内容，诗情表达不能直露，要含蓄蕴藉。晚唐人司空图《二十四诗品》专设“含蓄”一品，要求做到“不著一字，尽得风流”，即不直接表现诗情，但尽得诗情的精要之处，要超越具体的言、象而充分获得审美自由。宋人姜夔《白石道人诗说》云：“语贵含蓄。东坡云：‘言有尽而意无穷者，天下之至言也。’……句中有余味，篇中有余意，善之善者也。”后来论者也多有阐发。明人陆时雍《诗镜总论》说含蓄是“有余地，有余情，情中有景，景外含情，一咏三讽，味之不尽”。清人吴雷发《说诗菅蒯》云：“诗须得言外意，其中含蓄无穷，乃合风人之旨。”清人梁廷枏《曲话》卷二云：“言情之作，贵在含蓄不露，意到即止……情在意中，意在言外，含蓄不尽，斯为妙谛。”含蓄的基本内涵和要求可以从以下几个方面理解。

一是不直抒胸臆，而是通过借景抒情等方式间接地表达情感。具体写作原则是“以少总多，情貌无遗”（《文心雕龙·物色》），即以简约的言辞表达深远的旨意，让读者在心理上觉得感情形貌无一缺漏。要做到这一点，首先要剪裁意象，在所见所闻所感的众多意象中留下最能承载诗情的典型意象，即要善于“留白”；其次要“略形貌而取神骨”，不求形似而求神似，如写意画一般。

二是要有“味外之味”。“味”是感觉式的而非分析式的，与诗歌的感悟性相合，故很自然地进入了诗学理论。司空图把“味”定为品评诗歌的重要标准，在《与李生论诗书》中说：

> 文之难，而诗之难尤难。古今之喻多矣，而愚以为辨于味而后可以言诗也……噫！近而不浮，远而不尽，然后可以言韵外之致耳……倘复以全美为工，即知味外之旨矣。（愚：作者谦称。致：意义。倘复以全美为工：倘若再以追求完美为好诗。旨：美味，引申为意义。）

"远而不尽"是难以言传、难以穷尽的多重蕴味，即"味外之旨"或"味外之味"，但它要以"近而不浮"为基础，即比较明晰的、切实的、易于把握的基本蕴味。"韵外之致"与"味外之味"实际上同义。他又有"象外之象""景外之景"的提法（《与极浦书》），"前一个象和景，指的是诗歌艺术形象中的具体的有形的描写；后一个象和景，指的是由前一个象和景所暗示和象征出来的一个无形的虚幻的景象。也就是说，诗歌在描绘具体的情景之外，还要构成一个令人驰骋遐想、回味无穷的艺术境界。"① 前一个象和景可谓"近而不浮"，后一个象和景可谓"远而不尽"。有了"象外之象""景外之景"，自然会产生出"味外之味"，也就是"味"的多样性和深远性。写景首先要做到"近而不浮"，使之比较明确地呈现在眼前；达情要尽可能做到"远而不尽"，使之回味无穷。

三是要指向出神入化、无迹可求的境界。严羽把"入神"作为诗歌的最高境界，要求具有超越形迹之外的审美特征。"入神"的基本特征是"词理意兴无迹可求"，《沧浪诗话·诗辨》云：

> 夫诗有别材，非关书也；诗有别趣，非关理也。然非多读书，多穷理，则不能极其至。所谓不涉理路、不落言筌者，上也。诗者，吟咏情性也。盛唐诸人惟在兴趣，羚羊挂角，无迹可求。故其妙处透彻玲珑，不可凑泊，如空中之音，相中之色，水中之月，镜中之象，言有尽而意无穷。（别材：特殊的才能。别趣：特殊的韵味。理路：理论，道理。言筌：语言组织上的痕迹。凑泊：拼凑。）

严羽所着重强调的是"意"与"兴"的无迹，是诗人创作心态在无任何外来干扰的情况下，主观情感和精神与审美客体的一种无形的默契，是真正的、深层次的无迹可求。羚羊在晚间栖息时，双角挂树，四蹄不着地，宋代的禅师们常以此比喻禅理的无迹可求。"空中之音"非喉腔之音，"相中之色"是人眼中的颜色而非自然之本色（佛家将一切事物的外观形态称为"相"），"水中之月"非天上月之本相，"镜中之象"非照镜者实体。这些比喻意在说明诗歌要善于

---

① 张少康著：《古典文艺美学论稿》，中国社会科学出版社 1988 年版，第 342 页。

化有迹为无迹，审美主体要超脱具体事物的形神而获得一种纯精神性的审美感受。做到了这些，自然“言有尽而意无穷”。

第二节 古诗的鉴赏

诗歌鉴赏主要是从接受角度着眼的。诗的接受过程与创作正相反，《文心雕龙·知音》说：“夫缀文者情动而辞发，观文者披文以入情，沿波讨源，虽幽必显。”（夫：发语词。缀文：谓连缀词句以成文章，即作文。辞发：写成文字。披：开，翻阅。）“披文入情”即根据文章、文字来体会作者的情感，与“情动辞发”正相反。以诗来说，读者要依据意境，由境及意，领会境中之意。

一、先悟后思

接受中的审美问题与创作过程是紧密相关的。鉴赏中我们首先看到的是由文字表现出来的意境，其中的意象一一浮现在我们眼前，并占据我们的脑海，同时所携带的诗情也随之释放出来，即通过复现意境来领悟诗情。这期间，对意境的感受、对诗情的领悟有一个由浅入深的过程：先是感受到单个意象，初步领悟诗情；继而把诸个意象组合成一个整体的意境，领悟整体的诗情，并由此更进一步加深对某些意象所承载诗情的领悟，最终完整深入地感悟诗情。

古诗创作是借景抒情、直觉感知，鉴赏过程同样具有情由景生、直观感悟的特点。诗情隐含在诗境中，是靠直觉见出来的，故接受时需要保持景象的原生态和自呈性，让其直接涌现在我们眼前，而不是在逻辑理式的支配下，把物象先定位、定因、定视角，分析其间的因果方位关系，或者先从总体上分析其艺术特色。诗歌鉴赏离不开理性分析，如该首诗好在哪里，为什么要这样写，等等。不过这些分析都是建立在直观感悟基础上的，只有充分感悟了诗情，理性分析才能水到渠成，达到画龙点睛之效。开始鉴赏就对诗歌做理性分析（这是我们现在常见的做法），固然也可以揭示出某些精要之处，但缺少了充分感悟的环节，再精要的分析也已隔了一层，所以古诗鉴赏的总原则应是先悟后思①。

悟的基本思维方式是静心冥想。王维的诗特重意境，画面性极强，历来解评颇多，《红楼梦》第四十八回香菱对其妙处的体会可谓精到：

> 据我看来，诗的好处，有口里说不出来的意思，想去却是逼真的。有似无理的，想了去竟是有理有情的。……我看他《塞上》一首内一联云："大漠孤烟直，长河落日圆。"想来烟如何直？日自然是圆的：这"直"一字似无理，"圆"字似太俗。合上书一想，倒像是见了这景的。若说再找两个字换这两个，竟再找不出两个字来。再还有："日落江湖白，潮来天地青"：这"白""青"两个字也似无理。想来必得这两字方才形容得尽，念在嘴里，倒像有个几千斤重的一个橄榄。还有"渡头余落日，墟里上孤烟"，这"余"字和"上"字，难为他怎么想来。我们那年上京来，那日下晚，便湾住船，岸上又没有人，只有几棵树，远远几家人家作晚饭，那个烟竟是碧青，连云直上。谁知我昨日晚上看了这两句，倒像又到了那个地方去了。

香菱所说的几个字都表现了极强的画面性，其中"余"和"上"本为动词，却

① 美籍华裔学者叶维廉认为，对于古诗读者应是"先'感'而后'思'的，不应先'思'而后'感'"。见其《中国诗学》，生活·读书·新知三联书店1992年版，第20页。

把本为持续的动态转化成了刹那的静态，给人以强烈的视觉感受。正因为作者摄取的是刹那间的直观感受，并没有经过理性的思索、过滤，所以或者无法用语言表达（“欲辩已忘言”的境界正是诗家苦苦追寻的），或者似乎不合道理。对于这种情况，读者在阅读时也要摒弃理性分析，专注于复现、感悟所写画面，才可悟得其中妙处，即“有口里说不出来的意思，想去却是逼真的。有似无理的，想了去竟是有理有情的”。“想”即冥心体悟，这正是读诗之法，故宝玉说她“‘三昧’你已得了”。

当代学者朱光潜曾举例说明领悟诗情的方式：

> 诗的境界是用“直觉”见出来的，它是“直觉的知”的内容而不是“名理的知”的内容。比如说读上面所引崔颢《长干行》，你必须有一顷刻中把它所写的情景看成一幅新鲜的图画，或是一幕生动的戏剧，让它笼罩住你的意识全部，使你聚精会神地观赏它，玩味它，以至于把它以外的一切事物都暂时忘去。①（唐崔颢《长干行》：“君家住何处，妾住在横塘。停船暂借问，或恐是同乡。”）

强调感悟重于思辨，所说看成“新鲜的图画”或“生动的戏剧”，就是指冥想还原意境。

如果更规范一些说，悟要遵循三点：诗情是由景，或者说意境承载的，故应由景悟情；意境是由各个意象构成的整体，诗情是由这个整体来传达的，不能把它肢解成一个个零部件单独进行讲解，故应整体感悟；诗情需充分感悟而得，别人的解说分析不能代替自己的感悟，故应自悟诗情。做到这三点的最好方式是复现意境，即站在作者角度描绘还原意境。复现意境除了说出字面意思外，要重点补充两个方面：一是留白，也就是字面没有而作者当时实际上看到、听到或感受到的意象或情景，它们是诗境的有机组成部分，对理解诗意有帮助，如“牧童骑黄牛，歌声振林樾”，作者所见应该还有林中的花草、动物及其他人等，所感应有听牧童高歌后的感受。二是言外之意，也就是意象甚至

① 朱光潜著：《诗论》，上海古籍出版社 2001 年版，第 42—43 页。

意境字面背后隐含的诗情，这是鉴赏诗歌的归宿点。本书作品部分几乎每首诗都有意境复现，可参看，此处不再举例。

在充分感悟诗情的基础上，要进行理性分析。理性分析主要为两个方面：一是仔细考虑分析字、词、句的相关用法及复杂联系，这些往往在意境复现中无法容纳或不能很到位地表达；二是要分析概括其艺术特点。具体做法可参看作品篇每首诗的“分析”与“艺术”部分。

二、诗无达诂

“诗无达诂”的观念由董仲舒提出，“诗”原特指《诗经》，后泛指一般诗歌的审美原则，意思是诗意没有确定的、明白晓畅的解释。可以从两个角度理解这句话：一是指诗歌的字面意思容易理解，但深层的情感意向具有空灵性，无法精确度量把握，应该用模糊的审美思维去体悟；二是指诗歌具有多义性，一些诗歌的字词、意象甚至整体意涵有多种解释可能，无法定于一解。这种情况很常见。如贺知章《咏柳》中“碧玉”一词，既可解作碧绿的玉石，又可解作人名（泛指美女），两说皆可通。再如李白《黄鹤楼送孟浩然之广陵》中“烟花”一词，从字面上讲至少有雾霭与花、垂柳与花（古人多有柳如烟之喻）、雾霭中的花、像雾霭一样到处弥漫的花四种解释，若只取其中一种解释，无疑是诗意的损耗，因为作者当时可能同时看到了雾霭、花、垂柳，同时感觉到了上述几种情形，最后凝结为“烟花”一词。可以说，这种歧义是作者有意制造的，利用几种情形的内在联系在简约的文词中寄寓了丰富的意蕴，也给读者留下了想象阐释的空间。还有些诗的主题无法解释清楚，如李商隐《锦瑟》就人言人殊。对于诗歌的多义性，我们不应试图给出单一明确的解释，而应多义共举、共存，这样才能更接近诗人的本义。

三、古代诗歌批评的特点及借鉴意义

与艺术特点相应，古代诗歌批评也是直观感悟式的而非逻辑论证式的。诗歌批评有多个层次，最上层的如总体上对诗歌功用、性质、审美等的阐述，中间层的如对理论范畴的描述、认识，下层的如对诗人风格、具体作品的鉴赏评析。这里仅对具体作品的鉴赏特点做一简要分析。

具体鉴赏评析有不同的层次，以对李白《玉阶怨》的赏评为例。原诗为“玉阶生白露，夜久侵罗袜。却下水晶帘，玲珑望秋月。”（玉阶：玉石砌成或装饰的台阶，多指皇宫中的台阶。却：放。玲珑：明亮光洁的样子。）这是一首宫怨诗，写一个宫女在台阶上等待皇帝临幸，直到夜深露重，久不挪动，绫罗织成的袜子也沾上了露水。无奈之下放下水晶做的帘子，进屋欲睡，却又睡不着，独自一人望着明亮的秋月，只有它与己为伴。“玲珑望秋月”即望玲珑秋月，为符合平仄要求及突出玲珑而调整词序。

古人鉴赏的第一个层次是对整体风格特点的评价，如明人高棅编《唐诗品汇》云：“刘云：矜而素净，自是可人。”“矜而素净”指庄重而不华丽，至于如何“矜而素净”，具体包含哪些方面，并未明说，实际上这个断语可用于很多首诗，有很大的随意性。这种赏评在古代诗论中很常见。第二个层次进了一步，指出了“矜而素净”的原因，即“怨而不怨”，实际表达的是怨情，但字面不表现出来，如明人桂天祥《批点唐诗正声》云：“怨而不怨，可入《风》《雅》。”明人郭濬《增定评注唐诗正声》：“郭云：怨而不怨，浑然《风》《雅》。”类似评点还有不少。“怨而不怨”是宫怨诗的普遍特点。第三个层次更进一步，指出了诗中是如何表现“怨而不怨”的，如清高宗敕编《唐宋诗醇》云：“蒋杲曰：玉阶露生，待之久也；水晶帘下，望之息也。怨而不怨，惟玩月以抒其情焉，此为深于怨者，可以怨矣。”近人俞陛云《诗境浅说》云：“题为‘玉阶怨’，其写怨意，不在表面，而在空际。第二句云露侵罗袜，则空庭之久立可知。第三句云却下晶帘，则羊车之望绝可知。第四句云隔帘望月，则虚帏之孤影可知。不言怨，而怨自深矣。”（羊车之望：晋武帝常乘羊拉小车在宫中走动，羊自己走到哪个妃嫔住所，便在其处歇息。宫人为吸引羊来，取竹叶插到门上，或以盐水洒于路边草上。后常以羊车降临表示宫人得宠，不见羊车则表示宫怨。）至此，才算真正揭示出了这首诗的言外之意。

第三个层次虽为析说，但对析说者而言，这些理解依然是由诗中展示的直观画面悟得的，是属于片刻的体悟而非逻辑的论证，本质上还是对直观画面的复现，是悟后之思。试想，我们如果先顺其引导，满足于“云露侵罗袜，则空庭之久立可知……”之类的理性认识，对这首诗的题旨及写法当然也算理解了，但若不像评析者当初所得那样再造意境、冥心体悟，就不会有视觉而来的直观感受，对其含蓄空灵的认识也止于表面。故相对于冥心静悟本身，这种析说虽然精到，但已隔了一层。第一层面和第二层面只是简单地指出了风格及题旨，并无细致的评析，在评注家看来，其中的意境、言外之意读者是可以自悟而得的，无须详细解说。第三个层面稍详，但也是引导性的，点到为止，真正的理解仍需读者自己去复现意境，从中体悟。可以看出，无论哪个层面，评注者都力图保持诗作本身的直观性和完整性，没有过于细致、过于琐碎的解说，特别是没有对意象间方位、关系的界定，保持了其固有的灵活性和多义性。

受西方影响，我们当代的文学批评以理性析说为主，诗歌鉴赏类读物也多如此。这种方式有其长处，但也把文学的部分真质给消解了。对于古代诗歌的鉴赏和批评，在进行理性析说的同时，应借鉴古代诗论的感悟性特点，先进行充分的感悟，再进行理性析说，最大程度地保持诗歌的真质。

【思考与练习】

1. 以具体作品为例，分析古诗的基本美学特点在该作品中的体现。
2. 谈谈对古诗鉴赏“先悟后思”思路的认识和看法。
3. 以具体作品为例，搜集相关解读资料，分析其“诗无达诂”的体现。

第三章

格律

【本章提要】

格律是古诗基本的外在特征。诗律包括字数与句数、押韵、对仗、平仄几个方面，平仄是近体诗的核心要素。词的格律由词牌规定，句数、字数、押韵、平仄都要符合音乐旋律。曲的格律本质上与词相似，句数、字数、押韵、平仄由曲牌规定，不同之处是可以较随意地增加衬字。

古代的诗、词、曲作为韵文，必须要遵循某些确定的格式和规律，即格律。本章分别简要介绍诗、词和曲的格律①。

① 本章主要参考了以下三本书：王力著《汉语诗律学》，上海世纪出版集团、上海教育出版社 2002 年版；王力主编《古代汉语》，中华书局 1992 年版；麻守中著《中国古代诗歌体裁概论》，吉林大学出版社 1988 年版。

第一节 诗律

诗的格律包括字数与句数、押韵、对仗、平仄几个方面。唐代以前的诗歌字数以四言、五言、七言为常见（也有杂言，即每句字数不定），句数不定。一般隔句押韵，用韵基本上依据当时的口语。上下两句一般不讲究对仗。平仄交错使用是从南朝时才逐渐被注意到的，当时运用得并不严格。至唐初，近体诗产生了。近体诗又称今体诗，是当时相对于以前的诗体而命名的，一直沿用至今。它在字数与句数、押韵、对仗、平仄诸方面都有比较严格的规定。同时诗人继续模仿唐以前的诗体形式进行创作，与近体诗相对，称为古体诗或古风。其格律虽受到近体诗的影响，但基本保持了唐前古诗的形式。下面主要介绍近体诗的格律。

一、字数与句数

近体诗每句的字数确定，分为五言和七言两种。句数也是确定的，每首八句的为律诗，包括五律和七律；四句的为绝句，包括五绝和七绝①。每两句为一联，分别为第

① 按照遵循平仄规则与否，绝句分为律绝和古绝。律绝遵循近体诗的平仄对、黏的规则（见下文），古绝是按照古风的方式作绝句，不遵循对、黏规则，仄声韵绝句尤常见，如孟浩然《春晓》、王维《鹿柴》、柳宗元《江雪》、李绅《悯农》、范仲淹《江上渔者》等。古绝应属古体诗。

一、第二、第三、第四联，又称首联、颔联、颈联、尾联。关于律诗与绝句哪一个先定型，历史上有不同说法，现一般认为律诗先定型，绝句可认为是截取了律诗的两联（或一、二联，或二、三联，或三、四联，或一、四联）。也有人认为绝句来源于古风，较律诗先定型。超过八句的为排律，又称长律。

二、押韵

近体诗的押韵位置是固定的，律诗是二、四、六、八句押韵，绝句是二、四句押韵，排律也是偶数句押韵。首句可入韵，也可不入韵，首句入韵从常见到不常见依次为七律、七绝、五律、五绝。

唐诗用韵依据隋陆法言的《切韵》，分二百零六韵，它分得较细，也不完全符合当时的语音，不便于押韵，所以唐初规定相近的韵可以通押，宋元时有人合并为一百零六韵，称“平水韵”。“平水韵”与唐诗用韵的实际情况基本一致，后代作诗用韵都依据它，称为“诗韵”。根据不同声调，分平声韵三十个，上声韵二十九个，去声韵三十个，入声韵十七个。限于篇幅，具体韵目名称、音值及所属常见字不再列举。值得指出的是古诗的韵部与现代汉语的韵母不同，韵母包括韵头、韵腹、韵尾三部分，不计声调，而韵部不计韵头（但若韵部划分较细时也考虑韵头），包括韵腹、韵尾、声调三部分，三者相同即属同一韵部，也就是说，若韵母相同而声调不同，则绝不属于同一韵部，这与唐前古体诗、词、散曲、现代诗歌及歌词不同。

唐代及以前的诗人作诗都依据当时的语音，而语音是不断发展变化的，所以很多诗歌我们现在读起来已经不押韵了，如汉乐府《江南》：“江南可采莲，莲叶何田田。鱼戏莲叶间。鱼戏莲叶东，鱼戏莲叶西。鱼戏莲叶南，鱼戏莲叶北。”莲、田、间押韵，现在依然如此，而后面四句西与北押韵，现在已经看不出来了，事实上当时西读［sɛi］①，北读［bək］（为入声韵），主要元音读音

① 方括号中为国际音标，下同。有些古音用现代汉语拼音无法准确拟出，故必要时采用国际音标。本书所采国际音标拟音悉据王力《汉语语音史》（中国社会科学出版社 1985 年版）和《汉语史稿》（中华书局 1980 年版）。因为元代以前平声不分阴阳，上声、去声的调值与现代普通话也不完全一致，为了不引起误解，用国际音标注音时不标声调。

相近，押韵。明白了这一点，就会知道此处东、西、南、北四个方位词不能随意调换。再如李商隐《乐游原》："向晚意不适，驱车登古原。夕阳无限好，只是近黄昏。"原读［ŋiuɐn］，昏读［xuɐn］，当时押韵。用现代汉语读古诗时很多诗都不押韵了，而作者写诗时都是押韵的。唐代以后语音也在不断变化，但因唐诗成就很高，已形成文化传统，故宋元明清诗人作诗时都依唐诗用韵情况（即"诗韵"）而不依当时实际语音，当代人作旧诗，"专业"者仍依传统诗韵。

近体诗一般只押平声韵（这便于句末音节延长），押仄声韵的极少。

近体诗的用韵很严格，无论律诗、排律、绝句，都必须一韵到底，不许换韵，而且不许邻韵通押（不过如果首句入韵时，诗人往往借用邻韵字作为韵脚）①。

三、对仗

律诗要求中间两联对仗，首尾两联一般不对仗。初唐时格律未严，颔联对仗与否比较自由，至盛唐时颔联还有不对仗的，以后就比较严格了。首联有时也对仗，这种情况五律比七律要多一些。尾联也可对仗，情况很少，如杜甫《闻官军收河南河北》尾联"即从巴峡穿巫峡，便下襄阳向洛阳"。总的来说，律诗以中间两联对仗为正格，颔联不用对仗、尾联对仗属特殊情况。首联是否对仗，往往取决于诗的内容需要和诗人的艺术技巧。排律除首尾两联外，中间不管有多少联，一律要求对仗。首联可以对仗，也可不对仗。尾联不对仗，以便结束全篇。

绝句的对仗比较自由，若是截取律诗的前两联，则第二联对仗；若是截取中间两联，则两联都对仗；若是截取后两联，则第一联对仗；若是截取一、四联，则两联都不对仗。绝句以两联都不对仗为常见。

对仗一般要求句法结构相同，如联合短语对联合短语，偏正短语对偏正短语等。但也可以只字面相对，实际句法结构不同，如李商隐《安定城楼》："永

① 古代韵书按韵的远近编次，发音相近者相邻，称邻韵。

忆江湖归白发，欲回天地入扁舟。”“归白发”等于“白发归”，与“入扁舟”的实际结构不同。再如苏轼《有美堂暴雨》：“天外黑风吹海立，浙东飞雨过江来。”“吹海立”是兼语式，“过江来”是连动式。出句若有叠字或重字，对句也要在相应的位置对叠字或重字。

对仗还要求词类相同，即名词对名词，动词对动词，代词对代词，虚词对虚词等。名词在传统上还分为以下一些小类：

(1) 天文（日月风云等）；　　(2) 时令（年节朝夕等）；

(3) 地理（山水江河等）；　　(4) 宫室（楼台门户等）；

(5) 器物（刀剑杯盘等）；　　(6) 衣饰（衣冠巾戴等）；

(7) 饮食（茶酒餐饭等）；　　(8) 文具（笔墨纸砚等）；

(9) 文学（诗赋书画等）；　　(10) 草木（草木桃杏等）；

(11) 鸟兽虫鱼（麟凤龟龙等）；　　(12) 形体（身心手足等）；

(13) 人事（道德才情等）；　　(14) 人伦（父子兄弟等）。

数目对和颜色对也是常用的词类对仗方式。虽然词类要求相同，但词义不能相同，否则意思就重复了，这种情况称为“合掌”，是诗家的大忌。另外还要避免同字相对，这一方面会意思重复，缺乏变化，另外也不易符合平仄相对的要求。

完全符合上述要求的对仗为工对，部分符合的为宽对。

近体诗的对仗有两种比较特殊的类型：流水对和借对。

流水对的两句从字面上看是相对的，但实际意思不是相对而是相连的，实际上是一句话。如骆宾王《在狱咏蝉》：“不堪玄鬓影，来对白头吟。”杜甫《秋兴八首》(其二)：“请看石上藤萝月，已映洲前芦荻花。”元稹《遣悲怀》：“唯将终夜长开眼，报答平生未展眉。”这种对仗方式常用于尾联。

借对分借义和借音两种。借义是指一个词有多个意思，在诗中用的是一个意思，诗人借用它的另一个意思与相关词对仗。如杜甫《曲江》：“酒债寻常行处有，人生七十古来稀。”“寻常”在此处为平常义，但古代“寻”又指八尺，倍寻为“常”，这里借用其数词义与“七十”相对。类似的还有杜甫《江南逢李龟年》：“岐王宅里寻常见，崔九堂前几度闻。”再如李商隐《令狐八拾遗绹见招送裴十四归华州》：“汉苑风烟吹客梦，云台洞穴接郊扉。”“汉”在此处指汉朝，但借用其“星汉”的意思与“云”相对。借音即谐同音字构成对仗。如刘长卿《新安奉送穆谕德》：“事直皇天在，归迟白发生。”“皇”谐音“黄”，与“白”相对。又如李商隐《锦瑟》：“沧海月明珠有泪，蓝田日暖玉生烟。”“沧”谐音“苍”，与“蓝”相对。

对仗还有其他类型，因不太常见，不再介绍。

四、平仄

平仄是近体诗格律的核心因素。所谓平仄也就是平声和仄声交替使用，以求得音节上的和谐美。中古声调分平、上、去、入四种，上、去、入合称仄声。仄有狭窄和倾侧之义，是与“平”相对的。声调是汉语客观存在的，但在魏晋以前国人都没有意识到它的存在，不过诗人们有时已在不自觉地运用平仄交替。汉末佛教传入中国，梵文是有声调的，在翻译佛经的过程中，人们逐渐发现汉语也有声调，南朝梁周颙、沈约确立为四声，定其名目，并有意识地提倡作诗时平仄交替。至唐初，平仄交替的格式被确定下来，其中沈佺期和宋之问起了重要作用。

关于四声的发音特点，唐人处忠《元和韵谱》云：“平声哀而安，上声厉而举，去声清而远，入声直而促。”何九盈《中国古代语言学史》云：

> 所谓“哀而安”是出音哀婉而收音平稳，这是一个平调；“厉而举”是出音激厉而收音扬起，这是升调；“清而远”是出音轻清而收音悠远，这是降调；“直而促”是出音直捷而收音短促，当有塞音尾。①

明代真空和尚有一首歌诀，附于《康熙字典》：“平声平道莫低昂，上声高呼猛烈强。去声分明哀远道，入声短促急收藏。”王力认为平声是长的，不升不降的；上去入三声都是短的，或升或降的。“上”字应该指的是升，“去”字应该

① 何九盈著：《中国古代语言学史》，广东教育出版社 1995 年版，第 98 页。

指的是降，“入”字应该指的是特别短促①。平仄递用也就是长短递用，平调与升降调或促调递用②。

元以后北方语音发生变化，形成阴平、阳平、上声、去声四种声调，也就是现代普通话的四声。其中中古的平声演化为阴平和阳平，上声演化为上声和去声，去声依然是去声，入声消失，分别派入阴平、阳平、上声和去声。由此可以得知，现代普通话中读为阴平和阳平的字绝大部分在中古时读为平声，只有很少部分是入声（这部分字见本节附录）；现代普通话读为上声和去声的字在中古都是仄声。也就是说，记住了平声中的少量入声字，就可以据普通话声调判断近体诗用字的平仄了。另外，还有极少数中古时的平声字现在演变成了上声或去声，如储、俱、胜（胜任）等。

下面看看具体的平仄格式。由于近体诗绝大部分都押平声韵，所以这里只讨论押平声韵的平仄格式，所说押韵或入韵就指押平声韵。

五言律诗的平仄句式有四种类型：仄仄平平仄，平平仄仄平，平平平仄仄，仄仄仄平平，分别为仄起仄收式，平起平收式，平起仄收式，仄起平收式。这四种句式按照对和黏（nián）的关系组合在一起。同一联中第一句为出句，第二句为对句，它们的平仄相反，称为对，如出句是“仄仄平平仄”，对句就是“平平仄仄平”。出句是“平平平仄仄”，对句就是“仄仄仄平平”。若首句入韵，即以平声收尾，则对句的前两个字及第四个字的平仄与出句相反，如“仄仄仄平平”对“平平仄仄平”。所有对句（即第二、四、六、八句）都是平收式，押韵。出句中第三、五、七句是仄收句，不押韵，首句可平收可仄收。押韵的字一定是平声；反过来，每句的最后一个字若是平声，那么一定押韵，不会出现最后一个字不押韵而用了平声的情况。下一联的出句与上一联的对句的起式相同，即前两个字的平仄应相同，称为黏。对和黏能使整首诗的平仄安排多样化，避免雷同。不合乎对的规则的，称“失对”，不合乎黏的规则的，称“失黏”。对的规则确立较早，唐诗中极少有失对的例子。初唐时黏的规

---

① 入声的特点是末尾分别带有［p］［t］［k］三个辅音（17组入声中，3组带［k］，6组带［t］，8组带［p］），三个辅音在实际发音时只做口形而不读出，故入声短促，不能延长。现在南方不少方言中仍保留有入声。

② 王力著：《汉语诗律学》，上海教育出版社2002年版，第7页。

则尚未完全确立下来，有少数失黏的例子，直到盛唐时还有这种情况。宋代以后，失对和失黏成为近体诗的大忌，没有人再有意违反这些规则。

若完全依照上述平仄规律作诗，就会有很大的束缚，所以又规定处在每句第一、三（七言为第一、三、五）位置的字可平可仄，以便有一定的灵活性，第二、四（七言为第二、四、六）位置的字平仄一定要符合规律，也就是古语所说的“一三五不论，二四六分明”。当然并不是所有的一、三、五都不论，后文再详细讨论。

依首句的不同，按照对和黏的规则组合，五言诗有四种不同的平仄格式（平仄下加横线表示该字可平可仄，诗中加点的字为现读为平声的入声字，加粗者为该用平声而用了仄声，或该用仄声而用了平声，下同）。

先看绝句：

仄起仄收式： **王之涣《登鹳雀楼》**

仄仄平平仄，平平仄仄平。 白日依山尽，黄河入海流。

平平平仄仄，仄仄仄平平。 **欲**穷千里目，更上一层楼。

平起仄收式： **李白《夜宿山寺》**

平平平仄仄①，仄仄仄平平。 危楼高百尺，手可摘星辰。

仄仄平平仄，平平仄仄平。 不敢高声语，**恐**惊天上人。

仄起平收式： **卢纶《塞下曲》**

仄仄仄平平，平平仄仄平。 月黑雁飞高，单于夜遁逃。

平平平仄仄，仄仄仄平平。 **欲**将轻骑逐，大雪满弓刀。

平起平收式：

非常罕见，此不举例。

五言律诗的组合规律相同，也有四种格式，现举其一：

仄起仄收式： **杜甫《春夜喜雨》**

仄仄平平仄，平平仄仄平。 好雨知时节，当春乃发生。

平平平仄仄，仄仄仄平平。 随风潜入夜，润物细无声。

仄仄平平仄，平平仄仄平。 野径云俱黑，江船火独明。

---

① 这个句型第三字若用仄，第一字必须用平。

平平平仄仄，仄仄仄平平。**晓**看红湿处，**花**重锦官城。

七言律诗的句式与五言类似，只是在五言句式的前面加两个字，也有四种基本句式：平平仄仄平平仄，仄仄平平仄仄平，仄仄平平平仄仄，平平仄仄仄平平。对、黏规则与五言同，若首句入韵，则对句的前四个字及第六个字的平仄与出句相反。在黏的关系上，下联出句与上联对句的前四个字的平仄相同。

依首句的不同，七言绝句的平仄也有四种格式：

仄起平收式： **高适《别董大》**

仄仄平平仄仄平，平平仄仄仄平平。**千**里黄云白日曛，**北**风**吹**雁雪纷纷。

平平仄仄平平仄，仄仄平平仄仄平。**莫**愁**前**路无知己，**天**下谁人不识君！

平起平收式： **李白《望天门山》**

平平仄仄仄平平，仄仄平平仄仄平。天门中断楚江开，碧水东流至此回。

仄仄平平平仄仄①，平平仄仄仄平平。两岸青山相对出，孤帆一片日边来。

平起仄收式： **苏轼《饮湖上初晴后雨》**

平平仄仄平平仄，仄仄平平仄仄平。**水**光潋滟晴方好，**山**色空濛雨亦奇。

仄仄平平平仄仄，平平仄仄仄平平。欲把西湖**比西**子，**淡**妆**浓**抹总相宜。

仄起仄收式： **杜甫《绝句》**

仄仄平平平仄仄，平平仄仄仄平平。两个黄鹂鸣翠柳，一行白鹭上青天。

平平仄仄平平仄，仄仄平平仄仄平。窗含**西**岭千秋雪，**门**泊东吴万里船。

七言律诗的组合规律相同，也有四种格式，现举其一：

仄起平收式： **李商隐《无题》**

仄仄平平仄仄平，平平仄仄仄平平。相见时难别亦难，东风**无**力百花残。

平平仄仄平平仄，仄仄平平仄仄平。春蚕到死丝方尽，蜡炬成灰泪始干。

仄仄平平平仄仄，平平仄仄仄平平。晓镜**但**愁云鬓改，**夜**吟应觉月光寒。

平平仄仄平平仄，仄仄平平仄仄平。蓬山此去无多路，**青**鸟殷勤为探看。

律诗若首句不入韵，则前两联与后两联的平仄形式完全相同，也就是第一句与第五句、第二句与第六句、第三句与第七句、第四句与第八句的平仄相同。若首句入韵，第一句与第五句的平仄不同，其余相同。

---

① 这个句型第五字若用仄，第三字必须用平。

有两种情况是近体诗的大忌，需要避免：孤平和三平调。在“平平仄仄平”（七言为“仄仄平平仄仄平”）的句式中，第一个（七言为第三个）字不能变为仄声，否则除韵脚字外，全句就只有一个平声，称为“孤平”。若第一个字变为仄声，那么第三个字一定要变为平声。孤平只针对上述句式，在仄收的句式中，即使只有一个平声，也不算犯孤平。在“仄仄仄平平”（七言为“平平仄仄仄平平”）的句式中，第三个（七言为第五个）字不能变为平声，否则结尾就有三个平声，称为“三平调”。三平调在古风中常见，但在近体诗中极少出现。

如果某字不符合平仄规则，称为“拗”。广义的拗包括第一、三（七言为第一、三、五）位置的字平仄不符，狭义的拗仅指第二、四（七言为第二、四、六）位置的字平仄不符。拗一般用其狭义。出现了拗就要“救”，救的方式比较复杂，粗略地说，需要在同句或前后一句中设置一个与此相反的不合平仄规则的字。如白居易《赋得古原草送别》：“野火烧**不**尽，春风**吹**又生。”（黑体字为拗或救）句式应为“仄仄平平仄，平平仄仄平”，“不”该用平而用了仄，为拗；下句“吹”该用仄而用了平，为救。又如陆游《夜泊水村》：“一身报国有**万**死，双鬓向人**无**再青。”句式应为“平平仄仄平平仄，仄仄平平仄仄平”，“万”该用平而用了仄，为拗；“无”该用仄而用了平，为救。

有一种比较特殊的拗救类型。在“平平平仄仄”（七言为“仄仄平平平仄仄”）的句式中，诗人常把第四个（七言为第六个）字改为平声，而把第三个（七言为第五个）字改为仄声来救。如孟浩然《过故人庄》：“故人**具鸡**黍，邀我至田家。”杜甫《天末怀李白》：“凉风**起天**末，君子意如何。”《咏怀古迹五首》（其五）：“伯仲之间**见伊**吕，指挥若定失萧曹。”这种句式多用在律诗的第七句（绝句为第三句），如王维《观猎》：“回看**射雕**处，千里暮云平。”杜甫《咏怀古迹五首》（其三）：“千载琵琶**作胡**语，分明怨恨曲中论。”苏轼《饮湖上初晴后雨》：“欲把西湖**比西**子，淡妆浓抹总相宜。”这种情况较多见，也可以认为不是拗体而是常体。需要注意的是上述句式中五言第一个字、七言第三个字必须是平声。

与押韵一样，唐以后诗歌的平仄均据唐代语音。

当代人读古诗对平仄往往不甚在意，实际上古人作诗基本上是严格遵循平仄规律的，我们现在常说古诗具有抑扬顿挫的美感，就主要和平仄规律有关。虽然因部分古代入声字现在转化成了阴平、阳平，一定程度上打破了平仄规律，但平仄交替大体依然存在，了解平仄规律，可以更深入地理解抑扬顿挫之美。另外，遵循平仄规律对作者遣词造句有较大影响，最为明显的是调整词序。如杜甫《绝句》“泥融飞燕子，沙暖睡鸳鸯”，按句意，应为“泥融燕子飞，沙暖鸳鸯睡”，之所以调整词序，是因为这两句平仄格式为“平平平仄仄，仄仄仄平平”。当然，调整词序后在意象呈现上也更为直观（具体分析见作品篇）。清人黄景仁《秋夕》“羡尔女牛逢隔岁，一种秋怀两地知”，不说常见的“牛女”而说“女牛”，是因为该句第四字须用平声字。平仄规律对数量词的运用也有制约，如苏轼《食荔枝》“日啖荔枝三百颗，不辞长做岭南人”，不用更夸张的“三千”而用“三百”，是因为该句第六字须用仄声字。李白《秋浦歌》“白发三千丈，缘愁似个长”，《望庐山瀑布》“飞流直下三千尺，疑是银河落九天”，两句均说“三千”，同为夸张而飞流反不及白发之长（即使将“三千尺”写作“三千丈”，也仅与之相同）。不把飞流说成更夸张的“三万尺”，单就平仄而言，是因为该句第六字须用平声字。因遵循平仄规律而影响字句安排的情形在古诗中很普遍，只是我们现在往往浑然不觉。

对一首具体的诗歌如何判定其平仄规律呢？首先看首句是否入韵，句末字若与其他韵脚字的韵母、声调相同，则入韵，该句为平收式，否则为仄收式（押仄声韵者若入韵则为仄收式）。其次看第二个字的平仄情况（因第一个字可平可仄），若为平声则该句为平起式，若为仄声则为仄起式。起式与收式结合，可判定首句句式，再将句中其他字对照一下，看是否合律。确定首句平仄后，依据对和黏的规则，可初步确定其余句子的平仄，并与诗句对照，看具体用字是否合乎句式。

五、古体诗的格律

总体而言，古体诗的格律较自由。唐以后的古体诗很少用四言，一般是五言或七言，分别称为五古和七古。三五七言兼用者，一般也算七古。句数不限，一般较律诗为长。用韵比较自由（但韵部分类与近体诗相同，即须依照唐韵），可以邻韵通押，可以中途换韵，可以押仄声韵。仄声韵需区分上声、去声和入声，不同声调一般不通押，只有上声和去声偶尔可通押，入声与上声、去声绝不通押（近体诗押仄声韵者亦如此）。可以对仗，也可以不对仗，即使对仗也不求工整，且不避同字相对。古体诗的平仄基本上是自由的，有时诗人为和近体诗区别，还有意避免使用律句（讲究对、黏平仄规则的句子）。不过也有相反的情况，受近体诗的影响，有些古风是入律的，是符合平仄规则的，与近体诗的差别在于句数不定，平韵和仄韵可以交替，常常是四句一换韵。

第二节 词律

一、词的起源

词原是配合隋唐以来燕乐（供宫廷宴饮、娱乐时用的音乐）而创作的歌词，所以最初称“曲子词”，或简称“曲子”，“曲子”就是音乐，“词”就是歌词。人们在写词时，要按照乐谱规定的音律节拍的固定格式来写作，因此习惯把写词称为“倚声填词”，简称为“填词”或“倚声”①。后来逐渐脱离与音乐的关系，成为一种长短句的诗体。“词曲本不相离，惟词以文言，曲以声言耳。”（清人刘熙载《艺概》）所以，“曲子”或“词”都是它的简

① 词和曲都是根据乐曲填词，即先有确定的乐曲，之后据其填歌词，这与现代歌曲一般先写词后谱曲的做法不同。不同的词、曲若用相同的词牌或曲牌，则表明其所用乐曲相同，这与现代歌曲通常一首歌一个旋律不同。

称。后来，“词”成为通用名称，与诗并列为韵文中的一种。词为诗之旁支，又称“诗余”。为了适应乐谱的声律节奏要求，词的句子一般都是长短不齐的，从一个字到十一个字不等，因此词又称“长短句”。

二、词调、词牌

词调本来是一种歌曲的乐调或乐谱。每个乐谱都有一定的宫调（音高），有一定的音律、节奏，这就是词调。在歌词内容上，词调还规定了该首词的字数、句数、平仄、押韵等情况。词调数目繁多，每种词调都有一个特定的名称，这些不同的名称统称词牌。

在词的初始阶段，词调名称往往和词的内容是紧密相关的，如《临江仙》最初多是咏水仙的，《河渎神》最初多是咏祠庙的，《渔歌子》是写渔父生活的，《浪淘沙》是吟咏大浪淘沙的，《更漏子》是咏唱春夜闺情的，姜夔自度曲《扬州慢》是抒发作者对劫后扬州的黍离之悲的。这时，作者作词时一般不另立题目，词调的名称就兼起了词的题目作用。后来词不再都是供歌唱的歌词了，很多作者不熟悉乐理、曲调，只是按前人作品的格式填词，使词和音乐开始分离，词调的名称和词的内容逐渐失去了联系，仅仅表示字数、句数、平仄、押韵等格律要求，因此宋代词人填词时往往在一首词的调名之下另立一题目，这种情况自苏轼始，如其《念奴娇·赤壁怀古》《减字木兰花·荔枝》，再如辛弃疾《永遇乐·京口北固亭怀古》等。或写出小序，用来表示词的内容，如苏轼《水调歌头》词牌下有小序：“丙辰中秋，欢饮达旦，大醉，作此篇，兼怀子由。”当然，词调原有的风格对作者的选择依然有一定影响，如“破阵子”多用于写战争题材，“谒金门”多用于写朝觐和歌颂皇恩，等等。

前人对词调的分类大致有两种方法：一是按照每首词字数的多少，分为小令、中调和长调三类。清毛先舒《填词名解》说：“五十八字以内为小令，自五十九字始至九十字止为中调，九十一字以外者俱为长调。”完全依照字数来划分有其局限性，有时可能多一字或少一字就分为不同的类别，但总体看基本上是可行的。小令，源于唐代的酒令。唐人常常在宴会上即席填词，利用时调小曲当作酒令，于是称之为令曲、小令。小令一般字少调短。中调一般长于小令。中调又有“近”“引”等称呼，一些中调词常在词牌上加“引”“近”“近拍”等字样，如《阳关引》《清波引》《好事近》《诉衷情近》《隔浦莲近拍》等。长调又称“慢曲”，是词调中的长曲子。唐代已经有很多慢词，宋代柳永是第一个大量创作慢词的词人。慢词由于字数多，曲调长，便于词人抒发复杂细腻的感情。

另一种分类方法是按照每首词分段多少的情况，可以分为单调、双调、三叠、四叠等类别。词的一段叫“阕”，又叫“片”。曲子终了叫阕，片就是遍，一阕或一片是表示乐曲已经奏过了一遍。单调的词不分段，往往就是小令，如《江南春》《调笑令》等。单调是词最初流行的词调，和近体诗比较接近。双调的词一般分为前后（或称上下）两阕。小令、中调、长调里都有这种分为上下两阕的情况，是词调中最常见的形式。一般情况下，一首词上下阕的句数、字数、平仄等都是相同的；但是也有少数词调前后两阕字数并不相等，平仄也不同，这种情况往往是前后阕开头两三句字数不同或平仄不同，如《清平乐》《点绛唇》《水调歌头》《满庭芳》等。三叠四叠的词都是长调。三叠的词分为三段，数量很少，多是宋代以后文人的作品，如《兰陵王》《夜半乐》等。四叠的词分为四段，今仅传宋吴文英的《莺啼序》一首词，有二百四十字，是字数最多的词调。

词和乐谱分离后，词调就成为仅仅标识一首词的字数、句式、平仄和押韵的具体格式了。后人把每一种词调的格式加以概括，称为词谱，后来者就按照词谱填词。词谱据说始于明人张綖的《诗余图谱》。后来较通行的词谱著作有清人万树著的《词律》二十卷，收六百六十个词调，共一千一百八十多体①；康熙命王奕清等人编纂的《钦定词谱》四十卷，收八百二十六个词调，共二千三百零六体。而较为通俗只收常用词调的词谱是舒萝兰的《白香词谱》，只收一百个词调。王力先生在《汉语诗律学》中附有词谱二百零六调，二百五十余体；龙榆生在《唐宋词格律》中列词谱一百五十三调，一百九十六体。古人词谱中的每一种词体以具体作品为例，调名后指出字数、叠数、别名等，每一个

① 有些词调有几种别体，是相对“正体”而言，前人编辑的词谱，把出现较早或作者较多的词调称为正体，其余的列为别体或称“又一体”。“又一体”之多，说明古人填词是有一定灵活性的。

字标明平仄格式，标明韵脚字和换韵情况，必要时标明句读（具体标注方法各书有所不同）。

需要说明的是词起源于音乐，原本应是有宫调的，现存的词有些就标有宫调，但很多词不标宫调，可能是后人在抄录过程中遗漏了，也可能是后来词不再依附于音乐，宫调随之被作者忽视（一些精通音乐的作者较完整地标明了宫调，如周邦彦），宫调所代表的感情色彩后世也无记载，应该和曲的宫调是相同的。有关宫调的介绍，见曲律部分。

三、用韵

词的用韵和诗的用韵不同。近体诗绝大多数押平声韵，很少用仄声韵，用韵必须一韵到底，不能中途换韵，在用韵的位置上也有严格规定。词的用韵则比较宽，既可以押平声韵，也可以押仄声韵，中途可以换韵，而且押韵没有统一固定的位置。从整个词体来看，词的用韵似乎比近体诗自由得多，但是从每一首词来看，用韵却是非常严格的。因为词是一种倚声配词的音乐文学，必须依附于音乐，必须符合乐调声律的要求，因此，每一首词的用韵位置，用平声韵还是用仄声韵，一韵到底还是中间换韵，都要严格遵守词牌的要求，不能随意改变。

词在最初并没有专用的韵书，作词用韵，基本上用的是诗韵，只是比诗韵更宽一些，较自由一些。直到明代以后，才有了词韵专书，其中比较有代表性的是清人戈载的《词林正韵》，它按《集韵》归并为十九个韵部，其中平上去三声分为十四个韵部（只要韵母相同，不管声调是平声、上声还是去声，即属同一韵部，这与诗韵不同），入声分为五个韵部。事实上宋人填词是根据当时语音的实际情况来用韵的，还可能受到方言的影响，这十九部只是大致适合宋词的多数情况。

词的押韵方式比诗复杂，常见的形式有一韵到底、同部上去通押、同部平仄互押、平仄换韵等，比较特殊的形式有一字韵、独木桥体、长尾韵等，不再一一介绍。小学语文教材中所选词作一般属于一韵到底，如《忆江南》《渔歌子》《长相思》《浣溪沙》《卜算子》等，属于平仄换韵的有《清平乐》等。

四、平仄与句式

词句基本上是律句，也有一些不合平仄常规的拗句。词最初为了与音乐相配，字句的平仄升降与乐曲的旋律高低必须和谐，因此填词用字要讲究平仄。而且词的平仄要求比近体诗更为严格，律诗的平仄除有些地方可平可仄、有一定的自由外，还可以有拗救，而词的平仄却只能按照词调的规定填写，除规定某些可平可仄的地方之外（这些地方总体上较律诗要少），该平必平，该仄必仄，没有拗救。

词句最短的只有一个字，最长的可达十一个字，每种句式都有几种平仄格式，不再具体介绍。

五、对仗

词的对仗虽然也受到律诗对仗的影响，但是并不像律诗那样有具体而严格的规定。具体有以下一些特点：（1）律诗的对仗规定必须平仄相对，词的对仗在平仄方面没有严格要求，可以是平对平，也可以是仄对仄；（2）律诗的对仗要求避免同字相对，词的对仗则不避同字相对；（3）律诗的对仗有固定位置，词的对仗没有固定位置。这是因为前后两句字数相等时才有对仗的可能，而词以长短句为主，许多地方不适于对仗。一般来说，每阕的起首两句若字数相同，则以用对仗为常见。总之，词的对仗相对比较自由，没有律诗那样严格的规定。因此，也可以认为对仗不应是词律的内容。

第三节 曲律

一、曲的起源

曲是在元代产生的一种新的文学体裁。通常所说的“元曲”包括散曲和杂剧。杂剧中的唱词称剧曲（其格律与散曲同），其依托戏曲而存在，而散曲是单独存在的，零散而无依托，故称。散曲是继唐诗、宋词以后新的诗歌体裁。本节所说的曲若不特别指出都指散曲。曲分北曲和南曲（分别依据北方和南方的音乐），散曲一般为北曲，这里只讨论北曲的情况。

曲和词一样，都是倚声填词的音乐文学。从诗歌体裁的发展上看，词对曲的产生有很大的影响，曲是继词而起的一种新的能够合乐演唱的诗体。金元时期，北方语音已发生变化，词已不能适应北方胡乐的风格和语音，于是在俗谣俚曲的影响下，就产生了新的能够配乐演唱的散曲。散曲直接吸收了词的成就，不少散曲的曲调就是由词调变化来的，故散曲又称为“词余”。散曲在元明时代也被称为“乐府”或“词”。

二、体制

散曲包括小令和套数两种主要形式。

词有词调，曲有曲调，曲调的名称就是曲牌。小令又叫作“叶儿”，相当于一首单调的词。小令分为一般小令、重头、带过曲等几种。一般小令是指单支的曲子，是小令中最简单的形式。重头就是用同一曲调，重复作两首或两首以上的曲词。重头的用韵可以每首相同，也可以每首不同；题目可以有一个总的题目，也可以每首各有题目。带过曲是把两三个宫调相同而音律恰能衔接的曲调连接在一起填写。在曲的题目上要标明什么曲“带过”什么曲，“带过”也可简称为“带”或“过”。如钟嗣成有［南吕］《骂玉郎过感皇恩采茶歌·四时佳兴》，是由《骂玉郎》《感皇恩》《采茶歌》三个曲调组成。带过曲要求音律上要能衔接，故组合有一定的规则，不能随便搭配。

套数又称套曲或散套，是由同一宫调的两支以上的小令连缀组成的一个有头有尾的整套曲子。散套有长有短，短的只有三四调，长的有连缀到二三十调的，一般多由五、七支同一宫调的小令组成。杂剧的唱词都是套数（楔子一般是小令），一个套数就是一折。套数的连缀有一定的规则。首先，联套的曲调必须属于一个宫调，押相同的韵，一韵到底。其次，每一套数开头的曲调一般是固定的，如南吕宫以《一枝花》为首，中吕宫以《粉蝶儿》为首，正宫以《端正好》为首，等等。中间的曲调的排列顺序一般也是固定的，一般不重复使用（但杂剧中的曲调可以重复，中间部分的曲调次序也不完全固定）。最后，每个套数都有结束曲，这些结束曲名称不一，有“尾”“收尾”“尾声”“煞”“煞尾”“随煞”等名称。“煞”曲可以连用多支。

三、曲调和宫调

散曲有曲调，规定了音乐的旋律、节奏，及曲词的字数、句数、押韵、平仄等。每个曲调都有一个名称，即曲牌。

每一种曲调在音乐上都属于一定的宫调。宫调本是古代音乐上用以限定乐器乐音高低的名称。中国古代乐音有五音二变，即宫、商、角、变徵、徵、羽、变宫，相当于现代音乐中的1、2、3、4、5、6、7七音。又有确定乐音高低的十二律，即黄钟、大吕、太簇、夹钟、姑洗、仲吕、蕤宾、林钟、夷则、南吕、无射、应钟，相当于现代音乐的十二音阶。十二律各有七音，以宫音乘十二律叫作宫，以商、角、徵、羽、变宫、变徵六音乘十二律叫作调。这样就有十二宫、七十二调，合成八十四宫调。但这只是理论数字，在实际音乐中不一定全部用到，例如，隋唐燕乐只有二十八宫调，南宋词曲音乐只用七宫十二调。元代北曲只用六宫十一调，统称十七调；明清南曲只用五宫八调，统称十三调。而在实际运用上，南北曲常用的只有五宫四调，通称为“九宫”。北曲六宫十一调包括：黄钟宫、正宫、仙吕宫、南吕宫、中吕宫、道宫、大石调、小石调、般涉调、商角调、角调、高平调、歇指调、宫调、商调、越调、双调。宫调实际上规定了整首乐曲的音高。不同的宫调有不同的“声情”，即不同的感情色彩，作曲时一定要选择适于表达自己思想感情的宫调。

不论是小令还是套数，都要先标明宫调，再标明曲牌名，再标明题目。

后人根据元曲各种曲调的代表作品，加以分析、比较，概括出各种曲调的结构格式、声韵要求，就是曲谱。曲谱规定了每种曲调的字数、句式、平仄、押韵、板式等，是后人填曲的工具书。较有代表性的曲谱有清人李玄玉编的《北词广正谱》和康熙帝命王奕清等编的《钦定曲谱》。

四、用韵

元代语音发生了较大变化，在北方话里入声基本消失，分别转化派入平上去三声之中①，平声又分为阴平和阳平，即所谓“平分阴阳，入派三声”。元代北曲是根据当时的实际语音用韵的。元末周德清根据当时的实际语音，并参照大量元曲作品的用韵情况，写成了《中原音韵》一书，将“平水韵”的一百零六个韵部归并为十九个韵部。曲韵是平上去三声通押，所以不按声调分类，不另立上去两声的韵目。

散曲的用韵有以下特点：（1）平仄通押。曲韵不避仄声韵，并且以平仄（平上去）通押为常例，平仄不通押的比较少见。平仄通押不是说每个韵脚字可平可仄，什么地方押平声，什么地方押仄声，是曲调规定好的。（2）无论小

---

① 入声的派入和现代普通话不完全相同，派入上声和去声的部分入声字明清时演化为平声。

令、套数，都一韵到底，中间不许换韵。(3) 不避重韵，即不避在一支曲子里用相同的字押韵，这一点与诗词不同。(4) 可以赘韵，即可在句末不必用韵的地方用韵，这不算违反格律。

五、平仄

曲的四声与诗词不同，而与普通话相同（但具体的归字略有不同）。曲子语言通俗，平仄格式更加自由多样，是诗歌体裁的又一次解放。但从个别曲调看，在声律上则比诗律、词律更严格，有的平声还要细分阴阳，有的仄声还要细分上去，不再具体介绍。

曲中有律句，即平仄、节奏与律诗的句子相同，但更多的是非律句，即平仄、节奏与律诗的句子不同。曲要配乐歌唱，平仄要与音律和谐一致，随音律的变化而变化，便不能完全依照律句形式了。另外，上声与平声可通用，也打破了传统的平仄界限。非律句的情况比较复杂，这里就不一一讨论了。

六、衬字

曲虽也要按照曲调填写，但可以在曲调规定的字数之外添加字，即可以有衬字，这是曲和词的最大差别。如［南吕·黄钟尾］开头两句的字数是七、七，但关汉卿［南吕·一枝花］《不伏老》套数中该曲前两句增加到五十三个字（加曲线的字为衬字，下同）：

我是个蒸不烂、煮不熟、捶不扁、炒不爆响当当一粒铜豌豆，恁子弟每谁教你钻入他锄不断、斫不下、解不开、顿不脱慢腾腾千层锦套头。

衬字可以突破曲调限制，使作者有较大的创作自由，可以淋漓尽致地去叙述曲折的故事，抒发细腻的感情。另外，衬字大都是比较口语化的，可以增加曲的表现力，保持其新鲜活泼的特色。

添加衬字有一定的规则。衬字的字数可多可少，一句之中少则一两字，多则一二十字，以衬六七字为常见，有些曲子总体上衬字比正字还要多。一般来说，小令衬字少，套数衬字多；散曲衬字少，剧曲衬字多；风格通俗诙谐者衬字多，典雅清丽者衬字少或不用衬字。从与音律的配合上来说，衬字不占重要的拍子和音节，歌唱时应轻轻地带过去，因此衬字可以加在句首和句中，但不可加在句末，特别是不能加在韵脚字后。有一种语法上的衬字可以放在句末，如“也么哥”（也作“也波哥”）、“也么天”（也作“也摩挲”），它们没有实际意义，只是为了在唱腔上凑足音节，或显出一种特殊的风趣，与一般的衬字不同。特别是像“也么哥”，一般用在《叨叨令》第五、六两句的句尾，是一种定格，更与一般的衬字不同。类似的语法衬字还有“也波”“也那”等，只是它们还可以用在句中。要确定哪些字是衬字，可将句子与曲谱对照，那些多余的、不符合平仄要求的、口语化的、主要起修饰限定作用的字一般就是衬字。

下面以王磐［中吕·朝天子］《咏喇叭》为例看看衬字的运用情况：

> 喇叭，唢呐，曲儿小腔儿大。官船来往乱如麻，全仗你抬身价。军听了军愁，民听了民怕，哪里去辨甚么真与假？眼见的吹翻了这家，吹伤了那家，只吹的水尽鹅飞罢！

衬字既遵循了一定的曲调格律，又增加了语言的生动性和灵活性，更便于作者自由、充分地抒发感情，可以说是近现代白话诗的先驱。王国维说：

> 古代文学之形容事物也，率用古语，其用俗语者皆无。又所用字数亦不甚多。独元曲以许用衬字故，故辄以许多俗语，或以自然之声形容之。此自古文学上所未有也。①

诗词曲的格律是古代诗歌高度成熟的标志，不过需要指出的是格律固应遵循，但有时对表情达意也有明显束缚，这种情况下可以适当突破格律限制。

---

① 王国维著：《宋元戏曲史》，岳麓书社1998年版，第86—87页。

《红楼梦》第四十八回黛玉教香菱学诗，云：“若是果有了奇句，连平仄虚实不对都使得的。”香菱云：“如今听你一说，原来这些格调规矩竟是末事，只要词句新奇为上。”黛玉云：“词句究竟还是末事，第一立意要紧。若意趣真了，连词句不用修饰自是好的，这叫作‘不以词害意’。”说的就是这个道理。

【思考与练习】

1. 如果学生问到有些古诗现在读起来不押韵，你怎么解释？

2. 如何区分古绝与律绝？

3. 如何给近体诗划分平仄？结合具体作品进行划分。教学中如何运用平仄规律？

4. 词的创作模式与当代歌曲的创作模式有何不同？

5. 查阅曲的宫调所代表的感情色彩，以具体作品为例，谈谈宫调与作品内容的关系。

附论 1 古诗叶韵辨正

几十年前，教科书说杜牧《山行》“远上寒山石径斜”之“斜”应读为“xiá”，《敕勒歌》“笼盖四野”之“野”应读为“yǎ”，现今许多中小学依然如此教，不少教材、教辅读物依然持这种观点，有必要讨论一下这个问题。

一

为了与“家”“花”押韵，把“斜”临时改读为“xiá”，为了与“下”押韵，把“野”临时改读为“yǎ”，这种做法古人称为叶（xié）韵，又称协句、协韵、叶音、合韵。南北朝时，人们读《诗经》时发现有些韵脚字不押韵，于是临时改读以求押韵，称之为协句。如南朝梁人沈重《毛诗音》在《邶风·燕燕》第三章“远送于南”下注：“宜乃林反。”“乃林反”按当时语音应读为［ni̯əm］，“南”当时为“那含反”，应读为［nɑm］，与该诗上句“上下其音”、下句“实劳我心”的韵脚字“音”“心”不押韵，故要读为“乃林反”。后来很多人沿袭了临时改读的做法，并由诗扩大到押韵之文。唐人陆德明《经典释文》称之为协韵，唐人颜师古《汉书注》称之为合韵，宋人朱熹称之为叶音。

叶韵说的根本错误在于没有意识到古今语音是发展变化的，而以为自己所处时代的语音与上古（即先秦）语音是一致的。如“南”，后人以为《诗经》时代也读为［nɑm］，只是作者用在上述诗篇时为了与其他韵脚字押韵，而临时改读为［ni̯əm］。殊不知“南”“林”“心”的韵母不计韵头在上古都为［əm］。汉代没有提出叶韵说，是因为其时距先秦未远，语音变化不大。至南北朝时，语音进一步发展变化，与先秦时已有较大差异，加之当时受梵文影响，发现了汉语的声母、韵母和声调，对语言的敏感度增强，于是出现了叶韵说。至唐宋，特别是宋代，语音较南北朝又有较大发展，叶韵说更为流行，朱熹《诗集传》《楚辞集注》就大量运用叶韵说，至宋人吴棫《毛诗叶韵补音》遂将叶韵说扩大化、系统化。当时甚至有为求叶韵而改动古书文字者，致使先秦两汉之书几不可读。

明人杨慎、焦竑等人虽对叶韵说有所批评，但真正从根本上动摇叶韵说的是明末人陈第。他提出了著名的语音发展论：“盖时有古今，地有南北，字有更革，音有转移，亦势所必至。”① 很明确地指出语音是发展变化的，古今语音并不一致。他以大量翔实的材料推断《诗经》用韵是以当时的实际语音为基础的，不存在叶韵的问题。这一论断大大推进了古音韵研究，清代上古音研究的辉煌成就正是以此为理论依据的。自然，叶韵说在清代也渐销声匿迹。

二

认识到语音是发展变化的与不改读韵脚字是相联系的两个方面。当代人基本都知道古今语音不同，这是比古人进步的地方，但依然有不少人主张为保持古诗的韵律美，应改读“古韵”，这可称为“新叶韵”说。事实上，我们现在读古诗时遇到不押韵的情况，知道它们原本是押韵的（需注意的是唐以后作诗以唐诗用韵为准，宋以后作词以宋词用韵为准，并非依当时的实际语音），按现代普通话读即可，不必改读，因为改读面临着巨大困难，具体有以下几方面。

一是量大。以唐宋诗词而言，其韵脚字的韵母在普通话中仍大部分相同或相近（相近的如 eng 与 ong、eng 与 ing、en 与 in、e 与 o 等，这些姑且认为

① 陈第著，《毛诗古音考》，中华书局 1988 年版，第 7 页。

还是押韵的)，但也有不少差别较大，若要都改读是件很费力的事。如 en 或 un与 an，杜甫《春望》“深”“心”“金”“簪”押韵（笔者上初中时老师说“簪”应读 zēn)，属《广韵》(该书反映隋唐音系)“侵”部，读为［im］；李商隐《乐游原》“原”与“昏”押韵，分属“元”部和“魂”部（同属诗韵“元”部)，读为［i̯uɐn］和［uɐn］；再如 ai 与 ei 或 ui，李白《望天门山》“开”“回”“来”押韵，杜甫《登高》“哀”“回”“来”“台”“杯”押韵，白居易《池上》“回”“开”押韵，龚自珍《己亥杂诗》(其一百二十五)“雷”“哀”“才”押韵，上述字分属“灰”部和“咍”部，不计韵头都读为［ɑi］；再如 i 与 ei，孟郊《游子吟》“衣”“归”“晖”押韵，张志和《渔歌子》“飞”“肥”“衣”“归”押韵，范成大《四时田园杂兴》(其二)“肥”“稀”“飞”押韵，上述字属“微”部，读为［i̯əi］或［i̯uəi］；范仲淹《江上渔者》“美”与“里”押韵，分属“旨”部、“止”部，当时实已合流，读为［i］。以上所举基本上是语文新课标规定的中小学生古诗词课外阅读篇目，类似例子在古诗词中比比皆是，不可能一一改读。先秦韵文中的韵脚字大部分在今天看来都不押韵，若一一改读，势必重蹈古人早已深受其苦的叶韵说的泥淖，而我们没有任何理由只改读唐及以后的韵脚字，置唐前的复杂情况于不顾。

二是无法确定改读的标准。有时可以按照少数服从多数的原则，如杜甫《春望》中改“簪”为“zēn”，以迁就“深”“心”“金”，但不同读音的字出现机会同等时，就不好确定如何改读，如李商隐《乐游原》中是把“原”读为“yún”，还是把“昏”读为“huān”，就是个问题。这类情况在古诗中大量存在。前面所举“微”部的字，统一改读为 i 或 ei 都不可能，因为 j、q、x 不与 ei 相拼，f 不与 i 相拼。若某字在这首诗中改读某音，在那首诗中又改读另一音，则会出现字无定音的情况，而这是改读不可避免的。

三是入声韵无法处理。普通话没有入声，原先的入声字被分别派入四声。如柳宗元《江雪》“绝”“灭”“雪”三个入声字押韵，现分别演变为阳平、去声、上声。古诗韵部分类依据韵腹、韵尾、声调三部分，全同者为同一韵部，韵母相同而声调不同者绝不属同一韵部（词韵、曲韵可平仄通押，但某韵脚押平声还是仄声是由词牌和曲牌规定的，并非随意的)。“绝”“灭”“雪”三字若要押韵，须改为同一声调，但改为哪一种声调却无法确定。

综上所述，叶韵之法用于今天读古诗词是行不通的，面临着比古时更多的困境。

三

现在回到本文开头提到的“斜”“野”二字。这两个字分属《广韵》平声“麻”部和上声“马”部，韵母都为[ia]。叶韵之法既有重重困难，自然无法全面实施，大概只在小范围内实施，具体做法也不尽相同，就像笔者初中时被教“簪”应读为“zēn”，但并非所有教师都这样做。不过不可思议的是，对于《山行》中“斜”读为“xiá”，《敕勒歌》中“野”读为“yǎ”，尤其是“斜”读为“xiá”，全国范围内却相当一致。不少教材都在“斜”后注明“此处读古音 xiá”（如北京出版社、浙江教育出版社的小学语文教材），很多教辅读物也是如此，并扩展到其他有“斜”押韵的诗中。对于“野”，不少教辅读物注音为 yǎ，并注明“今音 yě，古读 yǎ，押韵”。“野”“斜”二字并无任何特殊之处，唯独它们被较全面改读，实在是件奇怪的事情。唯一可能的解释是《山行》与《敕勒歌》很早被选入小学教材，这两个字根据上下文较易改读（其他诗的韵脚字不易改读或不用改读），编者为便于学生诵读而改音，并没有从语音史的角度深入考虑。这种轻率的做法靠着全国统一教材、教参的权威性流布开来，并成为一种根深蒂固的观念。

笔者所见明确将“斜”注音为 xié 的，只有人民教育出版社 2001 年版义务教育课程标准实验教科书语文二年级上册。对于这个改动，很多教师觉得难以接受，不断有人在报刊和网上撰文称为保持古诗合辙押韵的特色，应读“古音”，岂不知所谓“古音”是无法恢复的，也是没有必要的。另外，北京师范大学出版社 2006 年版义务教育课程标准实验教科书语文教师教学用书二年级上册，在第 13 页“读一读背一背”引了《山行》，并注：“斜：古音读 xiá。”其后的“参考资料”注：“关于斜的读音：古音 xiá 是押韵的，因为这个字无论注什么读音字义都一样，为了便于学生学习，教材采用学术界的一种主张，按今天的读音注音为 xié。这个原则适用于全套教材。”认为读 xié，同时注出“古音”，并特意做一番解释，可见读 xiá 的传统观念之深。

叶韵说既然在理论和实践上都不成立，“野”“斜”二字的改读自然也不正确，没有任何理由认为其他字可不叶韵而只有这两个字须叶韵。“麻”“马”韵部的字韵腹现在主要分化为 ɑ、e 两类，其中“麻”部字韵腹为 ɑ 者居多，“马”部字两类基本持平。事实上这两个字改读本身就存在困境。改读的基本原则是少数服从多数，从古至今的叶韵实践基本都是如此，但这个原则往往行不通。《敕勒歌》中“野”可以读为“yǎ”以迁就“下”，“下”何尝不可以读为“xiè”以迁就“野”呢？虽然主要元音改为 ɑ 更接近于中古读音，但这并非改读的决定性依据。类似情形如白居易《自江州至忠州》：“前在浔阳日，已叹宾朋寡。忽忽抱忧怀，出门无处写。今来转深僻，穷峡巅山下。五月断行舟，滟堆正如马。巴人类猿狖，矍铄满山野。敢望见交亲，喜逢似人者。”韵脚字的主要元音统一改为 ɑ 还是 e 无从确定。有些诗中“野”读本音更合理，如曹邺《对酒》：“爱酒知是僻，难与性相舍。未必独醒人，便是不饮者。晚岁无此物，何由住田野。”而有些诗中“下”改为“xiè”更合理，如成彦雄《夜夜曲》：“自从君去夜，锦幌孤兰麝。欹枕对银缸，秦筝绿窗下。”

“斜”也有类似情况，有时无法决定是读本音还是改为“xiá”，如李峤《池》：“彩棹浮太液，清觞醉习家。诗情对明月，云曲拂流霞。烟散龙形净，波含凤影斜。安仁动秋兴，鱼鸟思空赊。”有时读今音，而把韵腹为 ɑ 的韵脚字改读为 e 更合理，如李约《病中宿宜阳馆闻雨》：“难眠夏夜抵秋赊，帘幔深垂窗烛斜。风吹桐竹更无雨，白发病人心到家。”再如郑谷《曲江红杏》：“遮莫江头柳色遮，日浓莺睡一枝斜。女郎折得殷勤看，道是春风及第花。”把“家”读为“jiē”，“花”读为“huō”或“hē”，更易押韵。如果有时读今音，有时读“xiá”，则会造成字无定音的情形。

至于认为“斜”古音读 xiá，也是不妥的，这可能是受了一些工具书的影响。《辞源》（商务印书馆 1983 年版）注斜“xiá”“xié”二音并列，《辞海》（上海辞书出版社 1979 年版）注斜：“xié，旧读 xiá。”《汉语大字典》（湖北辞书出版社、四川辞书出版社 1988 年版）注同《辞海》。“旧读”是指什么时候的读音？按语音发展规律看，元明清时似不应有此读音，若说是中古时（语音史上的中古一般指魏晋至宋代）的读音，更是错误，因为普通话中的声母 j、q、x 形成于明末至清末，它们来源于中古时的声母 z、c、s 和 g、k、h，也就是说，普通话中声母为 j、q、x 的字中古时声母并不读 j、q、x，更不要说上古读音了。事实上，“斜”的语音发展是：[zi̯a]（唐）—[si̯a]（宋）—[si̯æ]（元）—[si̯e]（明及清前期）—[ɕiɛ]（清中期以来，即 xie），所谓“旧读 xiá”实际上是不存在的，是一个错误的提法。况且如果这样标“旧读”，那么绝大多数字都会有一个或几个曾经存在的“旧读”。更多的工具书，包括《汉语大词典》，对于“斜”在“不正”的意思上都只注读“xié”。

总之，对于古诗词中的斜和野，应该毫无疑问地注音为“xié”和“yě”，不能模棱两可地标注为“这里可以读古音 xiá”和“这里可以读古音 yǎ”，甚至没必要标注“古音读 xiá”和“古音读 yǎ”（虽然“野”中古时的确读为[ĭa]，用汉语拼音标注即 ya）。

陈第当年有感于叶韵说的流布之广，在《毛诗古音考》后所附《读诗拙言附》中感慨地说：“沈括云：‘庆，古人协韵也，宜音羌。’诸儒遂以为然，故注诗者，一则曰叶，再则曰叶。……可乎不可乎倡自一人，天下群而和之，误自一世，后世踵而后之。智者不敢生疑，贤者不敢致诘，若安之为固然，遵之为谟训者，九原可作，不哑然而笑乎？”此语适足于描述今日全国比较一致改读“斜”“野”二字的情形。叶韵之误研究界早已廓清，相当多的中小学教学中却仍奉为圭臬，这本身就值得深思。

附论 2 古诗中多音字的读音问题

近体诗中的多音字若当时有平声、仄声两种读音，可根据平仄和押韵要求任选一种读音，而不必考虑读音与字义之间的对应关系。处于句中的多音字读音要符合平仄要求，如李白《望庐山瀑布》“遥看瀑布挂前川”一句的平仄格式为“平平仄仄仄平平”，“看”有平、去两读，这里用的是去声的意思，但依平仄规则应读为平声。处于韵脚字的如杜甫《天末怀李白》“魑魅喜人过”，杜甫《咏怀古迹五首》（其三）“分明怨恨曲中论”，李商隐《无题》“青鸟殷勤为探看”，王安石《泊船瓜洲》“京口瓜洲一水间”，“过”“论”“看”“间”都有平、去两读，这里用的都是去声义，但都应读为平声，否则就不押韵了。

现在读古诗时对多音字应如何处理呢？由于部分入声演化为平声，平仄规律已被部分打破，所以用现代普通话读古诗时，对于句中的多音字按字义读音即可，不必为了符合平仄规则而改读另一音。韵脚字的声调比较重要，中古时一般都读平声，有些多音字现在若按字义读为仄声，听起来就很不协调。声调是古诗韵部的重要组成部分（即使词和曲也不似现代诗歌及歌词平仄可自由通押），若应读平声而读为仄声，就变成了另一韵部。从读音的协调性及古诗韵部的传统考虑，我们认为韵脚位置的多音字读为平声为宜（此处指平声韵诗）。

附录　现读作平声的入声字（常用）

B 八 拔 跋 钹 魃 掰 白 薄 雹 逼 鳖 憋 别 蹩 钵 拨 剥 勃 渤 脖 博 搏 薄 泊 箔 驳 伯 帛 舶

C 擦 插 锸 察 拆 吃（口吃） 吃（吃饭） 出 绰 戳 擢 撮

D 搭 褡 耷 答 达 怛 妲 靼 沓 得 德 滴 的 嫡 镝 笛 迪 敌 狄 荻 翟 籴 涤 觌 跌 叠 迭 碟 蝶 牒 谍 耋 督 独 读 牍 犊 渎 椟 黩 毒 掇 夺 铎

E 额

F 发（发现） 发（头发） 乏 伐 筏 阀 罚 佛 弗 绋 拂 绂 袚 黻 芾 福 蝠 幅 辐 服 伏 茯 匐

G 鸽 割 胳 搁 蛤 葛 阁 格 骼 隔 革 骨（骨头） 刮 郭 国 虢 帼 掴 馘

H 貉 喝 合 盒 盍 阖 曷 涸 劾 核 纥 龁 翮 黑 忽 惚 鹘 斛 槲 鹄 滑 猾 豁 活

J 戟 屐 积 激 击 集 辑 急 及 极 级 汲 芨 笈 疾 蒺 吉 即 棘 亟 殛 脊 籍 藉 瘠 缉 楫 夹 荚 颊 铗 戛 嚼 接 揭 结 疖 睫 捷 婕 劫 孑 桀 杰 羯 竭 碣 节 诘 洁 拮 截 颉 橘 菊 鞠 掬 局 偈 踢 桔 绝 厥 蕨 蹶 掘 橛 决 诀 抉 矍 攫 倔 崛 爵 脚 觉（知觉） 角 珏 玦 谲

K 磕 瞌 窟 哭

L 拉 邋 捋 勒

M 没 摸 膜

N 捏

P 拍 劈 霹 撇 瞥 泼 扑 仆 匍 菩 濮 璞

Q 七 漆 戚 掐 切 屈 诎 曲（弯曲） 曲（曲霉） 阙 缺

S 撒 塞 杀 煞 勺 芍 舌 折 湿 失 虱 十 什 拾 实 食
蚀 识 石 倏 叔 秫 菽 孰 熟 塾 淑 赎 刷 说 俗 缩
T 塌 踢 剔 贴 帖 突 秃 凸 脱 托 橐
W 挖 屋
X 吸 息 熄 悉 膝 窸 蟋 昔 惜 夕 析 淅 蜥 晰 皙 锡
裼 习 袭 媳 檄 觋 席 瞎 狭 峡 狎 呷 侠 黠 辖 歇
蝎 楔 协 胁 挟 撷 戌 穴 靴 薛 削 学
Y 鸭 押 压 噎 揖 一 壹 颐 曰 约
Z 匝 咂 杂 砸 凿 则 舴 择 泽 啧 责 帻 贼 札 摘 择
宅 翟 着 蛰 辄 折 哲 辙 折 磔 谪 汁 织 只（量词）
掷 絷 执 侄 侄 值 直 植 殖 职 跖 摭 粥 轴 妯
术（植物名） 竹 筑 竺 逐 烛 躅 拙 卓 桌 涿 捉 着 酌
灼 斫 焯 琢 啄 浊 濯 擢 镯 卒 镞 族 足 作（作坊）
昨

（据王力主编《古代汉语》第四册附录二“诗韵常用字表”中的入声韵部分整理）

中　教学篇

第四章

古诗教学的目的、原则和步骤

【本章提要】

古诗教学的目的是：培养想象力及审美力、创造力，传承中华文化，提高文学鉴赏能力，带动其他知识和能力的提高。古诗教学的基本原则是：记诵与想象力培养相结合，正确理解与自主发挥相结合，叙述语言与抒情语言相结合，知识为辅、熏陶为主。古诗教学的基本步骤可分为：导入，了解作者、理解诗题，理解字词，复现意境，细化分析，延伸提高。

第一节 古诗教学的目的

古诗教学的目的有些与其他体裁基本相同，如培养爱国、卫国的思想情感，养成惜时、节俭、尊重劳动、同情他人的品德，促进记忆发展等，有些则具有较多的独特性，略述如下。

一、培养想象力及审美力、创造力

想象是文学鉴赏的基础，无论是抒情的表现还是叙事的再现，都需在已有生活经验的基础上借助想象走进文本所描绘的世界，去认识、理解和体悟。叶圣陶先生认为："性情的涵养和想象力的培植，在教育上是重要的项目，尤其在小学教育阶段。涵养和培植必须有所凭借，而最好的凭借便是诗歌。"① 古诗直观呈现、凝练含蓄的特点决定了想象力之于其理解尤为重要。正如前文所强调的，只有充分利用想象以及复现意境，才能真正走进诗歌所描绘的情境，才能实现与作者的深度沟通，才能充分感悟诗情。反过来，古诗阅读也最能培养想象力。想象力是感悟力、审美力的基础，古诗是最具审美感和情感浓度的文学形式，只有充分想象，才能深入真切地感悟，才能敏锐地接受作者的情感及体会艺术特色，借以提高审美能力。想

① 叶圣陶：《〈小学生诗选〉序》，叶圣陶、田泽芝编：《小学生诗选》，河南教育出版社1984年版，第1页。该书初版于1941年。

象力也是创作力的基础，古诗具有再创造的广阔空间，通过自主想象，充分调动学生独特的经验和思维方式，从而产生多元化理解，产生富有创造力的观点。

二、传承中华文化

传统优秀文化是中华民族生生不息的源泉，也是现代化变革发展的重要动力。传统之于现代不仅仅是一种资料，而是作为一种集体无意识，早已积淀在民族心理性格中，直接生发、影响着当代社会文化的建构。对传统文化来说，面向过去的继承，实际上是指向面向当下的育人和面向未来的融会创新。小学教材中涉及传统文化最主要的素材就是古诗，它不仅是文学性文本，而且是文化的载体，我们需要从中读出更多文化的信息。具体而言，主要有以下三个方面：

一是思想精神。中国文化是诗性文化，诗歌是典型形态。相对于西方文化，中国文化的根本特点在于天人合一，根本思维方式是直观感悟。很多古诗直接表现了人融于自然的心态及人道顺应天道的认识，借景抒情也是这种心理的反映。这种心理与当今人与自然和谐相处的理念高度契合。还有一些较下位层次的思想意识在古诗中也有充分体现，如求仁循礼、重土思亲、自强厚德等。

二是文化常识。作为思想精神的文化传统是渗透、贯穿在社会生活的各个方面，经成形、固化、提炼后，便成为文化常识，如职官、法律、选任、天文、五行、历法、节令、民俗、地理、名物、度量衡、科技、典籍等，这是我们了解古代文化的直接资料。古诗对文化常识时有涉及，是了解它们的重要窗口。

三是历史记忆。文化是在历史进程中产生的，历史是由一系列鲜活的人和事构成的，只有还原这些人和事，切身感受他们的生活经历和喜怒哀乐，才能真正走进历史，才能体悟到文化的内涵和深度，体悟到人性的复杂和光辉。古诗直观呈现的表达方式使其保留了大量细腻而鲜活的人物故事和情感，从中可看到古人丰富的生命遗韵，对作者生平思想的牵涉更增添了这种遗韵的广度和厚度。

为了实现传承文化的目的，古诗教学需要突破狭隘文学教学观，而要树立大文化观，将文化精神和知识的传承作为内容之一，让学生在潜移默化中受到熏陶，这样古诗教学自身也能获得更广阔的视野和发展空间。

三、提高文学鉴赏能力

古诗在短小的篇幅中包含着丰富的内容，遣词谋篇、意象设置极为精致，从文章写作角度积累了高度丰富的“诗法”。教学中通过启发讲解或潜移默化，可使学生掌握一些古诗鉴赏的方法，具体说有两个层次：一是遣词造句、谋篇布局。如为何要用这个字（或意象），它包含哪些向度，这个字和诗中其他字或意象有何关系，所起作用是什么？同一句中词与词的语法关系是什么，后一句与前一句、后两句与前两句在情景、景理、动静、远近、大小、虚实、古今、哀乐、主客等方面有什么变化等。二是情意表达，主要是表现了什么样的言外之意。形成这种细抠文本、善挖隐意的鉴赏习惯后，就易于更进一步体会到艺术特色、创作风格，从而从总体上提高鉴赏能力。优秀的现代文都很讲究遣词谋篇和意境设置，常有言外之意，会鉴赏凝练的古诗，自然也就会鉴赏现代文。

四、带动其他知识和能力的提高

古诗与其他艺术门类如绘画、音乐、书法等多有关联，有些古诗还将其作为直接描写对象，创作方法上多有相通之处，学习古诗时就可了解这些艺术门类的相关知识，古诗鉴赏能力也可迁移到这些艺术门类的鉴赏方面。另外，教学古诗时会用到绘画法、表演法、朗诵法、扩写法等，可训练学生的相关能力。

第二节 古诗教学的原则

古诗教学是教师引导下的古诗鉴赏活动，因此前述古诗鉴赏的三个原则——由景悟情、整体性、自悟性——也适用于教学活动。此外，还需考虑以下教学原则。

一、记诵与想象力培养相结合

古诗学习主要包括记诵与理解，理解包括词义与诗意两方面，其中诗意是重点，而理解诗意的核心是想象力，因此要非常重视想象力的培养，应将其贯穿在教学的各个环节。小学阶段是机械记忆的黄金时期，理应注重记诵，但不能认为小学生理解力弱而忽视想象力、理解力的培养，尤其是中高年级学生思维特点较之前有本质变化，理解力较低年级学生大有发展，更不能一味强调记诵及理解字词。记诵时要渗入想象，想象反过来可促进记诵效果。

二、正确理解与自主发挥相结合

古诗字句凝练，用法与现代汉语多有不同，故易引起歧义，加之关于创作背景、创作时间等方面的资料往往不详，对诗的寓意、感情倾向也就有多种甚至相反的理解。对字词、诗意要鼓励学生多元化理解、自主发挥，凡能够自圆其说的都应兼容并存。但需要注意的是自主发挥必须建立在对词意、创作背景常识的正确理解基础之上，如将“朝辞白帝”理解为“早上（或朝廷上）辞别了白胡子上帝”，则属于错误而非多元理解。如又有学生会认为“二月春风似剪刀”以剪刀喻春风，表现了春风的冷硬，也属理解不当，因为这与全诗作者对垂柳及春风的情感基调不符。又如对张继《枫桥夜泊》愁绪缘由的推测，学生依据所查资料或者是主观推测，有认为是做官不顺，有认为是科考失利，有认为是漂泊无依等，教师对这些说法不能不加分析地一概肯定，因为此诗作于“安史之乱”时作者避乱江东期间，此前他已考中进士，所谓科考失利的说法是不正确的。只有将多元理解、创造发挥建立在事实、逻辑、情理正确的基础之上，才是合理的、有价值的。

三、叙述语言与抒情语言相结合

教师在教学中大多用的是平实的叙述性语言，组织课堂、转换环节、提出评价等尤其如此。古诗含有浓郁的主观情意，在正常的叙述性语言之外，适当地插入抒情性语言，对于营造诗意氛围、入境领悟诗情、培养美感思维有重要作用，古诗教学也才富有“诗味”。抒情性语言多用于引导、升华阶段，学生感悟表达诗情的能力是有限的，教师的点染、示范就必不可少，具体做法可参见后文几个案例。若一味地引导学生自己去感悟，去表达，或者认为只有学生自己能表达出来的意思才是符合其接受水平的，才是应该教与学的，就不大符合古诗的特点。抒情性语言不一定非要成段，也可以一两句的形式穿插在叙事性语言中。抒情性语言的设置要求教师对作品有较透彻的理解，有较好的感悟能力，以及运用节点、程度把握的能力。

四、知识为辅，熏陶为主

古诗涉及很多知识，如字词精确的含义、语法、作者身世、创作背景、历史地理知识等，这些对于完整、准确、深入理解作品都是必要的。不过对于小学生而言，这些知识适当掌握即可，因为它们与基本诗意之间很多时候并无直接关系，也就是说，诗意的存在有一定的独立性，并不一定非要建立在上述全面、准确的知识之上。例如，讲《静夜思》不必辨析“床”是卧具还是坐具，讲《泊船瓜洲》不一定非要指出“绿”是使动用法，讲《春晓》不必联系到孟浩然山水田园诗的特点和成就，讲《春日偶成》不必非要指出泗水当时在金人统治下、本诗实际隐喻着对孔孟学说的向往等。对于中低年级学生，这类知识过多往往无法理解，变成学习的负担。小学生学习古诗重要的是受到音律、诗意、美感的熏陶，培养想象感悟能力。

第三节 古诗教学的步骤

从访谈中得知，教师普遍认为古诗不好教，主要困惑有：不知道该教些什么、怎么教；学过的作品过段时间让学生说意思，只会背或会说字面意思；随着年级升高，学习兴趣在下降等。造成这些困惑最主要的原因是教师没有真正了解古诗的特点，教学中没有真正将学生带入诗境，因而学生没有属于自己的理解和感悟。古诗教学的关键是引导学生充分自悟诗情，将教师的讲解内化为自己的理解。

古诗教学的一般过程可分为以下步骤，以张继《枫桥夜泊》为例。

一、导入

运用各种方法，从学生已有的知识和经验出发导入新课。要注意激发学习兴趣，也可由检查自学情况导入。如可由复习描写漂泊在外、旅途愁思的诗引入本诗。

二、了解作者，理解诗题

介绍（或学生自行查阅）作者的基本情况，如朝代、生卒年、生平、任职、思想倾向、文学成就、创作风格等，以简明为宜（低年级学生除非必要，可不用了解），特别是与创作背景有关的生平经历要了解。如：张继于天宝十二年（753 年）登进士第，“安史之乱”爆发的次年（756 年）避乱江南，游历越州（今绍兴）、杭州、苏州、润州（今镇江）等地，与诗僧灵一为方外之友（灵一尝住会稽、扬州、杭州，卒于 762 年），“安史之乱”结束后在京任职。诗题重在理解字面意，以及所涉及的地名、建筑、人物、体裁（如汉乐府、绝句）等，至于题目的深层含义可在掌握诗意后再回头理解，如介绍枫桥的方位及得名。

三、理解字词

了解作者和诗题后，可由引导学生想象创作情形过渡到对作品的理解。例如，作者考中进士却因战乱无法做官，一个人漂泊在外，到了晚上无家可归，繁华的苏州城近在咫尺却无钱住宿，只好将船停在桥边宿在船上，他看到了什么，听到了什么，想到了什么呢？来看这首诗是怎么描写的。理解作品，首先是理解字词。分为两步：第一步是掌握生字词，如姑苏、寒山寺。第二步是初步理解字词及所指涉的意象在诗中的特定意思及方位、因果等初步的关系。例如，夜半月已落下，说明是上弦月（弯口向左）；乌鸦（有人认为是兀鹫）啼叫应是光线变化所致；江枫可能是一排而非单个，古代常用作离愁别绪的象征；渔火应非己船之火；对愁眠是作者面对愁思而眠；夜半钟声是寒山寺子夜时敲的分夜钟；等等。

四、意境复现

这是核心步骤。第一步是引导学生复现字面所写。例如，天黑了，把小船泊在枫桥边，月亮落下去了，乌鸦啼叫着，霜花在漫空飞舞；江边的枫树依稀可见，渔船上的灯火还亮着，我怀着愁思入睡了；夜半时分，苏州城外寒山寺的钟声响起，传到我的船上。第二步是讨论作者可能还有哪些没写入诗句的见闻、言行，初步体会表现了哪些言外之意，并在此基础上引导学生较完整地复现意境，具体可参见作品篇部分本诗的意境复现。视作品难度及学生理解情况，可由浅入深，并反复几次，让学生在符合理解力的前提下尽可能深入地走进诗境，感悟诗情。

五、细化分析

在复现意境的基础上，深入分析，分三个方面：一是体会一些字词间的复杂关系及背后的含义。如霜不会在空中，“霜满天”是感觉被寒气包围，无处逃遁；“对”也包含着人与江枫、人与渔火、人与钟声、江枫与渔火的相对；江枫与渔火形成大小、暗明、静动的对比；并非天黑即睡；“姑苏城外”强调自己身处郊外而非繁华都市，与漂泊困顿相应，也强调寺庙处在郊野，与宗教属性相关，也能使钟声传得更远；作者与诗僧灵一交厚，应受到佛教影响，寒山寺因诗僧寒山曾住而得名，兼有诗与宗教两种内涵，故作者心向往之，也可能白天游历过，夜晚仍不能忘怀；钟声具有浓厚的宗教意味，似乎召唤着作者去除愁绪、涤荡思虑；同样是宿在船上，渔人以之为家而自己漂泊为客；前两句与后两句所写应非同一时间段；整首诗所表现的愁的具体内容作者没有明说；等等。二是简要领悟艺术特点。如充分运用环境的衬托和渲染，突出作者的愁思；夜半钟声给人以余音缭绕、愁思不绝的言外之意；前两句意象稠密，利于充分渲染气氛，后两句意象疏松，与钟声的缭绕不绝相应；整首诗情景交融，表现细腻、传神；等等。三是返观诗题，进一步理解。题目往往是作品内容的高度概括，或有某种特定内涵，值得认真品味。如枫树多用作离愁别绪的象征，以之名桥，见之更生愁绪；夜晚幽暗冷清，更易生愁；无家可归而泊于水边，且水的流动、厚重、柔软本身就易惹愁绪。这些可引导学生自己适当体会，不要求理解得全面和深入。

六、深化理解

在上述已领悟基本诗情的基础上，可结合诗歌特点，运用多种教学方法，更深入地理解全诗或某句。如以作者口吻更细致地想象创作情形（加入当天经历），想象补充诗句结束后故事的发展及作者心理，表演诗句所写，依诗作画，与相同或相反的诗比较等。这些教学方法也可用在前面的步骤。朗读、默读要穿插在上述各步骤，引导学生提高诵读水平，达到以读促解的目的。

七、延伸提高

这部分基本属于课外作业。如将诗改写为记叙文或话剧，收集相关资料或类似的诗，与同单元的其他课文比较或联系起来看，等等。

以上只是原则性步骤，着眼于精讲课文，主要是想体现先悟后思、把复现意境作为核心步骤的教学思路。由于诗歌千差万别，学生接受水平差异很大，精读、略读要求不同，教师教学思路及风格各异，没有必要也不能有统一的教学步骤，教师一定要发挥创造性，调整上述步骤的顺序、详略、有无，采用适合古诗特点及学生特点、富有创新思想的教学步骤。

第四节 教学模式评价

教学模式是对教学过程和教学方法的提炼总结。一线教师和教材编写者总结了很多的教学模式，人们之所以热衷于此，主要是觉得古诗教学较难，甚至无从下手，总结一些可资凭借的模式，可使教学便利化。另外，模式本身也是教师及教材编写者对教学规律的认识和提炼能力的表现。教学模式需要符合并突出古诗特质，符合教学规律和要求，具有普遍的适用性。

目前大家已总结出了很多模式，如以下几种：

初读解题知作者—细读讨论明诗意—诵读想象悟诗情①

知诗人，解诗题；读诗句，晓诗意；寻诗眼，悟诗情。训练学生查、解、释、换、猜、调、补、寻、想、悟、诵古诗词学习习惯②

知诗人—解诗题—明诗意—悟诗情—入诗境③

知诗人—解诗题—理诗句—明诗意—入诗境—悟

---

① 姚雯：《〈古诗二首〉教学设计》，http://www.100875.com.cn/eduresource.php? id=103839。

② 陈学毅：《中高年级古诗词教学要培养哪些学习习惯》，http://wenku.baidu.com/view/16fe1f68a45177232f60a2d3.html。

③《语文教师教学用书·五年级上册》，北京师范大学出版社 2010 年版，第 105 页。

诗情①

从总体看，这些模式有如下优点：一是重视想象和悟情，这考虑到了古诗的特点；二是强调从背景资料、字词到诗意这样由外到内、由浅入深的顺序，这符合一般的教学规律；三是较简明，规定了原则性的步骤方法，具有较广泛的适用性。不过问题也是明显的，最主要的是没有将复现意境作为核心环节，致使想象、悟情停留在局部和浅层次。如“寻诗眼，悟诗情”是将“悟诗情”限于诗眼而非全诗；“诵读想象悟诗情”较为笼统，不易知晓想、悟的广度和深度；就连被广为接受的“知诗人—解诗题—明诗意—悟诗情—入诗境”细究也有问题：应先入诗境，然后才能悟诗情，此处的悟诗情恐怕也是针对字词而非全诗。

结合上节所述教学步骤，在已有模式的基础上，我们尝试提出新的模式：知诗人—解诗题—明诗意—复诗境—悟诗情—析诗词—概诗艺。明诗意是明晓字面意思；复诗境是较完整地复现诗境，包括复现字面所写与补白两个层面；悟诗情是在充分复现诗境的基础上领悟言外之意及作者的情感倾向；析诗词是在感悟诗情的基础上回过来更进一步分析某些字词的用法及相互之间的联系；概诗艺是概括诗的艺术特点。这一模式以复诗境、悟诗情为核心，也就是以复现意境为核心。

特别需要指出的是古诗的体裁、题材、创作背景、情感倾向、艺术手法、风格特点千差万别，某种模式只能适用于大多数情况，只是原则性的教学步骤和方法，不存在放之四海而皆准的模式。另外，即使是具有一般特点的诗歌，也没有必要完全按照模式教学，应根据诗歌特点、学生情况、教学条件灵活运用，要总结模式而又超越模式。

结合教学模式，对中高年级学生可以逐渐培养其自学古诗的能力，总结一些自学的步骤和方法，提高学生自主探究的能力。

---

① 王庆欣：《〈古诗两首〉教学设计与评析》，http://www.lesun.org/edu/article/2004-10/5208.htm。

【思考与练习】

1. 除本书所述外，你认为古诗教学的原则还有哪些？

2. 以某一题材为例，你认为古诗教学应该采取哪些体现该题材的步骤？

3. 搜集一些古诗教学的模式并评价。你认为古诗教学应否有模式？应该的模式是什么？

第五章

古诗教学方法

【本章提要】

古诗教学常见方法有：诵读法，多媒体教学法，补扩法，想象创作情形法，比较法，调换法，表演法，绘画法，歌唱法。方法的运用要符合古诗的特点，符合小学生的接受能力，提高效率。

古诗教学方法的确定要考虑两点：一是要符合古诗的基本特点，这样才有独特性，才能真正促进古诗教学；二是要符合小学生的接受能力，包括心理特点、知识储备等。下面就常见的教学方法做一些阐述。

第一节 诵读法

古诗强调诵读首先是基于外在形式。小学教材中的古诗绝大部分是近体诗（一些押仄声韵的绝句由于平仄不协，严格说属于古体绝句，不属于近体诗），篇幅短小，音律和谐，便于反复诵读。具体而言，近体诗字数、句数确定，音节整齐；韵脚字位置明确，且多押平声韵，这样将诗歌自然分为若干结构部分，韵脚音节便于延长，且给人以稳重之感；对仗使读起来有对称之美，便于记忆；平仄交替本就为诵读而设，读起来有抑扬顿挫的美感。词与曲本是为唱，虽长短不齐，不强调对仗，但字数、句数据词牌、曲牌确定，不可随意变化（曲可加衬字），押韵、平仄也都是基本要求，读起来依然音律和谐。

对于诵读节奏的把握，目前主要有两种意见：一种认为应按诗句的意思划分节奏，如五言诗一般是二三、二二一或二一二，这是基于句意节奏和现代朗读模式；一种认为应基本按平声与仄声来划分，也就是平声延长而仄声短促，如“松—下｜问｜童—子”（—表示延长，｜表示短促），而不是按意思划分为“松｜下—问｜童｜子—”，这是基于字音节奏和古代的吟诵模式。可以确定的是，古人读诗文基本是吟诵而非当今的朗读①，当今读古诗文应采取朗读还是吟诵，是一个值得继续探讨的问题，此处先不

① 关于古诗文吟诵的具体方式，参见“中华吟诵网”。汉语的语音本身有表意作用，当代人对此普遍认识不足。

做定论，但提倡有条件的学校开展吟诵活动。

诵读在不同的教学环节中所起的作用不同，要求也不同。初读主要是为整体感知，能读得通顺正确，大体了解所写内容，感受到音律的美感即可。品读在较深入地理解字句意思的基础上进行，要求轻重、长短与句意相符，如“小扣柴扉久不开”要读得轻，“夜半钟声到客船”要读得慢。对重点字句尤其要注意在诵读中体现出其含义及用法。基本理解整首诗的意思之后，配合意境复现，要进行悟读，即诵读整首诗，诵读时头脑中出现作品所描绘的意境，并能体会到一些言外之意。

诵读最重要的是要提高效率。目前古诗教学中无效诵读较普通，教师讲完一句或整首作品后常要求学生诵读一遍或几遍，但不对诵读提要求，学生眼到口到而心不到。不管是品读还是悟读，都应要求学生头脑中浮现出所读内容描绘的情景，这样才能自然地带上情感，真正处理好快慢、轻重，才能使诵读更有效地起到辅助理解的作用，也才能更有助于促进背诵，并且能使学生养成边读书边想象的习惯。与此相应，我们不完全认同“书读百遍其义自见”的理念①，如果不加想象、体悟，读千遍其义也不会自见；若善于想象体悟，则几遍其义就可自见。有人认为中国传统的读书法就是反复读背，这种方法造就了一个个文化大家。这实在是误解，事实上有成就感的人都是善于体悟思考的，单纯的读背只能造就书呆子。在有教师教授的情况下若还要读百遍才见其义，无疑是诵读的浪费。

① 《三国志·魏志·王肃传》裴松之注引《魏略》云：“读书百遍而义自见。”

第二节 多媒体教学法

多媒体课件集图片、声音、视频（包括动画）、文字于一体，直观形象，与古诗直观呈现的特点一致，可以立体地展示诗歌情景，带领学生很快进入诗境，以弥补其生活经验不足带来的想象欠缺。从图片、声音、视频来源角度可分为实物录制与自行制作两类。多媒体课件在教学中所起的作用主要表现在以下几个方面：

一是情景再现。有些诗句情景描绘得较具体形象，可用多媒体将其再现出来。如“日照香炉生紫烟”，可出示实景拍摄或自行制作的画面：香炉峰高耸入云，草木丰茂，一团团水汽从山顶蒸腾而起，在明朗日光的照耀下，折射出七彩光芒（含有紫色），宛若仙境。又如“水光潋滟晴方好，山色空蒙雨亦奇”，可出示实景画面，帮助学生体会“好”与“奇”。有些情景再现时可利用多媒体优势转化时长、动静等，使其更形象直观，如《赋得古原草送别》一诗可先出示绿草遍野、随风起伏的视频，然后使其迅速变黄、枯萎，以缩短实际时长。然后以动画的方式展示一场大火过后，土中草根仍存，春风吹来后较快地长出嫩芽，钻出地面，又变成茂密的草原，这样缩长为短，更能表现出生命的活力与顽强。

二是强化对比。古诗意象常有远近、大小、动静、明暗、浓淡、色彩方面的对比，利用多媒体将意象直观呈现出来，可帮助学生更好地理解对比意味。如“黄河远上白云间”句将黄河处理为近处宽而低，远处窄而高，对比鲜明，方能见出“白云间”的轻灵柔美。“一片孤城万仞山”则要突出山与城的大小对比。又如为突出“月出惊山鸟，时鸣春涧中”以动衬静的写法，可展示静夜春山朦胧之景，偶而传来一声鸟叫。又如“返景入深林，复照青苔上”，可出示夕阳射入深林照出一道亮光，而周围依然昏暗，另可出示傍晚之前日光不能照入的示意图或实景图，来更形象地展示以明衬暗、以短明衬长暗的写法。

三是补充深化。这大体上可看作后述扩补法的多媒体运用，不再赘述。

四是视角转换。古诗以简短的文字表现丰富的场景，作者的视角常有转换，利用多媒体可更清晰地看出来。如《咏鹅》写鹅的顺序是由声到形，由上到下，展示时若先闻鹅声，再见鹅形，先聚焦于脖子，再转向全身，再转向腿脚，就会使学生切身体会到作者闻见的顺序。再如《望庐山瀑布》先出示远景图片或视频，以达到远看似静的效果，然后镜头向前推进，展示近景，配上瀑布流下时的巨大声响，以体会其磅礴气势。通过远近不同效果的对比，使学生直观体会到作者视角的转换。

五是化虚为实。有些想象之词可用多媒体使其坐实，如“小时不识月，呼作白玉盘。又疑瑶台镜，飞在青云端”几句，可先展示一背景虚化的白玉盘，突出其洁白、圆润，然后逐渐飞升至天空，变作一轮明月。再设计一瑶台镜，旋转着飞到青云之上，幻化作月亮，以显其明朗、神秘。化虚为实能使学生更直观地领悟作者想象的过程以及想象的缘由。

其他常见的作用还有播放音乐以烘托氛围、展示相关背景资料等，不再述说。

运用多媒体要注意两点：一是对其局限要有充分认识，并保持足够警惕。多媒体在帮助学生直观理解诗意方面有独特作用，但图片、视频易先入为主，会限制学生个性化想象力和独特体验的发挥，故不宜运用过多，高年级尤其如此，要鼓励学生在已出示多媒体的基础上进一步发挥想象，有自己的体验和见解。二是要保证质量，所选择和制作的资料要尽可能符合诗境，若与诗境差别较大会妨碍理解，不如不用。制作高质量的课件资料是一项专业性较强的工作，最好有专业人员的参与、协作。

第三节 补扩法

作者创作时的见闻、言行、感受是很丰富的，但写到诗中时只能选取最能传达感情的意象和字词，很多字词、意象、情感都被略去了，但这些略去的内容并非可有可无，它们当初都参与了意境的营构，只是作用相对较小、较隐晦。在鉴赏时这些被省略的意象等理应参与到意境复现中，将其补充扩充出来，以期最大程度地接近作者当时的见闻、言行和感受。省略的内容可分为三个层次：字词、意象和诗意。

字词指语法意义上的词句成分。很多省略很容易看出来，其作用也较易理解，如谓语、宾语、介词等，不再详述。需要注意的是以下几类情况：一是主语的省略。古诗中作者自身作为描写对象时一般不直接出现，也就是常省略主语，像“李白乘舟将欲行”这样的写法是很少见的。主语省略很容易看出来，但需要注意的是诗歌省略主语不仅仅是为节省篇幅，而是蕴含着这样一种思想，即诗中所写并非纯粹是作者自身的见闻感想，而是邀读者参与进来共同分享这一切，也就是弱化作者的主体性而强调读者的参与性，这与中国文化不突出个人是一致的。如《望庐山瀑布》若写成“（李）白看瀑布挂前川”，则会使读者觉得与诗隔了一层，缺乏身临其境的热情和感觉。因此，理解诗意时有些主语不用补充，必须要补充时也要注意不要因此过多地隔开作者与读者，要尽量把读者带进诗境中。二是省略词与词之间的连接语，主要表现在名词并置上。古汉语语法高度灵活，古诗尤其如此，很多词之间没有修饰限定语，其关系便有多种可能，如“烟花三月下扬州”之“烟花”一词，便可理解为“像烟雾、水汽一样到处弥漫的花”“水雾和花”“柳和花”（古诗词多有“柳如烟”之喻）等（注意不可理解为作为可燃物的烟花，当时尚无此发明，唐代的炼丹家只是认识到某些物品混合在一起会发生爆炸），这几种解释都是有道理的，补充连接语时就要考虑到多向关系，不可拘泥于一种解释。再如“水村山郭酒旗风”四个名词性意象并置，我们常常把酒旗与风相联系，实际上风也吹拂着水村和山郭，且水村和山郭都有酒旗在飘，另外除了水村山郭，恐怕还有水郭山村。作者省略连接词，目的之一便是为了涵括多种关系，补充连接词时就需要尽可能地把词与词之间的关系考虑周全。

省略的意象既指单个的意象，也指一段过程。从有与无的角度可分为两类：一是无中之有，也就是完全被省略没写的，如“劝君更尽一杯酒，西出阳关无故人”中，两人之前的对话、饮酒情形，这种情况需要补充；二是有中之有，也就是写出来的简略而实际上很丰富，如“少小离家老大回”隐含着几十年外出为官期间一直思念着家乡，盼望回到家乡的心理，这种情况需要补充。从作者的角度可分为见闻、动作、语言、心理等方面，其中见闻包括声音及事物的颜色、形状、温度、明暗、动静等方面，补充、扩充时要注意角度的多元化。从事件进行的角度可分为三类：一是诗句前，如“李白乘舟将欲行”之前汪伦为何没伴李白前来；二是诗句中，上述大部分属于此类；三是诗句后，如“牧童遥指杏花村”后作者是否找到酒店，是否喝到酒，有何感受等。诗句前和诗句后的补扩需引导学生展开想象，充分而合理地填补相关内容。

省略的诗意指隐含在字句背后的言外之意。一般的言外之意如何补充，可参见本书第二章诗歌鉴赏部分及第八章的具体解读，不再赘述。对于中高年级学生，可以在理解诗意的基础上要求将故事性较强的诗歌扩成记叙文。在不偏离诗歌基本主旨的前提下，扩写时鼓励学生有个性化理解，可就自己感受深的某一个点较详细地展开，如对《赠汪伦》，有些学生可能重点扩充的是李白与汪伦之前欢宴游玩的场景，有些是李白临行不见汪伦的复杂心情，有些是推测汪伦不提前来送行的原因，有些是深于千尺水的知交感受。也可进一步与作文教学相联系，基于诗中的某一点，联系自身现实经历，写成一段或一篇文章。扩写的深度要符合学生的理解力，可以要求细节丰富，但不必要求见解较深。

第四节 想象创作情形法

诗句所写无疑是诗人见闻、言行、情感最集中的体现，但它们不会凭空而来，一定有某种触发的媒介和缘由，直接影响着作者的言行方式、情绪体验和故事进程，也就是说，诗实际上开始于诗句所写之前。我们把发生在诗句所写之前、直接影响诗歌创作倾向的作者的见闻、言行、感受称为创作情形，它们应该是诗歌的有机组成部分。创作情形一般没有记载，但可以据诗句推测想象，通过想象，可以将作者的活动感受上溯到诗句之前，从而更细腻真切地接近作者心理，更好地理解诗意。

创作情形主要有以下几类：

一是发端于宏观背景，也就是与作者一生或特定时期的思考情绪有直接关系。如杜甫在“安史之乱”后期至成都居住，生活相对安定，很多诗便充盈着喜悦、闲适之情。再如陆游《示儿》，寄寓的是一生未竟的志向。这类诗的创作情形虽然以大背景为基础，但也有具体的缘由，想象时要注意大情形与小情形相结合。如杜甫《江畔独步寻花》可以引导学生想象：蜀中之乱平定，生活重返安逸。春光明媚，微风轻拂，草堂四周一片生机勃勃。锦江岸边潮湿温暖，应该到处是鲜花吧。闲来无事，不妨独自去走走，自由自在地探寻一番春日美景……

二是发端于特定情形，往往由特定时间段的特定事件引起。如杜牧《山行》可这样想象：深秋时节，树叶都变黄枯萎，天地一片萧瑟，我的心境也不由得低落伤感起来。不远处的山高大幽深，上去散散心吧，说不定还能发现什么美景呢。

三是发端于一系列事件、景象的共同触动，非缘于一时、一地、一事，诗作是某类景象事件的概括，如王昌龄《从军行》（青海长云暗雪山）、李峤《风》等。这类作品创作情形的想象需要更广泛的背景知识和更好的整合能力，小学生不易做到，可不做要求。

四是本身就是故事的一部分，犹如江河的上游，诗句直接描写的是中游或下游，而实际上来源于上游。如李白《黄鹤楼送孟浩然之广陵》可想象故事开始的情形：你赴扬州的日子终于还是来到了，怀着既为你高兴又为自己孤单而落寞的心情，相聚在江边著名的黄鹤楼上为你送行。传说过去有人在此乘鹤飞去，没再回来，你今日别去，何时才能回来？已经豪饮半天，船夫一再催促，再道一声珍重，请上路吧。看江边繁花似锦，你此去扬州也一定前程如锦……这类想象最后要与诗句所写自然衔接上。

作者的创作情形往往有多种可能。如李白《赠汪伦》中汪伦没有陪李白一道前来的原因可能是李白不愿打扰汪伦，悄悄离别，也可能是汪伦故意没有提前来，想给李白一个惊喜。要引导学生想象各种可能和不同的细节，鼓励个性化理解。对于想象的结果不宜要求太高，重点在于培养学生养成站在作者角度设身处地地体悟和尽可能接近作者心灵世界的意识和习惯。

第五节 比较法

每个事物的特点都是在与其他事物的比较中显示出来的。优秀的古诗都有自己鲜明的特色，同时与其他作品存在着或相似或相异的各种联系，找出这些同异，可以更易、更深地理解该诗特点，同时能以点带面、触类旁通，掌握更多相关知识和审美体验。

比较可从内容情感与艺术手法两方面进行，其间又有相同或相异的区别。

内容情感的比较可分为三方面：一是用词比较。比较相同的字词在不同句子中相同或相异的用法，如“解”在“解落三秋叶”“不解藏踪迹”等不同句子中意思不同。二是主题比较。将相同主题的诗放在一起看其异同，如分为送别诗、田园诗、边塞诗、爱国诗、儿童诗等类别，看各诗大体上有何异同。或分为更小的类别，如写梅诗，进行比较。组诗在主题上更接近，适合比较。三是意象比较。看相同的意象在不同诗中所代指的对象和寄寓的情感有何不同，如“离离原上草”“春草明年绿，王孙归不归”“一川烟草，满城风絮，梅子黄时雨”都是以草喻愁。又如同写月亮，“举头望明月”“月是故乡明”“明月何时照我还”是寄寓思乡之情，同时月亮给人以慰藉；“燕山月似钩”则表达边地凄清、杀敌报国的意思，而“秦时明月汉时关”除表示思乡、清冷之意外，更在于以月亮的亘古长存映衬战争的绵延不绝。又如同样是落日，“白日依山尽”

表现的是壮阔，“一道残阳铺水中”表现的是喜爱，“夕阳无限好”却带着颓废。有些诗的主题相同感情却相反，如贺知章《咏柳》是表达喜爱之情，曾巩《咏柳》（乱条犹未变初黄，倚得东风势便狂。解把飞花蒙日月，不知天地有清霜）同样写春柳，表达的却是憎恶之情。

艺术方面的比较可分为三方面：一是具体写作手法。如“月落乌啼霜满天”“月出惊山鸟，时鸣春涧中”同是写月光变化与鸟鸣的关系，同是以鸟鸣衬静。其他如以不遇写遇、虚实结合、借物言志等。二是创作风格。如李白的很多诗富于浪漫色彩，王维、孟浩然的诗清新淡雅等，放在一起可以看得更清楚。三是体裁对比。很多教材将同主题的古诗与现代文排在同一单元，就是为了便于比较其异同。就古诗而言，与现代文比较能更清楚地认识其艺术上的独特性。

运用比较法要掌握好度。由于小学生知识积累有限，抽象思维不发达，如果比较过深则难以理解，反而成为学习的负担。

第六节 调换法

调换法是指通过调整词序、句序及更换字词，与原字句比较，而更好地理解认识字句用法。它包括调整顺序的调法与更换字词的换法。

调法包括调整词序与句序。有些词序选择是格律需要，如“一片孤城万仞山”与“孤帆一片日边来”，不说“孤城一片”与“一片孤帆”是为了符合平仄要求，意思上没有区别。有些词序选择是为意思表达的需要，如“白毛浮绿水”不说“绿水浮白毛”，是为了突出先看到白毛。

更多的词序选择兼有格律与意思表达两种需要，如“泥融飞燕子，沙暖睡鸳鸯”，不说“燕子飞”“鸳鸯睡”，就是既符合平仄和押韵的需要，又突出了“飞”与“睡”两个动作。对于后两种情况，通过调整词序，可以使学生更好地感受到原词序的用意。

有些诗歌的句子不是按作者见闻或事理的顺序安排，而是有意做了颠倒。如“意欲捕鸣蝉，忽然闭口立”，应是先见到“忽然闭口立”，才想到是“意欲捕鸣蝉”，颠倒后既使“立”押韵，又留下了想象情节发展的空间。再如李白《早发白帝城》，后两句所写情景的发生时间应在第二句前，先写到达再追述路景，就突出了船行之快，并使章法曲折有致。可以让学生按生活或事理顺序重新组合诗句，看看表达效果有何不同。

诗中字词的选择有时纯粹是为了格律需要，如“寒雨连江夜入吴，平明送客楚山孤”，“吴”“楚”同指一地，“吴”押韵，不说“吴山孤”一是为避免用字重复，二是为避免三平调。这种情况可以不必通过换法让学生理解其用法。更多的字词选择主要是为把意思表达得更准确、深入、生动、有韵味（有些同时为符合格律要求），通过换字，比较表现效果的不同，可以更直接地看出用法的精妙。作者创作时本身就存在选择字词的问题，现在我们所换的字词可能就是作者当时曾经的选项，也就是说，更换字词一定程度上是还原作者创作过程（或传播过程），这在一些有记载的事例中看得更清楚。如贾岛对“僧敲月下门”还是“僧推月下门”的困惑，王安石对“春风又绿江南岸”中“绿”字的推敲，李白《静夜思》明代以前版本与现在通行版本的变化，等等。一般诗句虽没有留下修改的记载，但我们可以部分地追寻作者当时的思路。可更换字词的范围很广（原则上每个字都可考虑更换），主要是一些重点字词，如“寒雨满江夜到吴”，“日照香炉冒紫烟，遥看瀑布在山前”，“孤船远远碧空尽，唯见长江向东流”，“春雨知时节，随风钻入夜”，“正如汪伦送我情”，“霜叶红似二月花”，“十里莺啼绿又红”，“早有蜻蜓在上头”，教师可根据教学目标和学生的理解水平设置更换的可能字词，引导学生与原文比较。

教学中可让学生提出可更换什么字词，然后讨论。也可以作者身份，模仿创作时的情景，自语或与别人交流用哪个字词好，好在哪。甚至可以启发学生思考哪些字词可以换得比原作更好（一些作品的传播史表明后人的改动有时的确比原作更好）。

因为学生的理解力、表达力有限，有时候能感觉到原字词比更换的更好就可以了，不一定非要说出好在哪，或者较全面深入地说出好处所在。有些字词的用法涉及文化背景等较复杂的知识，就要避免用更换法帮助理解，因为那样反而会增加学生的理解负担，如将“秦时明月汉时关”中的“秦”换成“夏”，意思上也是成立的，并更能表现时间的久远，但作者用“秦”自有历史文化背景的考虑（如第一个统一的封建制国家，边患较严重，兵役繁重等），如若让学生与“夏”比较，显然有难度，不如不比。

第七节 表演法

很多古诗有人物活动，具有较强的动态性和情景性，可以引导学生将其表演出来。表演时，诗中凝练的语言、动作、感受等可以借机拓展开，使学生更进一步地理解诗意。同时，学生身临其境，可以更深入地进入诗境，获得切身感受和难以磨灭的印象。爱模仿、表演是孩子的天性，通过表演可以激发他们学习古诗的兴趣，感到有趣和活泼，打破传统的讲—听模式，并可借此培养想象力和创造力。按有无旁白，表演可分为两大类。

一类是无旁白表演，又可分为无独白与有独白两种。无独白的视诗中人物可一人、两人或多人表演。如《寻隐者不遇》四句都有对话，且省略了问话而只有答话，表演时需要把问话补充出来，从而使学生更好地体会其艺术特点。另外，表演时可引导学生适当做一些扩充，不要局限于诗中所写或所含的简单句子，如“你师父哪里去了”，“采药去了”，“到哪儿采药去了”等，可加上“他采的什么药”，“采药干什么”，“每天都去采吗”等。如果单纯地表演不足以较充分地表达情感，可加上独白，如《静夜思》除动作表演外，可加上李白思念家人、感慨自己飘零在外的独白。也可以全诗都以自白的方式叙述和抒情，如《乐游原》可以第一人称方式边表演边叙述自己意不适的原因、去乐游原的过程及见到夕阳的复杂感受。

另一类是有旁白表演，旁白主要起到介绍故事情节、揭示人物心理的作用。视具体情况表演者可有或没有话语。旁白最好不要拘泥于朗诵诗句，这样时间太短且没有太大意义，而要引导学生发挥想象力将故事展开，补充相关内容。旁白与表演要协调配合。诗中所涉及的动植物也可由学生扮演，如《池上》可由一学生扮偷采白莲的小娃，若干学生列两边扮浮萍，待小娃过来后即向两边分开。

有些诗适合表演，有些则只其中的一两句适合表演，可灵活处理。

第八节 绘画法

古诗常通过写景来寄寓情感，或选取叙事进程中一个包孕丰富的片段来以少见多、以小见大，这与绘画原理相通，故诗与画有高度的契合性，古人对此阐述很多。苏轼认为：“论画以形似，见与儿童邻。赋诗必此诗，定非知诗人。诗画本一律，天工与清新。”① 提出了“诗画一律”的重要命题。又说：“味摩诘之诗，诗中有画；观摩诘之

① （宋）苏轼：《书鄢陵王主簿所画折枝二首》。

画，画中有诗。”① 指出王维的诗与画是融会贯通的。实际上“诗中有画”是古诗的普遍特点，只不过王维以诗人兼画家，表现得更突出一些。宋人张舜民认为“诗是无形画，画是有形诗”②，表述的也是诗画相通，类似表述还有很多。题画诗与诗意图则是两者最直接的融会。诗画表现形式不同，互有优长，让学生根据诗意作画，既可调动学习积极性，提高绘画水平，又可促进想象力，更细致深入地理解诗句。

绘画对于帮助理解古诗的作用主要表现在以下方面：

一是体会色彩。很多诗句色彩鲜明，画出后可使学生更直观地看出来，并体会其妙处。如“日出江花红胜火，春来江水绿如蓝”，红与绿蓝色彩浓郁、对比鲜明且充满活力，通过绘画可以将抽象的文字还原为具体的色彩。色彩还包括浓淡、明暗，将诗中的这些画出来，可以更好地体会对比意味。如“江枫渔火对愁眠”句，绘画时将整个背景设置得较暗淡，江枫虽多、高但相对模糊，渔火则明亮而富动感，这样可使学生更容易体会到两者在大小、明暗、动静方面的对比意味。也可提示学生自己思考处理上述关系。

二是体会空间布局。古诗画面性较强，很讲究意象的布局，如远近、方位、疏密、大小等，通过作画可使学生有切实体会。如据《江雪》作画时可提示学生思考：“千山”与“万径”的方位关系是什么？诗中哪些是远景，哪些是近景？哪些用写意，哪些用工笔？哪些疏，哪些密？“孤舟蓑笠翁”应处在画面的什么位置？处理好这些关系，对诗的理解自然会更深入。

三是体会今昔变迁。很多诗写的是眼前景，却包含着与过去的强烈对比，若画出今昔两幅画面，则可直接体会到时代的变迁。如《乌衣巷》可先画过去：朱雀桥上人流不息，达官贵人经此桥往来于雄伟华丽的乌衣巷与秦淮河的对面，桥边整饬有序，杂草不生。再画现今：桥已破败，无人来往，杂草茂密，野花自开，乌衣巷则变为低矮的民房，夕阳中显得破旧寒酸。这样学生很自然地就体会到诗句隐含的今昔对比。

对于高年级学生，可以要求在据诗作画的基础上，将画面所现再写成一篇

① （宋）苏轼：《东坡题跋·书摩诘蓝田烟雨图》。

② （宋）张舜民：《跋百之诗画》，《书墁集》卷一。

文字，在画和写两个阶段都充分发挥个性化理解，并鼓励学生多从拓展延伸的角度思考，不必拘泥于原诗。

绘画的总体功能在于弥补学生想象力的不足，养成注重细节的阅读习惯，并通过自主处理更好地理解诗歌。运用时需要考虑学生的绘画能力及对诗句的理解力，各年级段应有不同要求。

第九节 歌唱法

这是一种值得讨论的方法。现在一些学校和教师主张唱古诗，以使学生得到更多的审美体验，并有助于记忆。关于唱古诗的讨论包括两个问题：理论上的为什么唱，实践上的怎么唱。

先说为什么要唱古诗。主张唱诗者认为：诗乐舞同源，古诗与音乐一直有着密切关系，上古歌谣、《诗经》、汉乐府、词、曲都是入乐的；艺术是相通的，诗与音乐在审美上有相似之处，唱古诗有助于促进理解，促进美育，促进记忆。我们认为不能夸大诗与音乐的密切关系。汉末文人诗、近体诗都非为唱歌而作，特别是近体诗，其字句整齐、平仄交替都是为读诵而设，其创作的直接用途是为读而非唱（个别作品被谱曲歌唱是乐工所为）。即便是词、曲，后来也逐渐与音乐分离，变成与诗基本相同的文字创作。也就是说，至少汉以后的古诗并非一定要依附于音乐，而是自有其独立的价值。至于认为歌唱促进诗歌理解和美感培育，总体看是有道理的，但有一个前提：音乐旋律与诗歌内容的情感须一致和谐。

关于歌唱的方法，现在有这样几种：一是配古曲歌唱。这是最好的方式，但流传至今的古曲极少，如《春江花月夜》，不具有普遍性。二是专门配曲，也就是根据每首古诗的内容情感、艺术特色谱写音乐。前几年有报道称教育部语言文字应用管理司决定发动大学生和社会力量为经典诗词征集曲谱，以实现古典诗词与流行元素的结合，达到推广目的。据报道著名作曲家谷建芬将部分古诗配上乐曲，提倡以歌曲的形式来演唱古诗。这种形式比较好，但能否保证谱曲质量，使音乐与诗歌很好融合，是成败的关键。三是套用儿歌、流行歌曲等现有旋律。这种做法最不可取：音乐与诗往往不相干，不但无助于而且妨碍对诗歌的理解；对学生来说往往因新奇而以游戏心态对待，破坏了对待经典应有的严肃性；短时间内可能有助于学生记忆，但过段时间该首歌不流行了，或学生对某首歌的兴趣转移了，岂不又忘了？

综上所述，我们认为不能过分强调古诗与音乐的关系（古诗作为文本，其音乐性主要体现在格律上），旋律只有与诗作高度契合时才能部分地达到深化理解、体悟美感、帮助记诵的目的。更进一步的问题是：古诗是否只有配上音乐、与流行元素结合，才能更好地记诵和传承？唱的确有助于记诵（世界各民族文字产生之前的长篇史诗就是靠唱传承的），但古诗本身较短小，且有自己的音律节奏，对于机械记忆力处于黄金时期的小学生恐怕不用多此一举。经典不见得非要大幅度地借助流行元素去传承，因为流行与经典有着内在的冲突。歌唱法作为一种辅助教学方法和记诵法可以，作为主要方法则不可。至于将经典古诗文都谱上曲以便传承，似乎也不必。

以上教学方法主要着眼于促进古诗的记诵和理解，还可采取一些方法促进运用，如在某些场合用一定的方式引用合适的古诗等，不再多论。

上述为古诗常用教学方法。古诗浩瀚精深，教学活动纷繁复杂，实际所用方法非以上所限。只要符合古诗的基本特质，符合学生的接受能力，有助于古诗的记诵、理解、运用，便是好的教学方法，教师自可总结运用。

【思考与练习】

1. 通过“中华吟诵网”等途径，了解古诗文吟诵的理念和方法，比较其与朗读的区别。

2. 除本书所述，你认为古诗教学还有哪些教学方法？其依据和效果是什么？

第六章

各年级段教学策略

6

【本章提要】

低年级古诗教学策略的核心是形象、直观，不对词意及诗意的理解做过细要求，要多读熟记，感受音节的和谐整齐，初步感受到情感色彩。高年级古诗教学要充分考虑并运用学生想象能力和抽象思维能力都较发达的特点，引导学生相对全面地理解诗歌，注重学生自主探究能力的培养。

语文课标对各年级段的古诗教学提出了不同要求：

第一学段：诵读儿歌、儿童诗和浅近的古诗，展开想象，获得初步的情感体验，感受语言的优美。

第二学段：诵读优秀诗文，注意在诵读过程中体验情感，展开想象，领悟诗文大意。

第三学段：阅读诗歌，大体把握诗意，想象诗歌描述的情境，体会作品的情感。……诵读优秀诗文，注意通过语调、韵律、节奏等体味作品的内容和情感。

古诗特质与儿童心理是小学古诗教学的两大理论支

柱。6～12 岁儿童处在由幼儿向青春期过渡的阶段，具有独特的心理特点，但是这种心理特点并非一成不变，而是在不断变化发展，低年级与高年级在某些方面甚至有质的差别。要使古诗教学更有针对性，就需要结合低、中、高三个年级段学生的心理特点及知识储备，分别探讨其教学策略。

第一节 低年级古诗教学策略

一、低年级学生心理的基本特点

感知方面：目的性较弱，随意性与情绪性较强，容易忽略细节。注意方面：以无意注意为主，注意力不能持久，常被活动的、鲜艳的、新颖的、有趣的事物吸引。记忆方面：机械记忆占绝对优势，不善于理解识记，记忆的东西容易遗忘淡化。想象方面：以表象想象为主，不能进行较复杂的迁移性联想，一般限于具体情况。思维方面：形象思维占绝对优势，抽象逻辑思维较弱。

二、教学策略

对于低年级学生而言，教学策略的核心是形象、直观。从教学环节而言，需要注意以下方面：以说身边的事、讲故事、猜谜语等方式导入，增强学习的目的性，吸引学生注意力；明白诗题的字面意思即可；简单了解作者，知道是哪个朝代的，若作品内容与生平有直接关系，可简要介绍，否则不用介绍（如学《静夜思》可提及李白常漫游天下，学习《所见》则不用介绍袁枚生平）；对于诗句重点在于理解字面意思，字与字之间较复杂的关系可不深究，词义若有多种理解，可只选一种；将诗歌放在具体情景中让学生理解，借助图片等直观教具使学生很快进入诗境，帮助认识到所包含的意象及方位关系、观察角度、时间季节等；结合教具，将诗句做适当扩充，描绘其意境，让学生在教师的描绘引导下简单想象诗境，头脑中出现所提示的意象即可，对于二年级学生也可鼓励想象诗中没写但可能出现的意象；教师在描绘意境时可适当渗透言外之意，不要求学生独立去体味；可以联系、回忆同题材的诗，但不必要求对比；要多读熟记，感受音节的和谐整齐，教师要多范读，使学生感受到情感色彩。

就具体的教学方法而言，需要分别考虑其运用的范围和程度。多媒体可适当多用，以图片和视频为主，背景音乐熏陶可不用。朗读重在熟练，感情色彩及意境想象提示学生注意即可。扩补开始时重在字词，让学生对照现代汉语的表述，看省略了哪些字［如“（我睡的）床前（有）明月（的）光（辉）”］，让学生初步体会古诗的凝练。对于学生熟悉或感兴趣的题材，可引导补充省略的意象。表演要引导得法，因为学生的体会能力较弱，且兴趣很可能转为看热闹。想象创作情形应主要由教师示范完成，重在使学生感受这种方法。绘画法、比较法、调换法可不用，或只浅层次使用。

总之，对于低年级古诗教学而言，要始终注意激发学生的学习兴趣，使其保持注意力，要创设具体形象的故事情景，将诗歌放在其中以帮助理解。发挥机械记忆力强的优势，大量读背积累古诗。

第二节
高年级古诗教学策略

一、高年级学生心理的基本特点

感知方面：目的性较强，主观意志起到较多作用，自主意识增强，方位、空间、时间方面的知觉不断发展，观察事物更加细致有序。注意方面：有意注意逐渐完善，占主导地位。记忆方面：有意记忆、理解记忆逐渐发展，与无意记忆、机械记忆基本持平。想象方面：受具体情境影响降低，能够进行迁移性联想。思维方面：从具体形象思维过渡到抽象逻辑思维，发生了本质性变化，当然仍带有较多形象性。

二、教学策略

高年级学生的抽象思维已有很大发展，理解力显著提高，对古诗已有较多积累，教学策略要体现这些特点。从教学环节而言，需要注意以下方面：可从已学过的同一作者或相同题材的作品入手，复习旧知识，找出新旧知识之间的连结点；对于题目，不但要明白基本意思，而且要理解作者为什么用这个题目（这两点可以放在理解全诗之后，如“秦时明月汉时关”一诗应是具体关塞所见景象，但题目以“出塞”笼统地概括，说明其为当时关塞及战争的普遍情形），题目和诗句的细致关系是什么；可介绍作者的思想倾向和创作风格，以有助于理解作品，也可让学生自行收集查阅作者情况，了解、推测创作背景和动机；对重点字词的用法要仔细体会理解，“诗眼”尤其如此，对字与字之间的复杂关系及多向内涵要适当理解（如《游园不值》后两句中的“一”与“满”）；让学生根据诗句或结合图片分析意象间的方位、大小、时间等关系，以及因果、逻辑关系（如“客舍青青柳色新”句中客舍为何青、柳色为何新）；让学生自己想象诗句字面所描绘的意境，并进而在教师提示、互相讨论下补充空白意象、补充言外之意，把自己当作诗人，更加深入地想象意境，较为充分地领悟诗情，并掌握复现意境的基本方法，养成相关的思维习惯；可引入相关古诗，比较分析其异同，以帮助理解本诗，并积累作品阅读量；可布置学生课后收集相关作品或资料或其他延伸性、开放性作业，培养独立思考、自主学习和甄别材料的能力；利用古诗自主发挥空间大、学生自主意识增强的特点，鼓励学生多向思考、个性化理解，培养自主探究的能力；教给学习方法，培养自学能力；在培养、利用学生抽象思维能力的同时，依然要关注、运用形象思维能力；要让学生初步学会分析古诗的结构和艺术特点，如前后两句在情景、动静、大小、远近、虚实、哀乐等方面的对比转折，及借景抒情、托物寄情、质朴自然、欢快淋漓等艺术手法和风格特点，培养分析、归纳、概括能力。

就具体教学方法而言，需要考虑该段学生的特点。朗读时要能较熟练地表现出感情色彩，特别是重点字句能读好，并养成在朗读及阅读时想象诗境的习惯。扩补法可较充分地运用，使学生养成在字里行间寻找空白点的习惯，能扩充出较多缺省意象及言外之意，并能学会扩写。绘画法要能比较完整地表现意象，在教师提示下能用自己的理解处理方位、大小、远近、浓淡、明暗、色彩等方面，能注意表现人物的情绪，并能初步体会分析诗与画的不同。表演法提倡能将故事扩展开来，根据自己的理解添加内容，能表现出人物的性格特点和内心世界，并可尝试改编成话剧。通过比较能大体看出不同作品间的相同或相异之处，养成从比较中总结特点的思维方式，并能运用比较自行收集相关资料。要控制多媒体的使用，要更多地引导学生在已有经验基础上自主想象诗境，体悟诗情。在了解创作背景和基本理解诗意的基础上，让学生自己想象创作情形，注意与作品在内容和情感上的衔接，第一人称或第三人称均可。可以运用调换法，让学生体会重点字词运用的精妙，也可由学生自己提出可换的字，并对比优劣。

总之，高年级古诗教学的要点在于充分考虑并运用学生想象能力和抽象思维能力都较发达的特点，引导学生较深入地进入诗境，理解诗情，并能简单分析字句用法和艺术特点。要合理、充分地运用各种教学方法，注重学生自主探究能力和自学能力的培养。

中年级学生的心理特点介于低年级与高年级之间，教学策略可参酌两者折中而行，不再详述。

古诗教学策略要符合学生的心理特点和知识储备，同时也要引导学生的心理发展，也就是说，策略的运用可略超学生的心理水平，教师要有意引导和培养学生的心理水平向更高层次发展。

【思考与练习】

1. 你认为低年级古诗教学策略还需要注意什么？
2. 对于高年级古诗教学策略，你认为有哪些修正和补充？
3. 你认为中年级古诗教学策略的要点有哪些？

第七章

教学案例评析

本章收入三篇特级教师的教学实录。这些案例各具特色，但总体上都充分体现了古诗自身的特质，符合学生的接受特点。对于课堂实录编者做了点评，以“〔评〕”或“〔总评〕”标出，还附了专家和同行点评。

案例 1

情与智的交织——《送别组诗》教学实录

江苏省南京市北京东路小学　孙双金

李白《赠汪伦》：李白乘舟将欲行，忽闻岸上踏歌声。桃花潭水深千尺，不及汪伦送我情。

李白《黄鹤楼送孟浩然之广陵》：故人西辞黄鹤楼，烟花三月下扬州。孤帆远影碧空尽，唯见长江天际流。

高适《别董大》：千里黄云白日曛，北风吹雁雪纷纷。莫愁前路无知己，天下谁人不识君。

王维《渭城曲》：渭城朝雨浥轻尘，客舍青青柳色新。劝君更尽一杯酒，西出阳关无故人。

执教年级：六年级　执教课时：一教时　地点：无锡

师：杜甫的诗的最大特点，有人说是沉郁顿挫，是不是？杜甫他是个忧国忧民的诗人，刚才那堂课因为诗歌的情感比较沉重，所以同学们学得也比较凝重，学得非常沉重。下面几首诗我们要比较活泼一点。

师：我们来看看古代诗人，他们在送别朋友的时候，（板书：送别）是怎么表达他们的情感的。（补充板书：送别组诗）今天这堂课呢，孙老师要带大家学习一组诗，所以我们就把它称为（师生齐读）送别组诗。

师：我们一起来看看。先学第一首。（屏幕出现《赠汪伦》并配乐）

（生有感情地朗读诗句）

师：读得很好，这首诗是谁写的？

生：（齐答）李白。

师：李白写给谁的？

生：（齐答）汪伦。

师：谁知道汪伦是什么人？你说。

生：汪伦是个乡下人，他也非常地喜欢写诗，可是他自已不会写。

师：基本讲对。汪伦是安徽泾县人，他是个酿酒师，他非常喜欢诗歌，非常地仰慕诗人，尤其是当时唐朝鼎鼎大名的诗人，谁？

生：（齐声大声答）李白。

师：李白诗写得好，好到什么程度呢？被皇帝传到宫里面去写诗给皇帝看，用现在的话说，李白是当朝最大最大的大腕了。汪伦非常仰慕李白，他怎么见到李白呢？（指着一个男同学）你说说？

生：他是写了一封信给李白，上面写着他那边有十里桃花，还有万家酒店，李白很喜欢喝酒，所以就来了。

师：李白喜欢游玩祖国的大好河山，喜欢饮酒，李白斗酒诗百篇是不是？个十里桃花，　个万家酒店，正中李白下怀，于是李白就来到桃花庄上。到那里一看，只有桃花潭一圈桃花，只有一个姓万的人家开了一家酒店，但是李白有没有怪汪伦呢？

生：（齐答）没有。

师：他就欣然住在汪伦家里，和汪伦饮酒谈诗，成了非常好的知己朋友，这首诗就是李白离开汪伦的时候，写给汪伦的。再把它吟诵一遍。

（生有感情地朗读诗句）

师：这首诗比较好理解的，诗的意思你们会解释吗？

生：（齐答）会。

师：谁来说说看？这首诗比较好懂的，我请没有发过言的，你来试一试。

生：李白乘舟将要离开了，忽然听到岸上有歌声，桃花潭水虽然深千尺，不过也比不上汪伦送我的情意。

师：你叫什么名字？

生：冯超。

师：冯超同学基本解释得准确，90%，老师不讲能够理解 90%已经非常了不起了。好，如果你能把嘴巴张大一点，声音响亮一点，自信一点，就更棒了！我们掌声给他好不好？相信冯超下面的发言会更精彩，请坐。

生：（齐答）好！（掌声响起）

师：谁再来解释一下《赠汪伦》？你来。

生：李白乘舟将要走，忽然听到岸上传来一阵阵歌声，桃花潭水虽然深千尺，但也比不上汪伦送我的情谊深。

师：你叫什么名字？

生：赵婷婷。

师：赵婷婷回答得非常好，已经达到 98%了，我们掌声献给她。（掌声再次响起）

师：读诗基本意思懂了，我觉得还没有真正走进作者的内心世界，读这首诗你有问题吗？你们讨论讨论看有什么问题？

〔评〕要真正理解诗歌，最基本和最重要的途径便是走进作者的内心世界，孙老师在学生理解字面意思后提出了这个重要命题，很自然地将教学引入到更深层次。如何真正走进作者的内心世界，方式有多种，此处孙老师让学生自己思考发现问题，既可达到目的，又可培养学生发现思考的习惯。

（生小组讨论）

师：交流一下，能够发现问题的同学有双慧眼，火眼金睛。（指名问）你发现什么问题？

生：桃花潭水深千尺，为什么比不上汪伦给我的情意？

师：是啊，桃花潭的水深千尺，为什么比不上汪伦送我的情意呢？这是一个问题，还有不同的问题吗？（指名问）你的问题？

生：既然李白舍不得离开汪伦，他为什么要离开汪伦呢？

师：没有不散的宴席，朋友之间总是要离别的。（竖起大拇指）好的，能够发现问题比发现不了问题总是要好。你的问题？

生：我的问题是汪伦把李白骗过去，为什么他们还能成为好朋友？

师：我来读诗。你们能不能再发现一点问题？“李白乘舟将欲行，忽闻岸上踏歌声。”李白这时已经来到哪里了？你的问题是什么？

生：为什么要在李白要走的时候才来送别呢？

师：（兴奋地）听到没有？为什么要在李白离开汪伦的家，上路之后，来到桃花潭坐到船上，要走的时候，汪伦才来送呢？他为什么早不送，迟不送，偏偏到这个时候才来送呢？送客你会这样送吗？

生：（齐答）不会。

师：你肯定在家里就要这样送了，是不是？为什么早不送，迟不送，偏偏要等到人家坐到船上的时候才来送呢？你们这时候就做做汪伦，猜想猜想，展开你想象的翅膀，有哪几种可能呢？为什么到这个时候才来送呢，几个人讨论一下。

〔评〕为何临别时才来相送，是诗人留下的空白点，也是理解本诗的关键，孙老师抓到了这一点。猜想是感性思维与理性思维相结合的思路，是走进作者内心世界、理解诗意的基本方式。

（生小组讨论，教师在其中一组学生中小声提出问题）

师：好，坐正。“天一学校”了不起的，“天一”不是天下第一吗？我来看看“天一”的学生是不是天下第一。你说说看。为什么早不送、迟不送，偏偏到这个时候再来送了呢？

生：因为这里有汪伦和李白的美好回忆。

师：什么回忆？为什么汪伦早不送、迟不送，偏偏要等到李白坐到船上才去送呢？

生：可能因为他们在这里相遇。

师：可能他们在桃花潭边相遇的，汪伦是从桃花潭把李白接来的，所以故意到桃花潭来送他。接的时候在桃花潭边接，送的时候也在桃花潭边送，让李白留下终生难忘的印象。你叫什么名字？

生：冯松。

师：这是冯家的观点，了不起，在哪里接我也要在哪里送，给李白留下难忘的印象。冯家的观点。

生：有可能是李白没有告诉汪伦，而后来汪伦知道就急匆匆地赶到桃花潭送他。

师：说明李白是不辞而别，汪伦知道这个情况后匆忙来送。你叫什么名字？

生：徐畅。

师：徐畅，这是徐家的观点。不同的，我就喜欢听到不同，看你们的小脑袋瓜聪明不聪明。你说。

生：我的观点是：我们一般送亲人是在家里送，汪伦故意不在家里送，特别安排走的时候送，这样给他留下非常深的印象，让他记住汪伦这个朋友。

师：叫什么名字？

生：我叫殷涛杰。

师：殷涛杰，殷家的观点是什么观点。你们听听看，故意在家不送，让李白到桃花潭，突然赶来还要踏歌相送，给李白终生难忘的印象，给李白一个惊喜。

师：殷涛杰，真是大脑袋，大脑发达，这个想象超出一般。你说说看。

生：可能是因为李白喜欢喝酒，而汪伦又是酿酒的，他在家里特地为李白酿了酒，李白快要走了，他才酿好，急急忙忙地给李白送了过去。

师：专门为李白特制太白酒，酒还没有酿好，李白突然有事要走，急急忙忙赶去相送。你姓什么？

生：张。

师：张，这是张家的观点，又是一种奇特的观点。你说。

生：我认为是他们一起到酒店去，然后汪伦给他准备了一桌宴席给他送行，然后李白走的时候，就在那个里面给他送行了。

师：已经在酒店送过行了？

生：对，然后就在那边拍打唱歌。

师：已经在酒店送过行了，送过行之后，他觉得就这样把李白送走还不够。我是写一封信把人家骗来的，现在人家走了我就这样送别不行，再次赶到桃花潭边踏歌相送。一送李白上路，二送李白上船。你叫什么名字？

生：莜玲莹。

师：莜玲莹，给莜玲莹掌声，（掌声响起）莜家人就是聪明。还有不同的观点？不得了，真是天下第一，来，这个天下第一的人再说一个。

生：我觉得可能是因为李白的名气很大，所以汪伦想组织一个很大活动来告别李白。

师：你的想象当中，不是汪伦一个人踏歌相送的，他是把整个村子的人都组织来踏歌相送。那个场面是了不得，李白坐在船上，本来都要走了，突然听到一阵阵歌声传来，李白坐在船上还坐得住吗？

生：（齐声答）坐不住。

师：李白就要站起来，跳上岸去，握住汪伦的手说："汪兄啊，你真是对我太好啦！你这样的情意我怎么表达呢？我一介书生，没有什么可以送给你，拿笔来。"于是，李白挥毫写下了《赠汪伦》：李白乘舟将欲行，忽闻岸上踏歌声。桃花潭水深千尺，不及汪伦送我情。"汪兄啊，就把这个送给你吧。"汪伦收起了李白送给他的诗，把它当作传家之宝，一代一代传下来，这首诗就是面对当时的此情此景李白即兴挥毫写下的，我们一起来吟诵一下好不好？

生：（齐声答）好！（生有感情地朗诵）

师：是啊，桃花潭的水你纵有千尺深，也深不过汪伦对我的感情啊。在家送一下感情就深了吗？送过了再送，不是汪伦一个人送，把一个村的人都组织起来送，抬着美酒，踏歌相送，这才能感动李白。起立，一起摇头晃脑地吟诵一下。

（全体起立，配上音乐，全体动情地吟诵）

〔评〕为何临别才来相送，学生展开了热烈的想象和讨论。如果细究，有些说法比较合理，有些则欠合理（需要结合“踏歌”来理解），不过正确与否不是最重要的，让学生有自己的理解、体会到两人的深厚情谊是此处的直接目的。

师：我只看到一个人摇头晃脑地晃起来了，你们太拘谨一点，还可以放开一点吗？看我这里，能不能背下来？不看屏幕上的，看着我这，《赠汪伦》你们可以动起来，要做动作的可以做动作。

（生在教师的提示下有感情地背诵）

师：请坐，这首诗是谁送谁呀？

生：（大声答）汪伦送李白。

师：汪伦用什么形式来送李白的？

生：（齐声答）踏歌相送。

师：汪伦是以踏歌相送的形式，（板书：以歌相送）这是汪伦以歌，踏歌的方式来送李白的。古代诗人送别的方式有很多种，除了用歌声来送别，还有什么送别的方式呢？我们来看看李白他是用什么方式来送别他的朋友的？（屏幕出现《黄鹤楼送孟浩然之广陵》，师深情地朗诵）

（配上音乐，生齐声朗读）

师：你知道孟浩然是什么人吗？

生：（齐声答）诗人。

师：（竖起大拇指）也是唐朝的诗人，比李白大11岁。当时的名气比李白还要大，但是和李白的感情非常好，这首诗是李白在黄鹤楼送别谁？

生：（齐声答）孟浩然。

师：“故人西辞黄鹤楼，烟花三月下扬州。”什么意思？解释，你来。

生：（一女生在教师的引领下断断续续答）老朋友向西辞别黄鹤楼，在春天的时候要去扬州。

师：在什么时候？在烟花三月，在繁花似锦的时候，在这么好的季节要乘船到扬州去。请坐。“孤帆远影碧空尽，唯见长江天际流”什么意思？你来。

生：朋友的小舟离我越来越远，我只看见长江那滔滔的江水向天边流去。

师：孤零零的一只帆船越驶越远，最后它的影子消失在水天相接的地方，只看见长江水浩浩荡荡流向天边，它流去的是水吗？还流去了什么？带去了我对孟浩然的思念，带去了朋友的友情，这种思念啊，就像滚滚的长江水一样永不停息。你说李白站在黄鹤楼上看着诗人孟浩然离去，看了多长时间？你说说看。

生：看到天色已暗了下来。

师：你说天色暗了，什么地方写天色暗了？

生："孤帆远影碧空尽。"

师：什么地方写天色暗了？要根据诗来想象，不能离开诗。你说。

生：我根据"孤帆远影碧空尽"这句话知道了，李白是直到帆船没有了影子之后才离开的。

师：孟浩然离开黄鹤楼，走啊，走啊，等那个影子都看不到了，猜猜看那个李白在那里站了多长时间？你猜猜看，用现在的时间，你大概用了多少时间？一分钟，两分钟，十分钟。你说大概用了多长时间？

生：可能接近半个钟头。

师：半个钟头，有不同的吗？你说。

生：我认为他看了半天。

师：看了半天，你认为呢？

生：我认为他看了半天多。

师：半天多，那个船消失之后，李白是不是掉过头就走了呢？

生：（齐声答）不是。

师：他还在那里看，他看到什么——"唯见长江天际流。"他还在那里看那长江水滚滚流向天边。一个小时，两个小时，（指名）你这样送过客人吗？实话实说。

生：我没有。

师：你这样送过客人吗？

生：没有。

师：你这样送过客人吗？

生：没有。

师：我也没有。看看李白和孟浩然的感情深到什么程度了？读。

（生齐声朗读）

〔评〕孟浩然离去后诗人看了多长时间、船消失后诗人是否就调头走了，是本诗的空白点，也是理解的关键。当然也可引导学生进一步想象：作者先是在江边相送、相望，后为看得更远、更清，上楼相望。

师：非常整齐，非常响亮，但是不像李白的情感。谁来像李白那样吟诵一下？莜同学，刚才发言最漂亮的莜同学。（莜同学高声地朗读）

师：掌声给莜同学。（掌声响起）你的嗓音非常好听，读得也非常响亮，如果你能读得适当再含蓄一点，（教师示范前两句）我相信你能读好，我们掌声给她。（掌声又响起）

（莜同学再次有感情地朗读，教师示意语速减慢）

师：进步了，掌声给她。（掌声再次响起）

师：（教师范读最后两句）是不是更有味道一点？你来有味道一下？坐在位子上吟诵一下。

（生纷纷坐在座位上摇头晃脑地吟诵）

师：（指名）你的头摇得最好，我们给他掌声。（掌声响起）但是幅度不能太大，一大话筒就跟不上了。（全体学生笑起来）

（生摇头晃脑地、有感情地朗读）

师：掌声给他。（掌声响起）前面你们一个都没有晃起来，这堂课你这样晃起来，孙老师真高兴。“孤帆远影碧空尽”越去越远，“唯见长江天际流”。诗人李白是以歌声来送别孟浩然的吗？

生：（齐声答）不是。

师：他是用什么方式来送别他的？你说。

生：是用目送。

师：用眼神、眼光、目光相送的。（板书：目）就在那里看啊，看啊，这场面是多么地感人啊。古人就是不唱歌就这么看着也能把感情表达出来呢。我们再看看古代诗人还有什么样的送别方式？第三首《别董大》。（屏幕出现《别董大》）

师：想不想读？

生：（齐声答）想。

师：大声读，齐读。

（配上音乐，生齐声朗读）

师：高适是唐朝著名的什么诗人？知道吗？边塞诗人。他一个好朋友著名的琴师叫什么名？董大。千里迢迢去看望高适，朋友聚会终有一别，那一天，董大要离开高适了，是在什么样的天气呢？“千里黄云白日曛”，乌云滚滚，遮天蔽日，大雪纷飞。“北风吹雁雪纷纷”，大雪纷纷地下着，这样的天气，人心里好过吗？（指名问）你说这样的天气人心里感到怎么样？

生：心里感到沉闷。

生：悲哀。

生：心里感到十分地难过。

生：伤心。

师：伤心、压抑。天气是这样的天气，而且我的朋友就要离开我了。本来朋友的离别就非常地伤感，加上这样的天气，伤感中加上伤感，沉重中加上了沉重。作为一代大诗人高适，能让他的朋友带着伤感、带着沉重、带着这样郁闷的感情踏上漫漫行程吗？

生：（齐声答）不会。

师：作为好朋友能这样让他走吗？

生：（齐声答）不能。

师：于是好朋友说了句什么话？读。

（生齐读三、四句）

师：什么意思？

生：不要担心路上没有知音，因为天下很多人都认识你。

师：（指名问）你说说看这句话什么意思？“莫愁前路无知己，天下谁人不识君。”

生：不要担心前面的路程里没有一个知己，天下人都认识你。

师：不要担心漫漫的长途中没有你的知心朋友，天底下谁人不知道你董大的名字呢？琴弹得那么好，你是大名鼎鼎的琴师、音乐家。听到这样的话，你说董大的心情怎么样？

生：他的心情从黑暗一下子转到喜悦。

生：他的心情可能有点放松。

师：放松，你说。

生：他的心情可能变得开朗起来了。

师：变得开朗起来了。对呀，这样的千里黄云、这样的白雪皑皑，对于董大来说都变成美好的景色。于是他欢快地、喜悦地、开朗地踏上他的漫漫长程。高适是用什么来送别他的朋友的？是目送吗？是歌送吗？是用什么来送他的？你说。

生：语言。

师：是用暖人的话语来送别朋友的。（板书：话）鼓舞人心的、暖人的话语，人听了之后就像一阵热浪涌上心头。读《别董大》。

（生齐读）

师：好！拿起第四首诗，发给你们的讲义《渭城曲》，自己把这首诗读一读，放开声读。

（生自由地读）

师：谁来把这首诗读一读，你来。

（生大声地朗读）

师：你把这首诗的解释再读一读。

（生看着讲义，大声地朗读解释）

师：请坐，我们一起把这首诗朗诵一遍。《渭城曲》，齐。

（生齐读）

师：这首诗中王维是用什么方式来送别他的朋友的？

生：（低声）酒。

师：大声说。

生：（大声）酒。

师：（板书：酒）朋友啊，再干了这杯酒吧，向西走出阳关之后，你再也见不到你的朋友了。“劝君更尽一杯酒，西出阳关无故人”，多么感人的。同学们，古代诗人送别他们亲朋好友的时候，可以以歌相送，可以以目相送，可以以话相送，也可以以酒相送。不管是以歌送，以目送，以话送，以酒送，最根本的还是要以什么相送？

生：真情。

师：以真情相送，以真心相送。（板书：情心）只有这样以真情相送，以真心相送，才能写出这样千古流传的诗句。这四首诗你喜欢吗？

生：（齐声大声说）喜欢。

师：请你选择一首读给我听，或者背给我听，自己选一首。

（生自由朗诵）

师：谁来？勇敢的孩子？（面带微笑地说）谁没有发过言，把手举高一点，把手摇一摇。告诉我你没有发过言，好多人都发过言的，你还在摇嘛！（指名说）你没有发过言，你来背一首。

（生有感情地背诵《赠汪伦》）

师：好，谁还要来吟诵一首。（指名说）你来吟诵一下。

（生有感情地背诵《渭城曲》）

师：好。我们这样来连诵一下，把书放下，我诵上句，你们诵下句，你们说好不好？

生：（齐大声地说）好！

（师生互动，吟诵了《渭城曲》和《赠汪伦》这两首诗）

师：大家诵得很好。我们今天学了一组古代诗人送别的诗。我们了解古代诗人是多重情意啊！这节课马上就要下课了，下课后孙老师就要和同学们告别了，回到南京去了，你怎么送别孙老师呢？

（生窃窃私语）

师：谁来送送我？你用什么方式来送我？（向一位男同学走去）（举起大拇指，笑着说）重情意，够朋友。你来。

生：孙老师，天下没有不散的宴席，你走了，我们会想念你，相信有一天我们还是会再见面的。

师：相信我们一定会再见面的。握个手，（师生握手）请坐。

师：（指名问）你怎么送别我？又遇到一位朋友、知己。

生：孙老师，你不仅是我们的老师，还是我们的知己，我们会永远记着你。

师：谢谢，谢谢，称我是他的知己。海内存知已，天涯若比邻。请坐。朋友，握个手。（师生握手）

师：（指名问）你准备怎样送别孙老师？

生：孙老师，紧紧地握一下手。（师生握手）

师：用握手的方式来送别。握了又握，握了又握，久久地不肯散去。

（全体学生大笑）

师：下课，同学们再见！

生：老师再见。

〔总评〕组诗教学是古诗教学中的难点，四首的数量更增加了难度，孙老师提炼出送别的不同关键点及以情心相送的共同点，将其串联成一个整体，突出了组诗的内在联系。为了突出其整体性，孙老师采取了两种办法：一是先繁后简。《赠汪伦》讲得比较细，《黄鹤楼送孟浩然之广陵》次之，后面两首较简略。开头讲得细一些，可让学生掌握解诗的基本思路和送别诗的情感基调，为后面的学习打好基础。二是抓其要领，不求精读。这几首诗若精讲每首都可至少讲一节课，孙老师抓大放小，只扣住其与送别直接相关的部分较充分地展开，其余则付之阙如，这样在有限的时间内突出了主题，也给学生留下了自主学习的空间，在领会了主题后结合第一首的学习思路可自己品味其余句子。本课例也很好地体现了孙老师“情智语文”的理念，既有情感的浓度和熏陶，又有智慧的思辨和理解，使其成为领悟诗意这一杠杆的两个同等重要的端点，使学生的情感和智慧都得到了发展。

附：同行点评

问语文，情为何物——孙双金老师《送别组诗》鉴赏

江苏省常熟市实验小学　顾丽芳

语文是有情感的，语文课更是。

近日，有幸再次聆听孙老师的《送别组诗》，余音缭绕，余情不绝，情不自禁提笔一吐为快。

一、是“网”，抛洒“情网”——孕育情感的种子

听孙老师的课，不管是上课学生还是听课老师，都会不知不觉地在很短的时间内坠入“情网”——一种情感的“网”。仿佛步入柳絮飘飞、柳丝微拂的春景之中，令人兴奋而惬意。

“送别组诗”于我已经不是“一见钟情”，但分明愈来愈感受到了孙老师的这种“情场功夫”。

《赠汪伦》诗前，“十里桃花，万家酒店”故事的娓娓道来，随即让学生进入了李白与汪伦的情感意境；

面对着踏歌前来送行的汪伦，“李白”（孙老师）倏地站起身来，跨到“岸上”，激动地握着“汪伦”（一学生）的手，脱口而出——学生都被老师入情入境的演绎感染，齐声吟诵——“桃花潭水深千尺，不及汪伦送我情!”

在学生理解了《黄鹤楼送孟浩然之广陵》的情境后，孙老师深情地过渡：“同学们，这哪是长江水呀，这分明是李白和孟浩然之间绵绵不绝的情意呀!”一石激起千层浪，学生的情感呼之欲出，顷刻间化为激情勃发的吟咏；

“董大心情抑郁，又逢朋友分离，心情格外悲伤，高适能让好朋友带着这样的心情离开吗？不，他充满激情地对董大说了两句话，这两句话一说，就如拨开了云雾，见到了明晃晃的太阳——董大，你别担心，以您的才华和名气，走到哪里都会有朋友的！——莫愁前路无知己，天下谁人不识君!”

“老师喜欢举手的同学，你们举起的不仅是手，更是一种勇气和信心。”“当别人背不出的时候，你能背，就是不简单!”“发现问题的同学是了不起的同学”……似乎是随口而来的鼓励，营造了一种信心和动力的情感之“场”……

不管是真情故事导入，还是入情意境创设，也不管是顺势自然过渡，还是适时点拨渲染，就连随口而出的点评“小语”，都显得浓情欲滴。诗情、师情、生情“三情合一”。这样的情，如一张无形的网，无处不在地笼盖于课堂，似或浓或淡的雾霭，悠悠地弥散于课堂的每个空间，渗透于每个学生心田的每个角落，慢慢地，孕育，孕育……

二、是“线”，有情一“线”牵——挥舞情感的红线

孙老师的组诗选取了《赠汪伦》《黄鹤楼送孟浩然之广陵》《别董大》《渭

城曲》这四首。

虽然他们都是出自唐代诗人之手，都以“送别”为话题，但是四首诗在情境、内容和情感等方面还是存在着诸多不同的。

《赠汪伦》是一曲李白汪伦友谊的赞歌，诗风激情浪漫；《黄鹤楼送孟浩然之广陵》则多了一些绵长与悠远，比起李汪的情意，更显深情；《别董大》则一改离别诗的悲切惜别情调，豁达豪爽地劝慰朋友，体现出挚友豪放洒脱的情怀；《渭城曲》则如一幅清新淡雅的水墨画，质朴而优美。

孙老师看似洋洋洒洒的课堂布阵，却始终驾驭着一条感情的红线，这四首诗分别是以“歌”送、以“目”送、以“话”送、以“酒”送，但皆以“情”送。以“情”为线，串“歌”“目”“话”“酒”四珠，以“送”贯穿，以情凝聚，形散神聚，收放自如，可谓佳境。

观摩过很多的主题教学，似乎都有一个共同点，那就是或明或暗的“线”，或曰“主题”。主题不仅是一个“话题”，更是一种意境、一种文化。古往今来，离情别意，让多少文人墨客为之肝肠寸断，留下了千古传唱的不朽之作。送别，已经不仅作为一种仪式、一个话题，它已经衍生成为一种“送别文化”。孙老师的课堂引领学生感受“送别之情”，汲取中国古代诗文精华，其用意可谓深远。而当孙老师希望学生对即将分别的老师说几句话时，孩子们分明已经将课堂所感悟的送别情意演绎成为生活情感的一部分，“孙老师，莫愁前路无知己，天下谁人不识君！”“孙老师，我相信我们有缘会再相见！”“孙老师，桃花潭水深千尺，不及老师送我情！”

三、是“钥”，鬼斧神工——打造叩启心扉的钥匙

古诗教学最容易出现的课堂现象就是师生缠绵于字里行间的“意思”，往往为了一个词语、一句话的“解释”，欲说还休，欲罢不能，最后导致支离破碎。

孙老师的高明之处在于淡化诗文的“解释”，从诗境入手，整体感悟，然后找到一个能够叩启学生情感之门的“入口”。时而真情呼唤，时而激情点燃，时而欲擒故纵……让学生的情感之水汩汩流出，或涓涓细流，淙淙而行；或风急浪高，澎湃汹涌；或俏皮不羁，欢快跳跃……

《赠汪伦》初读感知诗意以后，孙老师忽然话锋一转：“老师有问题，为什

么汪伦早不送晚不送，偏偏要在李白坐上船‘将欲行’的时候来送呢?”孩子们三三两两地热烈讨论起来。这样的切入着力在汪伦送行的时间上构建学生认知与情感的冲突，可谓另辟蹊径。

《黄鹤楼送孟浩然之广陵》中，孙老师则以“李白送了孟浩然多少时间”来叩启学生情感的闸门，可谓切入新异。

《别董大》则设立悬念，“是什么话让处于抑郁悲伤之中的董大精神抖擞地踏上别途?什么话竟然能具有如此的力量?”让学生“群情愤悱”，带着急切的阅读期待步入老师引领的情感之旅。

一个话题的构建，往往就是一段情感历程的铺设，最为巧妙的是孙老师总能出神入化地找到构建话题、打造打开学生情感之门的“钥匙”。他那极富个性的男高音，仿佛冥冥天籁，轻轻地唤醒学生的情感，走进一个个美妙的世界。

四、是“云”，云卷云舒——演绎情感的心路

于永正老师说过，学习语文如“布云”。孙老师则用自己的课堂告诉我们，语文课，情感如云。观摩孙老师的课堂，是看云卷云舒。

《赠汪伦》一诗中，当老师提出“为何早不送晚不送偏偏在李白坐上船‘将欲行’的时候来送”这个问题后，学生经过一阵小组讨论后，大家纷纷表达了自己的观点，可谓异彩纷呈：

……

一会儿是学生自由的思绪驰骋，仿佛天边的流云，不断变幻她迷人的姿态与光泽，学生在这自由散淡的意境中任意遨游，汪伦踏歌送行的各种理由，各种情形，在学生的眼里心中都显得合情合理，情感与个性得以充分彰显；但顷刻间却又恰到好处地聚拢来，成为某种极富神韵的“造型”，学生的情感与思维也随即实现回归——不管处于哪一种情形，都源自李白与汪伦“深过桃花潭水”的情意。

这样的课堂细节还有很多，《黄鹤楼送孟浩然之广陵》中，学生对于“李白在江边送了多久”这一问题的探讨同样是各抒己见，理由入情入理，精彩纷呈，老师只在其中自如“引渡”，将李白与孟浩然之情谊烘托得令人赞叹。

伴随着云卷云舒，学生和老师共同演绎着情感的心路。

“问语文，情为何物？只叫人以心相许。”孙老师的语文课堂，让人情有独钟。

案例2

游园路上的不遇中有遇——《游园不值》教学实录

清华大学附属小学　窦桂梅

《游园不值》：应怜屐齿印苍苔，小扣柴扉久不开。春色满园关不住，一枝红杏出墙来。

[课前预热]

（课前背《黄鹤楼送孟浩然之广陵》等古诗。伴着美妙的旋律，师生唱起《让我们荡起双桨》。）

师：听着这美妙的旋律，让我们想到古诗的韵律美。古诗可以吟，还可以唱，关键在古诗的每一个字都是推敲出来的精华。著名诗人贾岛“两句三年得，一吟双泪流”说的就是这个理儿。那我们就来读读贾岛的《题李凝幽居》，谁讲讲在贾岛身上发生的推敲的故事。（课件出示：“闲居少邻并……”）

生：原本是这首诗里面用的是推字，嗯……（生语塞），后来那个贾岛来到了李凝家，发现李凝不在，他就回去了。在路上他碰见了大诗人韩愈，他撞进了韩愈的军队当中，韩愈问他为什么会撞他的军队当中？贾岛说自己正在想一首诗，不知道诗当中的一个字用“敲”好还是用“推”好。韩愈也是位大诗人，他就想了起来。后来他告诉贾岛，还是用“敲”好，用“敲”更能体现出一个人的有礼貌，也可以体现出夜晚的寂静。所以后来，这首古诗当中的这个字就用了“敲”。（全场掌声）（引出“推敲”的典故，为后面教学“扣”做铺垫）

师：“推敲”成了典故，所以得感谢贾岛。谁来读读这首诗，要注意五言诗的节奏。

（生读略）

师：该同学读得很准确。据说古人吟诵讲平仄。我们这么做也许不科学，不过尝试也是创新。那我们就试着把一声、二声当平声，这样的字音可以读得拉长平缓；三声、四声的字呢当仄声，读得短促一些。比如“闲”是第几声？

（生答“第二声”）

师：谁来试试读一读？

生：闲——居——少（短促，有点夸张）邻——并。

师：好，我可不说，不过看我手势。大家读读看。（教师手势指挥，效果明显）

生：闲——居——少邻——并，草径入荒——园——。鸟宿池——边——树（很短），僧——敲——月下门——。

师：当然，我们不但如此，还要注意五言诗自身的节奏。这样读起来的时候就显得流畅自然了。我们还学过贾岛的《寻隐者不遇》。请试着读读。

生：“松下问童子……”（老师辅以手势，学生读得很有味道）

师：像这样“不遇”的诗很多，比如邱为的《寻西山隐者不遇》，皎然的《寻陆鸿渐不遇》，李白的《访戴天道士不遇》。（课件）除了古诗，还有古文《雪夜访戴不遇》等。

师：人生有多少个不遇啊，为什么他们要把“不遇”记下来呢？看来这“不遇”中有值得我们回味的东西。（引出同构主题文章。后文生成的精神内涵，作为同类主题升华）

师：然而，我和同学们却在这里相遇了。这是人生的难得。愿我们的相遇能够留下些什么——上课。

一、与文字相遇

师：雨过天晴，我们跟着叶绍翁一起——（生答“游园”）

师：在游园的路上推敲推敲这——“不值”。（学生接后半句）

师：“值”，按教材中的解释，意思是？（生答相遇）“不值”呢？（生答“没有相遇”）

师：用两个字概括？（生齐说“不遇”，老师板书）

师：我们在“不遇”中遇到了些什么呢？让我们先读读，再聊一聊。

师：看看这首七言诗，该怎么读出诗味？

生：“应——怜——屐——齿印苍——苔——”（根据刚才教的平仄来读，也带有一些自己的味儿，读得比较好，做到了字正腔圆，且有诗味儿）

生：“应——怜——屣——齿（短）印（短）苍——苔，小扣柴——扉——久（短）不开——。”

生：“春——色满园——关——不住（短促，乍停）。

生：“一枝——红——杏出——墙——来——”。（听课教师给学生掌声）

师：“诗”读百遍，其义自现。游园的路上，遇到了——

生：苍苔，柴扉，还有红杏。（生依次说出，教师让再把这几个词读一下）

师：谈谈你的所遇。

生：我说说“柴扉”。就是柴门，是用木棍和树枝编成的一个门。（生答完想坐下去）

师：喔，是这样的门吗？（课件出示四扇门：第一、二扇现代风格的门，第三、四扇是柴门。该生判断是后者）请对比前扇门形容形容这扇柴扉。

生：简陋。我觉得这扇门很简单，很简单，就是再普通不过了。

师：没有半点雕琢，是自然而然，接近大自然的本色，多么简单、朴素。谁再来读这句，让我们感受这是一扇特别的门。

生：“小扣柴——扉——（重音，并拉长）久不开”。（师一起跟着轻读，强调柴扉，感觉很好听）

生：我知道苍苔是一种绿色的植物，苍苔的“苍”指绿色，“苔”指苔藓。一般都是长在石头上，一些石缝里面和潮湿的地方，看上去它们很滑，如果你站在这个地方的话，很容易滑一跤。（师连连点头，表示赞成）

师：嘿嘿，生气吗？

生：不生气，好玩、有趣，还有生趣。

师：多会说话，有趣，还加生趣。那是因为它给我们的生活带来了——（生：齐答“乐趣”）

生：只要春雨绵绵，潮湿的天气就会有苍苔。

师：（放两张图片）看这幅，沿路石子中隐隐约约的一点绿，从石缝里钻了出来；再看这幅，拾级而上，因了春雨，绿了一地。“低看苍苔色，欲上人眼来。”给你怎样的感觉？

生：哇，春天来了。

师：这么普通的小植物，却将春天的生命唤醒啦。难怪你会这样感慨：春天——好美啊！（学生说出）

师：（缓缓地）那就请你读一读，把你的所遇告诉我们大家吧。

生：（轻轻地）“应怜屐齿印苍苔。”（苍苔两字有点颤抖）

（师生齐读“应怜……”。老师还在拖音，“苍苔”拖得很长，学生已读完）

师：我还没看够呢，你们就看完了！（学生心领神会，重新读了起来）

生：我说说“红杏”。它一般在春天的时候开花。

师：春天的什么时候？（下面有学生说：清明节）

师：清明节都晚了。（生笑）

生：初春。

师：看呐，（一边放课件，一边吟诵）“万树江边杏，新开一夜风。”二月，正是莘莘学子要进京赶考，抬头望着那杏花，给他带来希望，杏花也叫及第花，于是诗人笔下就写出了许多赞颂杏花的诗。和叶绍翁是好朋友的陆游一生的名篇佳作好多，其中，他也赞红杏，让我们也跟着夸夸吧。

生：“杨柳不遮春色断，一枝红杏出墙头。”

生：“小楼一夜听春雨，深巷明朝卖杏花。”（学生美美地读起来）

师：所以，叶绍翁也禁不住地赞叹他所见的这枝。那我们把刚才感受到的送到这一枝红杏来吧！（读略。）

师：抬头，那红杏，将春天的生命——

生：燃烧。

师：说燃烧，比我还热烈。我想说的是照亮。（笑）你们看，游园所见的都是如此而已的园，如此而已的景物，然而给你怎样的感觉？

生：春意盎然！

师：好啊，你用成语表达。（又一学生随口而出“生机勃勃”）

师：就这样，绿绿的苍苔，染着我们的眼睛；红红的杏花，沁着我们的心脾。正是“风景这边独好”。让我们来美美地体会春天的景物所带给我们的愉悦。（古筝起。师生齐读，注重平仄的同时，学生在刚才的感受中读得比较好）

二、与文学相遇

师：这就是我们游园的所遇。这样的一座普通的园，这样自然而然的景物，我们对此赋予了怎样的感情？从这首诗中的哪个字的字形看出来？

生：是“怜”字。（学生读这个字，教师板书该字）

师：下面，就请同学们再默读这首诗，拿起笔来，一边读一边品，推敲推敲这诗中的哪个字，饱含了对我们所见的这些景物的“怜”？（学生在音乐中静静读、画、推敲……）

1.“怜”苍苔

生：“怜”就是喜爱的意思。我从这个“印”看出来“怜”苍苔。他舍不得“踩”苍苔，所以说“印”。你想啊，“印”上去，就好像在苍苔的肌肤上留下一点儿印儿，好像画上去的，一定很好看。

生：也许诗人想在苍苔身上留下印记，而不是踩，带有心心相印的意思吧。（掌声）

生：还有，诗人为何穿木屐？一是怕滑，他怕自己摔一跤，更重要的是屐齿少，印儿就少。

师：是啊，为什么要穿木屐？大胆想象。

生：是不是很时髦？叶绍翁穿着屐齿，显示一种身份，说明自己很休闲。

师：到高年级我们就会背诵李白的“脚著谢公屐，身登青云梯”。（教师吟诵）

生：所以，叶绍翁也要穿木屐，自然地打扮，轻松地游园，好潇洒，好惬意。

师：可尽管如此，我这屐下面还有齿，会给苍苔留下印，我有点担心屐齿给苍苔留下——

生：印子。还有一点，就是心疼的感觉。所以，觉得怜惜。

生：所以，这“怜”还有另一个滋味。

师：孩子啊，请你给我们走一走，怎么走就怎么读。（指一生，笑）我们来听听，这“印”中既有喜爱，还有怜惜的滋味儿。（该生小心翼翼地踮着脚走向老师）

师：嗯，明白了，为什么这样，穿着袍子啊，拎着衣角啊。（师模仿生动作）

生：因为不踮脚，印会更多一点。踮一下，印会少一点啊。（生读略）

生：他走得慢，要是我的话，（做难以下脚状）得这么走。（另一生走向老师，走得挺快，还跳着）我不忍心踩着一点点。踩得快，印就少，还浅！（生读，读得特别轻）

师：这里还有着一个美丽的故事呢！“杨柳不遮春色断，一枝红杏出墙头。”“小楼一夜听春雨，深巷明朝卖杏花。”（生读）那日，叶绍翁看到陆游笔下的春雨过后的杏花，他偏偏不写春雨，而写春雨过后的苍苔——这也是——怜（“怜”字学生说出）。

师：你知道吗？叶绍翁最初用的是“应嫌屐齿印苍苔”。

生：嫌，你就会想到嫌弃。那个作者叶绍翁，用“嫌”好像瞧不起人，觉得他可能在嘲笑这些苍苔，或者说园主人不喜欢诗人来游园。亏得用“怜”，不然的话怎么能体现出对苍苔的喜爱呢？

师：你怎么这么了解诗人的心哪！用了“嫌”，还有这句中的“应”，在古文里的意思是大概，这样“嫌”就成了一种揣测、一种猜度，一下子就把感情拉远了。

生：就这么一句话，我们咀嚼推敲了这么长时间，可以写一篇三五百字的游记了，可古诗仅是几个字。

师：难怪古人说，“吟安一个字，捻断数茎须”。今天的我们回到诗里去推敲，深深感受到诗歌中藏着的韵味，我们对古诗是发自内心的一种敬重——这就是诗的魅力！（深情地）让我们把这个“怜”，小心地放在心里，体会对苍苔的特别的爱吧。（生读出了诗情）

2.“怜”柴扉

生：对柴扉的“怜”，我从这个“扣”字中能体会出来。

师：扣的意思是——（生说“敲”）

师：刚才韩愈说用“敲”啊，那咱就把“敲”送进去读读吧！（指着另一学生）你笑什么？

生：“小‘敲’柴扉久不开”别扭。“小敲”读得不顺，小扣读得顺。而且那首诗中“敲”好，但放在这里就不合适。小扣就是轻轻地“扣”。（该生用动作区分了起来）

师：谢谢你的比较。那我们一起用动作体会体会。（学生表演略）

师：（指其中一位学生）你看这位女同学的“扣”，刚才给人一个手背“敲”，现在却用手心“扣”。同学们就像她的样子扣一扣。（师生做动作，手呈握拳式，用手指肚扣）

师：（继续对着这位女同学）从这个“小”字儿，想起了一个成语，叫小心——（生：翼翼。老师让同学小心翼翼，轻轻地扣柴扉）

师：（指一生）你扣了多久？

生：扣了很长时间。久得都记不住时间了。（生读略，体会“久”）

师：虽然性子我比她急，但我还是要，耐心地扣，小心地扣，轻轻地扣，尽管时间那么久，我还要扣。（师做手势，一扣一扣，很有节奏，一边“扣”，一边朗读。）想起了一个成语，那叫扣人——心弦。（生齐说）

师：就这么扣啊，扣出了那可是对园主人的——（生说出“尊重”）

师：对啊，扣出了那也是对春天的——（生说出“喜爱”“热爱”）

生：对春天的虔敬。不忍心打扰它们。就是一个“怜”。可见，用这个“扣”体会喜爱中的怜惜。

师：真是“语不惊人不罢休”。（读略）

3. 怜”红杏

生：毕竟我们小扣了这么长时间柴扉，可柴门还是不开，多少有些失望呢。

师：但，失望变成了希望——（教师引读诗的后两句“一枝红杏……”）

生：“一枝红杏”，让我想象到了“春色满园”。

师：那就请同学们说说这两句的哪个字让你感受到对红杏的“怜”？

生：“出墙来”，你看一枝红杏从墙头翻出来，真了不起。

师：这个“出”和哪个字相对？

生：关。

师：（出示陆游的诗“杨柳不遮春色断，一枝红杏出墙头”）你能对比着讲讲吗？

生：叶绍翁和陆游都用了一个字来形容红杏的“出”。这一句“杨柳不遮春色断，一枝红杏出墙头”用“遮”，叶绍翁的这一句“春色满园关不住，一枝红杏出墙来”用的是“关”。“遮”就是简单地盖，想出来就出来，不想出来就不出来。“关”呢，“关”表现关得很紧，要出墙来不容易，可红杏没有关住，说明红杏很有生命力，很有活力。

生：这个“关”字，就是更加体现出它能关得更牢固，“遮”只是表面上遮了一下，而不是真正把它牢固住了。那就是说关得紧，出来需要费力。

生：“关”的意思就好像把它给牢牢地囚禁住了，而“遮”是在表面上遮了一下，它很容易就钻了出来，这样更体现出一枝红杏的力量有多大。

生：就像这屋子一样，把这门啊，都关上，这字啊，就叫“封”，我要想出来，那就需要力量。可是这个“遮”呢，就不怕，所以你看这个“关”字，你越关我，我就越想出来。你越使劲关我，我就越想出来。这样就显得我这枝红杏多了不起啊。

师：你们的见解竟然和原清华大学钱锺书先生的观点有异曲同工之妙啊。陆游的诗作很多，流传千古的也很多。尽管《宋诗鉴赏辞典》中只收了叶绍翁的三首诗，然而仅用一个“关”字，这两句就成了千古名句。

生：如果没有“关”的话，红杏就像野花一样，想怎么长就怎么长，我也不知道被“关”的滋味，所以这一“关”，就显得红杏特别有魅力！

师：不仅美丽，还有魅力。所以亲爱的同学，读这句。（师读前半句，生接后半句，读得很有力量）

生：这枝红杏还有特别的地方，就是“一枝”引出“满园”。

师：那“一”和谁相对？（生：“满”字）

师：既然“一”相对于“满”，红杏越多不更能说明春色满园吗？让我们把这句改一下。

生：“三”枝红杏出墙来。生：“十”枝红杏出墙来。（全场大笑）

师：越多越好啊，那十枝、百枝更能说明满园的春色啊，干吗就这一枝？前后桌再讨论讨论。（生讨论）

生：我觉得这一枝太特别了，多独特啊！

生：如果说十枝红杏都出墙来的话，他就不能说是关不住了，“关”就没劲了。如果说十枝红杏出墙来的话，那么说明出墙很简单，就不能表示出红杏的力量。

生：一枝的话，我觉得很欣赏，能更加体现出它的美，如果十枝的话，不觉得它特别地吸引人，也不会非常地注意它了。

生：看到“一枝”，才印象深刻，很神秘。所以，给我的想象太多了。

生：一枝引发得让我想象到春意盎然，想到满园春色。越少越好！越少就越想到多！没有一哪来的“满”?!

师：你的话和老子的说的是一个理儿。“道生一——”

生：“一生二，二生三，三生四。”（全场大笑，教师及时改成三生“万物”）

师：难怪后来，因这“一枝红杏”引出的“春色满园”成了一条成语。把这两句连起来，让我们再次体会这因“关”而“出”，因“一”而“满”的对红杏的特别的珍爱！（读略）

4. 和红杏对话

师：就这一枝红杏，我们想象出红杏“千朵万朵压枝低”，又让我们想到了一句“红杏枝头春意——”（生齐接“盎然”，老师改成“闹”，笑声）

师：你就是这冲出墙外的那枝红杏，（来到一生面前）我要和你说说话。红杏，你好！你在园内都看到了些什么呢？

生：我园内看到了有杨柳啊，小草啊，他们都说外面的春色更加漂亮，我已经按捺不住激动，我想走出这座墙。

师：于是，你就出墙来了，是吗？哦，也感谢园内的植物这样关不住你，既然你出来了，我就问问你，在园外你又看到了些什么呢？

生：我看到的春色比园内更多更多，（生语塞，师指板书）有苍苔、柴扉。

师：还看到了——

生：全都是春色。因为我有欲望，我很想出到墙外面来看看外面的世界。

所以我就出墙来了。

师："欲望"能否改成？（生：噢，"渴望"）

生：我不满足于园内的生活了。渴望，有梦想，加上我的毅力，就实现了我的梦想。

师：祝贺你！你们（指其余学生）就是关在这园子内的花啊草啊，现在请红杏出来，你们有什么想问问他吗？

生：我是一棵小草，又没有你长得高，我该怎么出去呢？

生：嗯，这个，（语塞，全场欢笑）我可以把信息传递给你，我告诉了你，你也很开心啊，不就一样了吗？

生：可是百闻不如一见啊！

生：那也许只能算你倒霉了。（笑）

师：虽然他是小草，但不能说人家"倒霉"。你还有好多办法，是吗，小草？

生：是的。不要紧，还可以出去，让风进来，传播进来，让动物们进来，让人们把我的种子带出去。所以只要心里有——就能实现自己的愿望。

生：我要问穿粉色衣服的这枝红杏。你真够哥们儿，自己出去了，还传递给我们，谢谢啊。我可以将别的蜜蜂啊，蝴蝶啊，一些朋友来帮你把我的梦带出园外。

生：是的，是要靠别人的帮助，但有的时候，别人的帮助是帮助，不过更重要的是心里有梦。

师：有一句话说得好，借来的火照不亮自己的心灵。让你的心灵亮了，借上它的火，让你锦上添花。依靠别人，更需要你自己，我的朋友！（拍此生肩膀。全场笑）

5. 和园主人对话

师：园主人也来凑热闹。我就是这园主人，你们就是叶绍翁。你来游我这园，能不能把你的感受具体地告诉我这个园主人。当然，我也希望你像刚才那样，避重就轻，还可以模仿创造。所以，请叶绍翁们具体地讲给我这园主人听听。（播放课件，做说诗意的内容巩固，同时进行口语交际的训练。句式训练：园主人啊，我""，""。""，""！根据情况，教师总结）

生：园主人啊，你知道吗，我穿了木屐来游你这个园子。不过我害怕我的屐齿留在苍苔上，我就是为了怜惜你的苍苔，你知道我是怎么走的吗？当我小心翼翼来到你的门前，轻轻地扣你的门，而不是敲，可你就是不给我开门。我又舍不得，怕把你的柴门敲坏，就在那里等啊，敲啊。你虽然没有给我开门，可是你那里春色满园，哪里关得住啊！你看，那枝红杏已经跑出墙外了。好啦，看到你的那枝红杏我就心满意足了。

师：一枝红杏因何来，只因墙外有郎才。（生笑）春色满园还想看，柴门就为你打开。（师拍生肩膀，全场大笑。掌声）

6. 回到“不值”

师：红杏真的会说话？我们真的听到了园主人和诗人的对话？（学生摇头）

师：那我们怎么能感受到呢？（学生说想象出来的）

生：原来只要心里有，想象园子有多热闹，园子就有多热闹，想象园子怎么热烈，园子就怎么热烈。

师：其实，什么都没有发生，园子还是这座园子，柴门还是没有打开，压根儿我们就没进园子，压根儿我们就没见到园主人，原来心有多大，园子就有——（学生说出“多大”）心里所想园子多美，园子就有——（学生说出“多美”）

师：只不过我们都把这些热烈、热闹、美好想象留在了心中。就让我们把这美好的憧憬和想象，深深地留在心里吧。（播放课件，古筝再次响起，学生读得很轻、很静。最后一句读了好几种语气）

三、与文化相遇

师：这真是此时无声胜有声啊。至此，我们还有必要再进园子里边去吗？还有必要非见园主人不可吗？（学生说没有必要了）

师：为什么？请你读读《雪夜访戴不遇》，再读读《游园不值》，说说看。

【课件出示：王子猷（yóu）居山阴。某夜天降大雪，他一觉醒来，打开房门，举目四望，皎洁明亮。于是在雪地上来回走动，吟诵左思的《招隐诗》。忽然想起老朋友戴安道。当时戴安道在剡（shàn）县，王子猷马上乘船出发。船行了一夜才到剡县，可到了戴安道的家门前，王子猷竟然连门都不敲，转身就回去。旁人问他原因，他说：“吾本乘兴而行，兴尽而返，何必见戴？”（备

注：《世说新语》中的名篇，“雪夜访戴”的典故。王子猷，王羲之的第五子。）】

生：因为吾本乘兴而行，兴尽而返，何必进园？

师：哦，这句话，你根据哪句来的？

生：《雪夜访戴不遇》的最后一句。我觉得这与《游园不值》有异曲同工之妙。他心里已到了自己要去的地方，进去也没有必要了。

师：哦，（指该生）谢谢你。

师：我突然明白了，原来这么多的不遇，是因为不遇中，我们却发现不知中的有知，不可能的可能，正如王子猷访戴安道一样，我在路上已经获得了最美的精神享受，所以——

生：吾本乘兴而行，兴尽而返，何必进园？

生：吾本乘兴而行，兴尽而返，何必要见园主人？

师：原来这“不值”不仅仅是“不遇”的意思，其中还有一份舍不得、不忍的滋味。他呀，想要把这美好的想象和精神上的享受，永远地留在了心中。所以不遇中是有——

生：遇！不遇中有遇。（教师板书）

师：天地大美而不言。生活中、人生中不就是如此吗？所以，请同学们，回过头来，再读诗题。游园虽不值，（指板书）但——

生：不遇中有遇。

师：所以，不值就是——值！（生接）

师：那就让我们荡起欢快的双桨，唱起来吧。（老师和同学们把《游园不值》填进《让我们荡起双桨》的旋律中，优美歌声响起，热烈掌声响起！下课）

〔总评〕本案例总体上很精深，可以说达到了目前小学古诗教学的最高境界，具体而言有以下几方面：一是文本解读深入。由本案例可以看出，决定古诗教学水平最根本的因素，不是教学理念和教学方法，而是教师对文本是否有深透把握，只有提高古诗理解力，才能破解古诗难教的瓶颈。二是将教学过程分为文字、文学、文化三个层次，符合优秀文学作品的建构和内涵，符合教学目标和要求，颇具启发意义。当然，这三个层面往往是交叉融会的，具体教学中有时不必截然区分。三是引悟与升华相结合，在引导学生自己去理解、体悟的基础上，不时以诗意化的语言直接点染、升华。虽然不是由学生自悟而得，但依然能理解并受到熏陶，也避免了引而不得的时间浪费。四是特别重视朗读指导，将诗句理解与朗读技巧紧密结合，大大提高了朗读效率。五是结构精致，前后呼应，符合文章之道。

附：专家点评

点评 1：《游园不值》教学评点

福建师范大学文学院　孙绍振教授

最大的感触是惭愧。作为大学老师，我们的文学课上得还没有他们上得好。我不是代表我个人，我是代表全体的大学老师。如果这首诗让大学老师来上的话，也许五分钟就完了。我算是比较厉害的，顶多上 20 分钟，上一个小时就够厉害了。

第二个感触：经典，是一个范例。

第三个感触：我看到了一线生机。对我们的基础教育改革来说，最重要的是在这样严峻的关头，我们从荷兰引进一个后现代的教育理念。多元对话、学生主体、多元价值，跟我们的教育传统师道尊严、“一日为师，终身为父”的传统迎头相撞。

应试与素质之间发生了严峻的冲突，这就把一线的教师放在火炉上烤，把学生的青春和家长的企望都放在一个非常痛苦的、非常（我不说野蛮的）非常奇怪的、两难境界中进行着有理的与无理的争论。这样就产生一种现象，在基础教育改革的第一线的老师，要么就向“应试教育”投降，在题海战术里面讨生活，求一些表面的效果，增加一点分数。要么，就脱离实际，脱离新课程标准的评估体系，脱离我们高考的淘汰制，进行所谓的素质教育。

有一个观念我顺便讲一下，就是绝对的“应试教育”和绝对的素质教育是没有的。应试本身就包含着一种能力，也是素质的一个部分，就像奥林匹克运动会临场发挥一样，有的人平时非常好，到了运动场一紧张就在最后关头失误，冠军被别人拿去了，运动员的应试能力不行。刘翔平时跑得很快，到了奥林匹克运动会上跑出了平时很难达到的水平。考完了，两年来正式记录，至今还没有跑到十二秒九一。这说明，他的应试水平很高，鄙人在应试方面很有经验。我就是一个考试机器，我很会考试，为此我获益匪浅。我们必须全面地理解素质，我们把应试作为素质的一个部分来看待。当然，这只是素质的一个部分，不是全部。另外在我们平时的素质教育档案里头，必须把真正的素质，能力化的素质，放在第一位。

我们今天正在反复钻研这个问题，这个问题是什么呢？我们表面上的改革、包装，都让我感到豪华。如果从这一点来说，今天这几位老师都有啊：多媒体、画面、音乐，包括学生的表演都有。但是窦桂梅老师，没有豪华的包装，她包装也许有一点，但是非常动人。为什么？她有实实在在的内容。我在下面听课的时候，我一路听一路想，现在努力做一下总结，我准备讲十点。

第一点，总结窦老师成功的原因，因为她真正落实到文本。以文为本，是大家不应该忘却的，但是为什么忘掉了，去搞那些空热闹的满堂问呢？因为文本上，深入不下去。文本是一个整体，你要进行深入感悟，必须抓住关键，进行分析。窦老师的成功关键在于，她把文本落实在关键词上面。我感觉“关键词”非常重要，因为，文章中有大量的非关键词，对于理解文本，是有干扰的。如果不抓关键词，就这么一念，每个词都非常重要，结果每个词都不重要。她一共讲了这么几个关键词：第一个“怜”，第二个“扣”，第三个“印”，第四个“关”，第五个“满”，第六个“一”，每个字都有很大的潜在量，她不是随便讲就完了。为什么脱离文本的多媒体变成文本的干扰，就是忘掉了我们是母语教学，我们是语文教学，不管什么样的画面、音乐都离不开我们母语的言辞的无限丰富。为什么“怜”呢？这个“怜”的现代汉语的意思是可怜，可是古代汉语里，它是“爱怜”。跟学生对话，共同创造有“惜”的意思，怜惜，爱怜。在古代汉语是个“怜”，在现代汉语双音化了。她不提出“扣”和“敲”的区别比较，而且让学生体会，然后还联系到一个“久”，“扣”和“久”的关系。由这里，揭示了诗人的心理特点，是蛮有耐心的嘛。“关”字讲得很彻底，反复讲这个“关”的意思，因为包含着满园的春色，它的生机关不住，好像要冲出来的样子。还有，为什么“我关不住”，引申得非常好。“一”为什么好？“二”“三”“十”为什么不好？这些关键词讲得非常彻底。

窦老师的课有可模仿性和不可模仿性，包括模仿她的个性，包括她非常煽情的动作。别人模仿都是东施效颦，像我去模仿肯定不大好，因为我没她漂亮。这个课能讲到这样我觉得已经很不错了。她有一个模式，第一就是关键词分析法，古代汉语、现代汉语，动作、感觉的联系和分析、对比。第二个方法，比较的方法。我们为什么一首诗讲不了多少东西呢？是孤立地讲一首诗，它的妙处是出不来的。任何一个事物孤立地看，要分析当然也不是不可以，但是需要高度的抽象力。这样的分析对小孩子不一定有用。最好的办法：比较。比较有两种，一种同类比较，一种异类比较。最通俗的方法是同类比较。因为它提供了现成的可比性。就拿我跟小老鼠比较，不好比较。同类比较提供现成的可比性，这许多老师能做到，我看过很多中学老师，但是没有像她那样直接上升到同类比较的方法论上来，只是自发地应用了。“春色满园关不住，一枝红杏出墙来”，她就引用了两首陆游的诗，一首是“杨柳不遮春色断，一枝红杏出墙头”。都是一枝红杏，都是讲红杏，比较所要求的一点相通，也就是桥梁，就出现了。但有了一点相同作为桥梁以后，就不能满足于同，而是要同中求异，这样才能把深刻的奥秘揭示出来。“杨柳不遮春色断”的“遮”和“春色满园关不住”的“关”相比较，这是很有智慧的，相同中有不同，增加了学生对母语的无穷含量的体会。她之所以这样自由，是因为她对这首诗是有研究的，她知道钱锺书先生的相关说法，还知道有关的赏析文章。一个小学老师能做到这一点是难能可贵的。我遇到许多中学老师、大学老师，他们的懒惰令我感到绝望。我到西部去讲学，他说“老师你别讲了，你给我个教案”。怎么可以这样？教案是每个人的生命、个性，你叫我给你生命，我给你了，我就没命了。窦老师用比较的方法把整个课堂调动起来，学生兴奋起来。她自己进入角色，学生也是这样，这就是张文质讲的生命化教育，把生命最光辉、最积极、最活跃的感情调动起来，把对话上升为心灵的互动，形成一个共同创造的氛围。她这个就导演成功了。她在引申激发的时候，引导了同学，把他们调动起来。还用了另一种方法。讲“扣”字，用“敲”换下来。还有“印”字，如果换成“踩”字怎么样呢？她也许不知道，这在语言研究是一种科学方法，叫作替换法，这个办法是我的老师朱德熙先生在课堂上教给我的。检查语法有几种方法，一种叫压缩法，一种叫扩展法，一种叫替换法。用这个替换法讲了一个

"出"字、一个"关"字，就把学生激发起来，参与了创造。教师提出为什么这一枝红杏出来了？学生说有"欲望"，有"渴望"。为什么渴望，一个学生说了，"有梦"。这不是一般的创造，是诗意的创造。我在下面批："伟大的成功"。调动到这种程度，不但是智慧，而且是诗化的想象，调动起来，这是我们一般的标准化、应试化的考试绝对不可能有的高度。而且后来就这一点讲到"有梦就能出墙"，而且要"快快长大"，讲毛主席的期望"好好学习，天天向上"。我觉得这是一个很好的境界。这是我讲的第二点。

第三，窦老师在讲到整首诗的时候，讲到春天的美好，发现春天的生命，这种形象是春天本身的吗？不，是诗人的想象。我听到这儿，加了两个字，写了一句话，"这个人是有理论的！"因为诗与散文的区别，散文是写实的，诗是想象的、虚拟的、假定的。说她有理论，是因为，她懂得诗的形式特点是想象的、虚拟的、假定的。有的老师讲诗，讲了一辈子，还是讲不好，原因就是对于诗与散文的最根本的特点，没有理论，没有感觉。窦老师后来讲到"游园不值"的"不值"就是"不遇"，但是转化为"有遇"，遇到了什么？红杏。这么美好的发现，"不值"变成了"值"。我看出来了，她懂得辩证法，对立的统一和在一定条件下的转化，在一定的条件下转化它的反面。先是"不值"，但是在遇到了红杏的情况下，转化为"值"了，值什么？值的是这枝红杏太美了，很机智。最后她问学生这堂课怎么样，学生非常精彩地说"值"！这个"值"是个口语，是另外一个意思，语言相当丰富，相当活。所以我感觉到她是懂得辩证法的。这个值字的双重意味，让我感到她这堂课构思非常完整、精致，从游园不值始，以游园很值终。首尾呼应，首尾之间正好是对立的统一。

对立的统一表现在几个方面？就是我要讲的第四点：书面语言和口语。教师的课堂语言，有书面语言和口语之别，窦老师刚开始讲的时候我也担心，她用的全部是书面的、诗化的语言。诗的语言带有很大的想象性，和现场交流会有障碍的。书面语言缺乏现场感，不便于交流，我很担心，这样会形成教师和学生之间的障碍，有个玻璃墙，感觉不能相通。你讲那么文雅的语言，我是活在现实世界之中的。你完全是诗的语言，我是散文的感觉。但是很快我的忧虑消失了，她的诗的语言渐渐超越文本，转化为学生的感觉，在与学生的感觉对话，她开始用她非常精彩的口语，这种口语的流畅和丰富是我们南方人无法达到的，只有北方人才有这种天才。很会侃的那种，“侃爷”的语言，即兴地侃。有个学生讲到“照亮”，她说“你怎么这么会说话”，然后那个学生讲得很高兴。特别是后面的学生讲到“一枝红杏出墙来”，为什么“出墙”，她开始即兴发挥“一枝红杏出墙来，因为园外有郎才”。即兴调侃，出神入化。当然她可能有准备，但是有学生配合，形成一种氛围，交流无间。原来的抒情语言诗化，语言的某种隔阂成分到这里就完全和谐了。她那种诗化语言我觉得是有准备的，精心准备，语言显然推敲过。即兴的语言是现场的，这就要有口才，两者都需要功夫，即兴的语言功夫更令人惊叹。

第五点，她的动作有很强烈的戏剧性，有时是倾听，做出小女生的样子，有时是非常大幅度的动作，一会儿带着非常强烈的表情，一会儿是非常微妙的暗示，侧耳倾听，这两者的结合，我说不可模仿，就是这一类。你去模仿很难看。作为诗，老师的肢体语言、表情、眼神甚至演技要符合自己的个性。

第六点，我在跟钱理群先生讨论的时候，对朗诵表示怀疑，他自豪地说他朗诵很精彩，而且说，他的朗诵很动人。我一直表示怀疑。后来，我听了很多课，领略了很多精彩的朗诵，钱理群也是其中之一。但无疑钱理群的朗诵不是一流的，至少他不如窦桂梅。我觉得窦老师的朗诵特别精彩，她把朗诵转化为吟诵。现代的朗诵与古典的吟诵，她非常自然地转换。起初是现代的朗诵，现代汉语的抑扬顿挫，最后，更精彩的是她把诗歌的朗诵转化为歌唱，这首诗居然在她的带领下转化为“让我们荡起双桨”乐曲，学生都能很自然地唱出来了。这是为什么我惭愧的原因，我不会朗诵，她把她整个生命投入进去，每一个环节、每一个设计都不是孤立的，而是呼应的，有一系列的考虑。对她的敬业，我感到惭愧，感到焦虑。她有典范性，确实是这样。

我同意张文质的一点，我非常简单地把我的思想口语化。当然，这使我感到我们当前教改存在的问题。我们老师的忧虑就是成天地研究怎么教，师生对话，怎么搞多媒体、音乐，老是把注意力集中在用这些东西调动学生。但是，忽略了老师教什么东西，老师有没有真知灼见，有什么本钱，有什么对文本的出色理解，没人去为这个问题伤脑筋。窦老师懂得怎么教，而且她非常深刻地理解了教什么，她的语言，对文本的理解，特别是她后来引用了“杨柳不遮春色断”来比较，表现了她的理解，当然这个理解还可以讨论很多，但她的确有种独特的体会，是建立在她自己的专业和学养的基础上。有人跟我讲对小学老师的要求太高了，但如果按窦老师这样授课的话，她的要求更高，她能做到这点，但这是很累的。这是第七点。

第八点，就是我们提出一些可以改进的空间，因为没有十全十美的教师。我记得有一个学生讲了一句话，如果是我在上课的话，我会把这句话抓住，但窦老师没怎么充分地注意。这个学生讲“我们还看到了诗人惊喜的目光”，我觉得这讲得很好，为什么？你讲的是春天的美好、感动，我们看到了什么。但这是一首抒情诗，是表达诗人的感情的，那么我们也充分地讨论了“一枝红杏出墙来”，“红杏”本身为什么“出墙”。但从另一个角度来看，诗人为什么被这枝红杏吸引，虽然老师也接触到了“乘兴而来，兴尽而返”，但是这里有一个诗人的惊喜。窦老师也讲了，原来是失望的、扫兴的，但是，这个“惊异的目光”是内心突然的发现。这首诗一方面写的是春天，实际上写的不仅是诗人对春天的发现，而且是对自我内心的发现，发现后的自得。发现的情况很多，有非常抢眼的，“千里莺啼绿映红”，满眼都是花红草绿，鸟语花香，不这样抢眼，很微妙的，也可以，才看到“一枝”，就惊异起来了。所以“一枝红杏”，不是“多枝红杏”“十枝红杏”。这里有个典故的，有个诗人，唐朝的诗人齐己，写梅花“前村深雪里，昨夜数枝开”，他的朋友笑说，不要“数枝”，“一枝”就够了，“一枝”是早春，而且是“我”第一个发现的，是一种内心的喜悦，更加敏感。而学生提出“惊喜的目光”，为什么“惊喜”？如果一大片，当然学生开心，但“一枝”，教师分析：“一”比那个“十”还好，“一万枝”都不行。我们的文学理论，至今还受机械唯物论的束缚，总是在反映春天的景色上做文章，其实既然是抒情诗，要更多地关注诗人内心的感情和感觉的转折和变化。讲“一枝红杏出墙来”，因为它有梦，为什么比较精彩，因为把诗人的心灵提到了焦点上。我这里再提供一种可能，从另一个角度讲，诗人突然发现，找这个朋友找不到，但是这个春色值得欣赏，虽然“一枝”，但是，告诉我仅仅是关不住的一枝，那么“关不住”还有很多，我知道那是“满园”的春色。

第九点，窦老师讲朗诵的时候，讲到汉语的声调美，平仄交替，平声是长的，仄声是短的，所以吟诵的时候，平声的调值是55拉长，仄声短。吟起来有困难。这种说法是不全面的。有的仄声很短，如去声，调值是51，从5到1迅速下降。但是，有的仄声不短，上声就不短，它的调值可能是5—2—4，“满园春色”你不能把“满”缩短了。汉语的语音的特点不是长短的问题，是曲折的问题，在语言学上“长短”是拉丁语。拉丁语的诗歌是分长短音交替的，而日耳曼语、俄罗斯语、斯拉夫语，则是轻重。我们举英语为例，英语的重读音是长的，比如有个词“经济”economic这“no”是重音，要拉长，按英语的读音规则，重音读一半，其他三个音节读一半。俄语也一样。所以从这一点来讲呢，我们汉语的特点固然有长短，更多的是，曲调的高低在起作用。

第十点，窦老师非常成功地运用了比较的方法，同类比较非常成功。但是最后的比较用的是异类比较，异类比较难度较大。虽然她也比了，用《世说新语》上的王子猷夜访戴安道的故事，“乘兴而来，兴尽而返”，但是和叶绍翁的游园不值，这两个东西有可比性，也有不可比性。因为王子猷是以自己的兴致为准，和叶绍翁的突然的美的发现和自我发现，是不怎么相同的。讲讲是可以的，但是作为一个学问的话，推敲的余地比较大，是不是这样?

最后，我以一个大学老师的眼光，按照我职业的习惯，批评的习惯，就是一方面我讲到的充分肯定窦老师的优点，她整个语言比较丰富，既有现成书面语言，又有即兴发挥的语言，包括跟学生的动作，摸摸学生的头，都是一种修养。这是我们大学教师要学习的。

（原载《福建论坛（社科教育版）》2006年第6期）

点评2：窦桂梅《游园不值》教例评析

广西师范学院小学教育研究中心　黄亢美

不管是现场观摩还是阅读以上的教例，著名特级教师窦桂梅所上的古诗《游园不值》一课都会给人留下深刻的印象，犹如醍醐灌顶般地给人以诸多的启示和思考。这课的优点和特色是多方面的，在如下方面尤其突出。

一、凸显“主题教学”的特色

教育部师范司新近组编出版了一套“教育家成长丛书”，其中就有窦桂梅的《窦桂梅与主题教学》一书，“主题教学”已成为了“教育家”窦桂梅鲜明的教学风格之一。窦桂梅的“主题教学”，强调围绕一定的主题，充分重视个体经验，通过多个文本间的碰撞交融，在强调过程的生成性理解中，实现课程主题意义的建构。这里的“主题”主要是文化主题，正如她所说，是那些连接着孩子精神世界、现实生活或者与历史典故、风土人情等有关的“触发点”“共振点”“兴奋点”。就本节课来说，围绕着“不值”这个话题，引出了贾岛的《寻隐者不遇》、邱为的《寻西山隐者不遇》、皎然的《寻陆鸿渐不遇》、李白的《访戴天道士不遇》等，除了古诗，还有古文《雪夜访戴不遇》。运用“例证法”引出了这么多的“不遇”，这当然首先是从词义上理解什么是“不值”，这是属于“文字”的层面；教者所创设的“主题教学”更主要的是“文化”方面的，特别是引用了王子猷游访戴安道，本来是“乘兴而行”，最后却是“兴尽而返”未进家园，借此让学生很好地理解了本诗的意蕴。其后设计的让学生想象自己是关不住的“红杏”出墙前后的所见所闻和所思所想，想象自己就是作者叶绍翁与园主人的对话，这些极富创意的设计又进一步地加深了对诗意的感悟。本课的教学就是这样通过本文的“不值”和这么多的“不遇”提炼出这样的一个文化主题——虽“不值”，然而却“兴有所值”；虽不遇，可是却“另有所遇”，获得的是另外一种美的精神享受。由此看出，窦桂梅的“主题教学”绝非是简单地把几篇（首）诗文组合起来力量均分地讲解而已，它其实也蕴含着“道生一，一生二，二生三，三生万物”的哲理，反过来说就是“万物而三，三而二，二而一，一以言道”。可见，窦桂梅的“主题教学”是有着深刻的内涵的。

二、体现阅读教学“三品”的特征

“品词、品句、品读”——这“三品”当是阅读教学最基本的特征。对词语的品味最主要的是采用比较的方法，即通过置换词语进行比较和推敲，以体会词语运用的精妙。教者在这首诗的教学中就多次地运用此法进行品味词语的推敲。

作者先前曾写成“应嫌屐齿印苍苔”，而后为什么换成“应怜屐齿印苍苔”？为什么用“应怜屐齿印苍苔”，而用“应怜屐齿踩苍苔”又会如何？

“小扣柴扉久不开”中的“扣”换成“敲”好吗？为什么？

“春色满园关不住”的“关”与“遮”有什么不同？

“一枝红杏出墙来”的“一枝”是不是太少了？改成“三枝红杏出墙来”

或者“十枝红杏出墙来”又怎样?

上述的字词品味推敲并不是老师把自己感悟的心得告诉学生，而是引导学生亲历“过程”，掌握“方法”，让他们在词语的比较、推敲与遴选中进行理解、体味、感悟出语词运用的隽永和精妙。古人作诗注重“炼字”，常常“吟安一个字，捻断数茎须”，而今我们读其诗句，当然也应对其字词进行品味，只有“语语悟其神”了，朗读时才会“句句出真情”。从这节课中可看出，当学生理解了词句含义进入到“绿绿的苍苔，染着我们的眼睛；红红的杏花，沁着我们的心脾”的情境时，才会在古筝弹奏的乐曲声中动情地朗读，读出春天带给他们的愉悦。这一教例也再次提示我们，诗文教学要注意处理好悟语和悟情的关系，品词时悟语有多深，品读时悟情就会有多深。

三、展现别具一格的“师情话意”

诗是抒情言志的，只有灵感顿生、激情奔涌才会笔端流诗，因而，诗人多为感情丰富且多愁善感之人。作诗如此，读诗理应如此，作为教师教诗就更应如此，而窦桂梅就是这样一个极具诗人气质和情感的人，她把自己融入诗句的意境中，把作者的感情、诗句的意境和自己的感悟融为一体，从她的体态话语和口头话语中径直地流泻出来——她那丰富的表情“步移景换”，她那看似夸张的步幅和手势实际上又很符合这位“东北妹子”的性格和诗的情境。她上的是一首诗，其实她口中流出的就是一首首的诗——这节课中她引用了不下于10节（首）以上的诗句，如“万树江边杏，新开一夜风”，“小楼一夜听春雨，深巷明朝卖杏花”等经典诗句随手拈来，脱口而出，无疑使这节古诗课更具“诗情”；而她那极富感染力的解说和描述极富诗意，例如“就这样，绿绿的苍苔，染着我们的眼睛；红红的杏花，沁着我们的心脾，正是‘风景这边独好’啊!”这些话语如果按诗行来排列其实就是一首现代的抒情诗。在“与园主人对话”的教学片段中，根据学生的回答她又即席地吟出了“一枝红杏因何来，只因墙外有郎才。春色满园还想看，柴门就为你打开”的“打油诗”，这样的“脱口秀”既显示出了教师的诗才，又使得这节课的诗情更加地浓郁。教师教诗首先就应具有诗人一样的感情，而要体现这样的“师情”，我们教师的话语就应该是具有诗意的。要达到如此的“师情话意”就必须经历百日磨砺，厚实文化底蕴，诚如窦桂梅所言，要“博览群书，扩展视野，深入思考，方可纵横驰骋于课堂间”。

作为教育家的窦桂梅近年来提炼出了她如下的一些教育理念：

强调“三情共振”——课始情生，课中情浓，课终情未了。

为师追求“艺术三美”——语言美（追求教学语言的美丽而生动），视觉美（美的体态语、美的板书和版画等），空灵美（深刻的、理性的、意犹未尽的、见叶知秋的美）。

引导学生“三个超越”——学好教材，超越教材；立足课堂，超越课堂；尊重教师，超越教师。

努力体现“三个维度”——温度（教师情感的温热度）、广度（在主题的范围内旁延扩展）、深度（语文性、情感性和思想性的深刻和恒久）。

亲爱的读者，当你阅读完上述的教例，掩卷静思，细细品味，这节课不就是窦桂梅“三情共振”“艺术三美”“三个超越”“三个维度”的具象诠释吗？我想，是的。善教者，是优秀教师；善教善思且善于理论的提升，这样的人才是教育家。窦桂梅，就是这样的一个人。

（原载《小学教学参考》2006 年第 5 期）

点评 3：优雅些，再优雅些——听窦桂梅的《游园不值》有感

中国教育报刊社新闻研究中心　赖配根

有些语文课，即使是优秀的，听一次就够了，如果有第二次，那简直就是折磨。然而窦老师的《游园不值》，却再三地让我感动。

是公开课那种近乎完美的精致让我着魔吗？

单纯地从教学论的角度讲，公开课也无非就是这些因素：师生互动、以学生为主体、注重生成，等等，只不过窦老师发挥得更自然更妥帖罢了。——顺便说一句，不像有的人把公开课贬得一钱不值，我以为公开课对于优秀教师的成长，对于广大教师专业素养的提高，立下了汗马功劳。我曾经说过，优秀的公开课是多种“营养素”的集合体，教师们只要把其中的一种吸收到日常的教学中，课堂就可能会有质的飞跃。

是窦老师把每一次上课都当作“生命的初念”的情愫令我沉醉吗？

激情，已经是窦式课堂的一个重要元素了，因为有了这一元素，她的每堂

课，都或多或少给人心灵的震撼，比如《秋天的怀念》之让人沉痛，《圆明园的毁灭》之让人感慨，《晏子使楚》之让人深思，《游园不值》也别有一种深情，但这不足以赋予它独特的意义。

那么《游园不值》深深“击中”我心的是什么呢？

是一种风度，是一种气质，是一种精神的力量。

是优雅。

做人要有绅士风度，语文要有优雅品格。窦老师的《游园不值》，奏出的正是语文教育界的优雅。

优雅的语文首先是“文学”的语文。什么是“文学”的语文？就是说语文课要包蕴精致的情感和丰盈的想象。《游园不值》这样的古诗，当年我们在小学也学过，但只是弄懂字义，要会背诵，要记住诗人的姓名甚至所在的朝代（如果课文提到的话），其余的就是一片空白，哪里谈得上玩味诗歌的语言和稍微深一点的意蕴？初中乃至高中的诗歌教学，也几乎一样，其结果，就是直到现在，我也没有真正走进过诗歌的世界。

这样干瘪、无味的白开水式的教学，是窦桂梅所不屑的。她首先要做的就是带领学生与诗歌文字背后的绚丽的“情感世界”相遇。这就要善于抓住文本的“情感文眼”。她别出心裁又合情合理地抓住了“怜”字（这首诗的情感密码），并且找出它与“印”“小扣”的内在联系。这是对这首诗的令人兴奋的“照亮”。每一首经典的诗，都是沉睡在暗夜中的美人，如果没有被“照亮”，其千般丰韵、万种风情，就无从捉摸、无可想象。而对“怜”的涵咏琢磨，就是“照亮”《游园不值》花容月貌的“清辉”。你看，有了对“怜”的专注，学生才体会到了诗人的“心疼”，想象到了诗人“小心翼翼踮着脚走”的古典心情、姿态；这首诗对学生来说，就不再是干巴巴的二十八个字，而是内蕴多重情感、能激发和丰富自己生命体验的人格化的艺术品了。

让学生走进一般的情感世界是容易的（如今课堂上，流行的就是廉价的感动、夸张的兴奋），难的是让他们拥抱精致的情感。我以为，精致的情感可以有这几个形容词：真挚的、文雅的、细腻的、人性的、仁爱的。一般说来，古典诗歌都隐藏着精致的情感。比如，“秋风吹渭水，落叶满长安”，人与自然，“我”与物，不分彼此，融为一体，字里行间有一种大爱。（一千多年后，里尔克还在《秋日》中写道："谁此时没有房子，就不必建造，/谁此时孤独，就永远孤独，/就醒来，读书，写长长的信，/在林荫路上不停地/徘徊，落叶纷飞。"）《游园不值》中的精致情感是什么呢？是对万物的仁爱（怜惜苍苔）、对丰富的生命经历的渴望（红杏出墙）、对人生的超越性体悟（不遇之遇、不值之值）。对于一生追求"思想与激情"的窦桂梅来说，自己发现这些并为这些发现而兴奋并不难，问题在于是否有勇气及如何让学生也能去兴奋地发现、"照亮"。有人以为体会这些高雅的情感，是成人的事，不必要也不可能教给小学生，语文弄得这么有"深度"干吗！对此，布鲁纳说得好：不论教什么，务必要使学生理解"学科的基本结构"，而"任何学科的基础都可用某种形式教给任何年龄的任何人"。那么语文，有什么理由拒绝学生去拥抱这些基础性的精致情感呢？不要让学生错失美好的东西——这是窦桂梅教学此类文本抱持的不畏人言的可贵勇气（请质诸成名成家的教师，哪个不是对教学怀有高贵的追求）。

精致的情感需要有精致的教学方式来揭示、复原、演绎和传递。在《游园不值》中，窦老师至少运用了如下几种富有创造性和想象力的教学方式：

一是化静为动的画面化教学方式。有感染力的文本总是与感性的"画面"相连，因此，教学只有找到文本中隐藏着的"画面"，才能找到感染的力量。窦老师是善于此道的。让学生（包括教师自己）学着诗人如何在苍苔上走、模拟诗人如何"小扣"（同时要区分"扣"与"敲"的微妙不同）柴门，就是经典的画面化教学方式。尤值一提的是"和红杏对话"的情境创设，这一画面是诗歌中本不存在的，是教师基于文本想象出来的。这样的情境画面很容易成为一种臆造，关键是要把握文本内在的逻辑。在古诗词中，花花草草皆可为情的化身、人的形象，比如"去年今日此门中，人面桃花相映红"，"花自飘零水自流，一种相思，两处闲愁"，"红杏枝头春意闹"，"云破月来花弄影"等等。窦老师让学生化身红杏，与之对话，不仅暗合文本自身的逻辑，同时也在巧妙地让学生亲近古典的诗性世界。

二是用以扩大精神疆域的互文解读。宽泛地讲，任何比较式阅读都是互文解读。但要真正影响学生的情感、精神生长，互文解读其实是大有讲究的。窦老师在这里引进了许多文本，但无论是《寻隐者不遇》等诗歌还是《雪夜访戴不遇》之类的古文，大都与原来的文本有着相似的精神气质或主题，我们可以命名为“同质互文解读”（具体可表现为以诗解诗、以文解诗）。当某种复杂的情感、博大的精神，具体化为有机的结构或有传承关系的链条之后，就很容易为学生所形象地理解、接纳。《雪夜访戴不遇》及其他标以“不遇”的诗，其作用就是大致勾勒出“不遇之遇”的精神链条，由此，“不值之值”就成了学生可触可摸的感悟。

还有情感化的吟诵教学（古诗的韵律本身就蕴藏着情感）、推敲式的文本细读（让学生逐渐形成对文字的尖锐敏感）等，都是在让学生走进文本精致的情感世界，亲近语文的优雅。

当然，文学不过是优雅语文的一个因子，深度思维的愉悦（语文中的思考，不能等同于理性的推理，有很多时候，学生是用美丽的形象思索，是用诗性的逻辑去构造世界）、富有深情的教学风格，都是让语文优雅起来的重要因素。

不管怎样，如果说“语文要有更高的追求”（成尚荣语），那么，语文教师就应该有对优雅的渴慕，从而让语文课优雅些，再优雅些——或许，这就是窦老师的《游园不值》给我们的最重要的启迪。

（原载《小学青年教师》2006 第 7、8 期）

案例 3

古诗词的吟诵——《清平乐·村居》教学实录

清华大学附属小学　窦桂梅

《清平乐·村居》：茅檐低小，溪上青青草。醉里吴音相媚好，白发谁家翁媪？　大儿锄豆溪东，中儿正织鸡笼。最喜小儿亡赖，溪头卧剥莲蓬。

[朗读说明]

这是一首词，在教学时要紧紧扣住词的特点。

1. 说词牌

词牌，就是词格的名称。词的格式和律诗的格式不同，律诗只有四种格式，而词有一千多种格式（这些格式称为词谱）。词牌分类如下。

（1）词牌本是乐曲的名称。例如《菩萨蛮》，相传唐代大中初年女蛮国进贡，来者梳着高髻，戴着金冠，满身璎珞（璎珞是身上佩挂的珠宝），像菩萨，因此得名“菩萨蛮”。《西江月》《风入松》《蝶恋花》，以及本课的《清平乐》等都属这一类，大都来自民间的曲调。

（2）摘取一首词中的几个字作为词牌。例如《忆秦娥》，因依照这个格式写出的最初一首词开首一句是“箫声咽，秦娥梦断秦楼月”，所以词牌就叫《秦楼月》，又叫《忆秦娥》。又如，《忆江南》本名《望江南》，又名《谢秋娘》，因白居易词《江南好》最后一句“能不忆江南”而改为《忆江南》。再如，《如梦令》原名《忆仙姿》，改名《如梦令》是受后唐庄宗所写的《忆仙姿》中有“如梦，如梦，残月落花烟重”一句影响。还有，《念奴娇》又叫《大江东去》《酹江月》，这是因为苏轼《念奴娇》词中有“大江东去”和“酹江月”字句。

（3）本来就是词的题目。《踏歌词》咏的是舞蹈，《舞马词》咏的是舞马，《欸乃曲》咏的是泛舟，《渔歌子》咏的是打鱼，《浪淘沙》咏的是浪淘沙，《抛球乐》咏的是抛绣球，《更漏子》咏的是夜。这种情况是最普遍的，凡是词牌下注明“本意”的，往往同时也是词题，则不另具题目了。

但是，绝大多数的词都不用“本意”，词牌之外还有词题。一般是在词牌下面用较小的字注出词题。在这种情况下，词题和词牌没有关联，一首《浪淘沙》可以完全不讲到浪，也不讲到沙；一首《忆江南》也可以完全不提到江南。

教学时注意词牌。不同的词牌，如《清平乐》《水调歌头》《江城子》等词有其不同的韵味。于是课堂实录“引入”的环节，意在体现同一作者，有不同词牌，就会有不同风格。比如词牌“破阵子”的豪放或“清平乐”的婉约。

2. 说吟诵

（1）以声律为窍，学习吟诵。整个教学环节体现吟诵。首先“读准”。相信学生有“自学能力”的前提下检查是否读准，这是吟的前提。接着引导学生学习吟——“平长仄短、依字行腔”。通过平仄朗读指导，借助“手舞足蹈”找准节奏，然后通过教师尝试吟出自己的调，学生尝试吟出自己的调的方式，体会吟诵的韵味。最后运用固定旋律，唱出这首词。总之通过“读、吟、品、唱”的过程，开阔视野，形式亦庄亦谐，学生享受美感，因好奇心、求知欲得到满足而兴味盎然。

（2）以物象为骨，感受画面。吟诵中，让诗情诗意从意境中走来。学生在“不厌其烦”的吟诵中，仿佛见到了低矮的茅屋，茅屋前的老夫妻，溪边的青青草，在溪边挥汗锄豆的大儿、屋前用灵巧的双手正编织鸡笼的中儿和溪旁卧着剥莲蓬的顽皮小儿。以小溪为线索把茅檐、溪流、豆田……一幅幅画面似“珍珠”一般串连起来，构成了一幅完整的村居图。再配以叮叮咚咚的流水声，想象“绿水人家绕”的情景，感受闲适的田园生活。此中境界，学生置身其中的感受怎一个“醉”字了得！学生想象情景中的词人为何而醉，想象自己陶醉在如此“美不胜收”的村居生活中。阅读最重要的是获得心灵自由，这里学生有广阔的思维空间、想象空间，在感受诗情画意的同时，进行了发展形象思维和发展语言能力的历练。

（3）以意格为髓，品味词境。选择门径的诀窍在于化“诗眼”为“学眼”。抓住“溪”字咀嚼，再扣住“相媚好”的“媚”“卧”等字眼儿反复品味，体会村居不愧是令人陶醉，令人沉醉！比如抓住“相媚好”，让学生想象并提供一个话语情景，“我仿佛听到翁（媪）夸赞媪（翁）说……”用自己的言语表达老两口相亲相爱相濡以沫的温馨与幸福。“卧”字的含义可谓细致入微，先推敲“卧”与“趴、躺”的区别，体会“卧”的准确性；再品味想象小儿“卧”剥莲蓬的种种姿态，想象小儿动的自如、静的安详，一个活泼可爱的小儿形象跃然纸上。学生正是从诗人用词的精美中，咀嚼出内涵的丰富和灵动。这是语言的魅力。

当然诗无达诂，在教学中还要升华情感。联系作者的另一首《破阵子》，由小家到国家的发问，从谁家“翁媪”中，体会“村居”人物的心灵深处的那份满足、安全、安心和安逸。从而，引发更大的思考：国泰民安，安居乐业，才是人类永远追求的精神家园。

综观以下实录，有专家评价说，犹如欣赏一曲交响乐，浑厚而丰富，又如观赏一棵大树，枝叶繁茂充满勃勃生机。这，似乎有别于现时所提倡的“简简单单学语文”。其实，简单孕育着丰富，丰富包含着简单。一首46个字的词，何以教得挥洒自如，学生学得如此丰富多彩，自有“简单”的道理。那就是始终抓住古诗词教学的“命脉”——诵读。

［**年段课时**］五年级学生；两课时

［**课堂实录**］

一、引入《清平乐·村居》

（一）解题

师：我们的祖先是这样创造这个字的，（板书“居”，并演示“居”字的变化过程）由此，你想到了什么？

生：这个字是半包围结构，外面的“尸”字旁就好比屋子，里面像个人字，后来改成“古”。意思是，人在房子里居住。

生：请老师把刚才的片子再回放一下好吗？（再次回放“居”的字形演变过程）我想到了一座房子，它很坚固，上面表示拱顶，旁边的“撇”表示一堵墙，里面的“十”表示住着十口人，那个“口”就好比一张大床，这就组成了一个家。

师：人们常说，一个汉字就是一个典故。有居住的地方就有了家。有了家，心就安了。那么，这个家居住在这里，（板书“村”，把课题补充完整）你眼前出现了怎样的画面？

生：我眼前有一幅农村田园生活的场景，有小河、村庄、鸡鸭，还有人们在田间劳动。

师：听你们这么一说，不禁会想起清朝诗人高鼎的《村居》。

生：（学生齐声背诵）“草长莺飞二月天，拂堤杨柳醉春烟。儿童散学归来早，忙趁东风放纸鸢。”

师：居住在这样一个惬意的地方，说着这样的话，（板书：吴音）是怎样的话？

生：江西上饶地方口音，在春秋时代该地区称吴国，故叫“吴音”。和北方的语言相比有轻细、柔软之特点，常称“吴侬软语”。

师：吴侬软语，好听啊。你们会说吗？

（生摇头，表示不会）

师：老师说一句北方的普通话，再说一句江西上饶的吴音，请体会这种吴侬软语。“这个女孩真漂亮！”是这样说的（Jie gou nan ne gui zen qing gan!）“我很高兴跟你大家上课。”说成（á hn gao xing in ni da ga san ku.）；“乡下的风景真好，我们大家一起去看看。”是（Xiang ha ge fong jin zen hao，nga da ga yi qi ke kuang kuang.）（这里只好用汉语拼音释音）

（尽管不能完全明白，学生还是哈哈大笑，感觉吴侬软语的确细腻、柔软、妩媚）

师：你想啊，在村居里生活，说着吴音，多么美好。于是爱国词人辛弃疾就写出了自己在上饶居住时候的一首词——《清平乐·村居》。（板书“清平乐”）

〔钱正权评〕① 巧妙的铺垫：利用汉字象形的特点，一个“村居”的“居”字，学生在头脑中展开了一幅画，想到了“家”，想到了“家”中用“吴音”说话的人。这铺垫既拉近现代学生与古代词人的视域，又为学习“村居”初设意境，有引人入胜之妙。

（二）了解词牌

师：同是村居，辛弃疾的是词，高鼎的是诗。说说诗和词有什么不同？

生：词是诗的一种特殊形式，是可以配乐吟唱的，故有个词牌名。比如“清平乐”。

师：有人说，诗是语言的艺术，词是精美的语言艺术。随着阅读的丰富，你们还会体会到更多。词呢，发端于隋唐，大兴于宋朝，按照一定的词牌来安排句子的多少，还可以配乐演唱。

师：我们古人了不起，表示词的节奏，不是用乐谱如四二拍、四三拍的形

① 钱正权老师评点所据的实录与此实录不尽相同，特别是当时没有将吟诵作为重点。以下简称“钱评”。

式，而是用词牌。不同的词牌还有不同的意境。老师试着为“清平乐”配乐，请大家浏览这首词，体会这个词牌有什么特点。（放音乐，出示《清平乐·村居》）

（生有感受，纷纷举手发言）

师：不急。为了让大家比较得明显一些，我们再看另一首也是辛弃疾的词（配乐出示《破阵子·为陈同甫赋壮词以寄之》），请再感受一番。

生：（在音乐中体会）“醉里挑灯看剑，梦回吹角连营。八百里分麾下炙，五十弦翻塞外声。沙场秋点兵。　马作的卢飞快，弓如霹雳弦惊。了却君王天下事，赢得生前身后名。可怜白发生！”

师：两个音乐感觉换一换行吗？现在回过头来说说“清平乐”这个词牌和“破阵子”有什么不同。

生：不行。“破阵子”这首词让我的心情慷慨激昂，仿佛看到战场上拼杀的情景。其词纵横杀场，有不可一世之气概。我仿佛看到战争中诗人和敌人厮杀的场面，很悲壮，仿佛置身金戈铁马的战场，气吞万里如虎！而“清平乐”呢，我感受的和“破阵子”这首词不一样。我觉得好温馨、舒缓。

生：“清平乐”轻松幽静，有一种悠闲自得的感受，与“破阵子”激昂的词牌形成了鲜明的对比。

二、学习《清平乐·村居》

（一）以声律为窍，学习吟诵

师：好啊，由词牌，我们也能找到这首词的感情基调，那让我们带着刚才的轻松温馨一起走进这“村居”。古人讲，诗词有三本。这第一本是要以“声律为窍”（出示课件）。你怎么理解？

生：用诗或者词的韵律当作窍门吧。

师：是这个意思。用吟诵表达出古诗词的平仄与节奏。当然它的前提是，要读得字正腔圆。作为高年级同学，你们一定预习了，谁来读一读？（板书“读”）

（生读得字音正确，读略。）

师：（对着刚才读词的同学）自评一下读得怎样？

生：还可以。（该生有些不好意思地回答）

师：这个用词很谦虚，呵呵，具体说说，怎么叫还可以？

生：这两个字——“翁媪”读作翁媪（ǎo），我读得很正确。

师：“剥”是个多音字，这里读作 bāo，你为什么读这个音？

生：把一个东西去掉外皮儿，这个过程就叫“剥”，所以读 bāo，不读 bō。

师：“莲蓬”，口语时可以轻声，可你读原调，这是为什么？

生：诗讲究押韵啊，所以这里可以读原声调。（教师让学生给该生掌声）

师：不过，提一点建议，词分上阕、下阕，就像我们平常学习文章的段落，读整首词的时候，要注意其间的停顿。

（在此基础上，学生们从头至尾读了一遍，渗透朗读词时的停顿意识）

师：古人常说，歌以蹈之，所谓“手舞足蹈”。既然是一首词，我们当然可以手舞一番，体会节奏美。

（学生一边击掌，一边读上阕，如游戏一般，很有节奏。略）

师：不仅“手舞”，当然“足蹈”，也可以叫“踏歌”体会节奏。我们一起“踏歌”下阙。

（学生一边脚踏节奏，一边读下阕，踏出了特别的韵律，兴趣很浓。略）

师：把整首诗从头到尾“手舞足蹈”一番。

（学生兴致勃勃地表演起来）

师：手舞足蹈读得这么好，就要用“吟”来找准声律。若说吟，讲究平仄方为入窍。谁知道“平”和“仄”声分别指现在的哪几个音？（板书“吟”）

生：“平”声是现在汉语拼音声调中的一声和二声，“仄”声是汉语拼音的三声和四声。

师：真好，在吟诵中要做到平声音拖长，仄声音短促，也就是“平长仄短”。请同学们试一试。（以下“—”表平声音，“｜”表仄声音，学生纷纷练习，老师做适当指导，很有意思。）

生：

茅—檐—低—小，

溪—上｜青—青—草。

醉｜里｜吴—音—相—媚｜好，

白—发｜谁—家—翁—媪？

大｜儿—锄—豆｜溪—东，

中—儿—正｜织—鸡—笼。

最｜喜｜小｜儿—亡—赖，

溪—头—卧｜剥—莲—蓬。

师：真正的吟，要“依字行腔”。这里的腔也有高低。平声音和仄声音有什么不同？

生：平声音因为是一声和二声，所以声调要高；仄声音因为是三声和四声，所以声音低。

师：好啊，也就是依据平仄的长短、高低，吟出属于自己的腔调来。自己试着练一练。

（老师引导，学生跟着练习吟）

师：老师根据自己的语感，试着吟诵一下，呵呵，请同学们鼓励我哟。

（学生听教师吟诵，热烈鼓掌）

师：谁来大胆试一试，用自己的调，吟起来。

（学生们纷纷练习吟诵）

师：由于地域不同，吟诵的腔调也不同，下面听一位吟诵专家吟的浙江吟诵调。

（教师播放浙江吟诵录音，学生倾听体会）

师：不用学别人的，就找自己的调。

（学生再次试着运用平仄行腔吟诵起来）

〔钱评〕“引入”是古诗词教学的一个重要环节。这是一个气势恢宏的“引入”，它是在不同体裁、不同风格、不同内容的诗词相比照的大背景下展开的：体裁由诗引入到词，词的风格由豪放引入到婉约，“村居”的内容由清代高鼎的诗引入到辛弃疾的词。接着引入辛弃疾词“村居”的诵读。诵读，教师相信学生有“自学能力”，要求读准字音、读出停顿，接着在教师激情指挥下读得抑扬顿挫节奏分明，以至“手舞之足蹈之”，妙趣横生。这种引入视野开阔，内容丰赡，形式亦庄亦谐，学生因享受美感，因好奇心、求知欲得到满足而兴味盎然。

（二）以物象为骨，感受画面

师：吟出了自己的腔调，那你们说咱们下一步干什么呢？

生：默写吧。

生：背诵下来。

生：我觉得先要理解，然后才能谈到背诵和默写。

师：你说得真好！古人讲的诗词的第二本“以物象为骨”（出示课件）说的意思差不多。学习诗词，不仅是注意平仄腔调，化为形象方能理解感受到词的风貌，带着感受吟，才有味道。那咱得再一次走进词中，感受一番。说说这首词中，你眼前出现了哪些画面？

生：“茅檐低小”，我眼前浮现出一座茅草屋，屋檐非常地低小。（教师随机再现相应画面）

师：你说得好，用诗中的词语讲出了特点。草屋只一间，如此而已，真是一种特别的乡村气息啊。带着你的感受吟一吟。（生读时，强调了“低小”，吟出了味道）

生：我还发现，茅屋前有一对老年夫妻，老爷爷就是翁，老奶奶就是媪。他俩聊天呢。（教师出示相应画面，学生带着感受吟了起来）

生：我还看到溪上有很多青草，可茂盛啦，可能还会在水中留下倒影。词中说是“青青草”，这里的草不是“草色遥看近却无”，而是溪上青青草，应该是绿油油的，像一首歌词中唱的那样“青青河边草，悠悠天不老”。

师：草经常会成为诗人笔下的物象。像白居易的“离离原上草”，虽然地点不同，年代不同，但共同的是要表达那绿绿的颜色，就如同诗人的生命一样充满绿意。你的引发真好，请他再吟一吟。（学生吟）

生：我还看到一幅画，大儿锄豆溪东，真卖力呀！“种豆南山下，草盛豆苗稀。”所以抓紧锄豆。（出示相应画面，学生吟描写大儿的这句）

生：我看到了在低小的茅草屋前，中儿正在用他那双灵巧的手，用双腿夹着鸡笼，迅速地编着，给鸡搭窝，让鸡有个家。（出示相应画面，学生吟描写“中儿”的这句）

生：翁媪最小的儿子，非常地顽皮淘气，正在小溪旁，剥莲蓬。（出示相应画面，学生吟描写小儿的这句）

师：古人有时候用字往往虚指。比如小儿也不一定是自己的小儿子，有可能是自己的孙子呢。但不管怎样，都是一家人。

师：你看你们多了不起，透过这文字，发现了这么多的画面。（将刚才看到的“村居”部分图画一幅一幅地出现）

〔钱评〕诗情诗意从意境中走来。“读着读着，你眼前出现了哪些画面?”这一问，把学生带到“村居”的意境中。学生仿佛见到了低矮的茅屋，茅屋前的老夫妻，溪边的青青草，在溪边挥汗锄豆的大儿、屋前用灵巧的双手正编织鸡笼的中儿和溪旁卧着剥莲蓬的顽皮小儿。这一环节开始，教师巧妙地拓展、利用生成性教学资源。如：学生说“溪上青青草”，我见到的是“春天刚生出来的嫩绿嫩绿”的小草，教师便说“那是‘遥看草色近却无’”；学生说“我还看到一幅画，大儿锄豆溪东”，教师说“种豆南山下，草盛豆苗稀”，得抓紧锄豆……整个教学过程中许多信手拈来的古诗词中的名句，用得贴切自然，极大地丰富了教学内容。

师：还有一处景物，刚才有同学提到了，可是没有重点描绘，是什么?

生：小溪！溪上有青青草，溪东大儿锄豆，溪头小儿在剥莲蓬。

师：古人用字忌讳重复，可词中出现了三次“溪”，不重复吗?

生：我认为不重复，因为他写的是不同地方的溪，溪上青青草里的溪，指的是整个一条溪，大儿锄豆是在溪东，最后一句的溪头卧剥莲蓬它其实就是在溪的一边。

生：我认为辛弃疾是故意这么写的，都围绕溪来写，想突出一个山清水秀的村居。所以，故意用这么多“溪”是起强调作用。

生：你看，溪东是大儿子，身边有小溪。既然大儿子已经在溪东了，再往下看，溪水又流到面前了，中儿、小儿和茅草屋都在溪边，他们家整个被小溪包围了。

师：好一个“绿水人家绕”。看，就是这小溪，把刚才的一幅幅散图完整地连接了起来。(课件巧妙地连接，便成了一幅完整的村居图）有了这溪，平添了江南村居特有的灵性和生命的颤动。让我们伴随小溪的潺潺之声，吟一吟，感受溪流的不同之处。

(学生吟的时候，重音在“溪上”的“上”，“溪东”的“东”，溪头的

"头"）

师：好美啊，那么请大胆地想象，此刻，词人会在哪儿？

生：诗人可能在溪上的小船上。

师：小溪上还能行船，这有点夸张。

生：诗人有可能在溪边，眼前向东一望，就是大儿锄豆溪东；再往近处一看，中儿正织鸡笼；眼前呢，小儿溪头卧剥莲蓬。

生：诗人还有可能在对面的一座山丘上，遥望这一片绿水人家之后，一切尽收眼底，于是写下这首词。

师：再大胆想象，词人会是画里的谁？

生：还有可能，诗人就是那个翁，他想象自己就在茅屋前和自己的老伴说话呢！

生：是呀，他看到小儿，有可能就把自己想象成了这个样子，仿佛回到自己小时候在溪边玩耍，剥莲蓬的情景哪，他好开心。

师：真是人在画中游，已是画中景，也是画中人啊。那让我们再次吟诵起来吧！（学生美美地吟诵全诗）

师：吟着吟着，不知不觉就背诵了下来。用一个字形容此时此刻你的感受吧！

生：好迷人，美！

生：我想到了一个词，朴素安适，一个字，爽啊！（笑声）

生：我感受到了田园生活的悠闲，美不胜收。一个字，妙。

师：在词中找找？

生："醉"！

师：为什么用这个"醉"字？（板书"醉"）

生：因为村居太美了，都让我陶醉了，所以我用醉，而且"醉"就在诗中。

师：哈哈，你用的和诗人的相同啊。居于如此的乡村，怎么不喜？欢喜得都醉了。真应了那句——沉醉不知归路！

〔钱评〕这一环节重在"村居"意境的整合和体验，教学又深了一层。整合，以小溪为线索把茅檐、溪流、豆田……一幅幅画面似"珍珠"一般串连起来，构成了一幅完整的村居图。体验，让村居图里的人物、景物活起来，配以叮叮咚咚的流水声，想象“绿水人家绕”的情景，感受闲适的田园生活。此中境界，学生置身其中的感受怎能用一个“醉”字了得！学生想象情景中的词人为何而醉，想象自己体味了如此“美不胜收”的村居生活而陶醉。阅读最重要的是获得心灵自由，这里学生有广阔的思维空间、想象空间，在感受诗情画意的同时，进行了发展形象思维和发展语言能力的历练。

（三）以意格为髓，品味词境

师：这村居怎么就让我们醉了？古人讲诗的第三本“以意格为髓”可以帮助我们（出示课件）。不断推敲、品味诗词的用字，才能理解诗词的精髓。正如古人讲的“吟安一个字，捻断数茎须”啊。那我们就再次走进词中，去品味品味这村居，怎么就让我们醉了呢?!（板书“品”）

师：让我们走进这对翁媪，听听他们怎么个“相媚好”？

生：他们互相之间说贴心话，声音不大，窃窃私语说着对方的好。我觉得这种环境让我感觉很沉醉，他们两个很温馨，他们可能在互相称赞着对方，而且用的是“吴侬软语”。

师：那就请你大胆想象，翁媪间会互相夸赞些什么？（课件：读着“醉里吴音相媚好”，我仿佛听到翁（媪）夸赞媪（翁）说：“——。”）老师给你提供一个话语情境，你想扮演谁就扮演谁，夸赞对方吧。

生：读着“醉里吴音相媚好”，我仿佛听到媪夸赞翁说：“欧，你可真是个好丈夫，还像年轻时候那么帅。看大儿认真锄豆，勤劳的品质就是跟你学的，中儿编织鸡笼的好本领也是你的功劳呢。找你做丈夫可真是我的荣幸。”（笑声）

师：啊，把“荣幸”换成“幸福”更妥帖一些。

生：读着“醉里吴音相媚好”，我仿佛听到翁夸赞媪说：“老伴，你给我做的衣服真好看。给儿子做的是慈母手中线，给我做的是老伴手中线，穿在身上好温暖、好舒服。”（大笑）

生：我仿佛听到翁媪互相说：“啊，现在日子好喽，能喝上酒喽。我俩相亲相爱，我俩多子多福！”（掌声）

师：“执子之手，与子偕老”啊，想起一首歌：“我能想到最浪漫的事，就

是和你一起慢慢变老，一路上收藏微笑，留到以后坐着摇椅慢慢聊。”（掌声）

生：他们没忘记夸赞自己的儿子。读着“大儿锄豆溪东”，我仿佛听到翁媪夸赞大儿：“你真懂事呀！”

师：大儿估计年龄不小了，用懂事就显得孩子气了。

生：我估计大儿已经三十多岁了，一听，心想，你把我当小朋友哪？应当换一个方式表达：“他可是咱家的壮劳力，咱们家地里的活都归大儿干了。”

生：他多么勤劳。锄禾日当午，汗滴禾下土。谁知盘中餐，粒粒皆辛苦。

师：虽然辛苦，可心不苦，辛劳换来的是“稻花香里说丰年，听取蛙声一片”，今年又是个好收成。

生：读着“中儿正织鸡笼”，我仿佛听到翁媪夸赞中儿说：“你看中儿手多灵巧呀。”应了那句“村庄儿女各当家”。

师：我们想象得真美妙。也许，这翁媪一句话也没说，翁媪相对而坐，你的眼睛望着我——

生：我的眼睛望着你。我的眼里只有你！（笑声）

师：原来他俩的“相媚好”让我们“醉”了，这个“媚”让我们醉了。

师：词中说最喜小儿，那我们在来到小儿身边瞧瞧。

生：小儿剥莲蓬的动作是“卧”。一般剥莲蓬是坐着，或站着，可小儿却是“卧”着剥莲蓬，好玩。

师：让我们好好看看这个“卧”。看图，小儿的姿势“卧”，是什么意思？

生：（七嘴八舌地说）趴、躺。

生：把“趴”或“躺”送进诗句中，说说感受。

生：溪头趴剥莲蓬，溪头躺剥莲蓬。（学生笑）我感觉这个“躺”别扭，可“卧”就能把小儿子剥莲蓬的姿势跃然纸上。

生：（再让学生把“趴”送进该句）“趴”也不好。姿势一点儿也不美。

师：“卧”含着“趴”和“躺”的意思，但，这个“卧”可以是侧卧、仰卧、俯卧（学生和老师一起说出来）。

生：总之“卧”让我想得很多。“卧”一定是最舒服、最自然的样子。

师：看图，小儿俯卧在溪头，两个小腿跷起来的静止画面。你能让画面动起来吗？（学生们开始用手指当作小脚丫，表示不同动作。）

生：两个小脚丫来回动。（学生手势“前后摇摆”）

生：还可以边摇晃着小腿，同一个方向摆动，还哼唱着歌谣。

生：还可能左右摇摆、交叉摆动呢。

生：小儿的两个小脚丫跷起来，想分开就分开，想合上就合上，想交叉就交叉，想前后摆动就前后摆动。

师：呵呵，总之想怎么做就怎么做。送给他一个词！

生：无忧无虑。自由自在。天真无邪。悠闲自得……（学生纷纷说出）

师：这是“卧”动态的时候我们的感受。可“卧”有时还指“睡觉”或休息时的安静，我们动不动说“卧佛”，多么安详、宁静。那请你看小儿“卧”在溪头剥莲蓬的表情，再送小儿一个词？

生：专心致志。聚精会神。全神贯注……（学生又依次说出）

生：还可以用一个成语，“心无旁骛”，也可以说“旁若无人”。

师：我们常说“动若脱兔，静若处子”。这一动一静的巨大反差都出自这个“卧”。难怪说小儿无赖呢。那么这里的无赖是今天我们理解的意思吗？

生：这里是说他自由自在，多么天真可爱、无拘无束啊，叫他“亡赖”，也是说小儿鞋调皮、可爱、淘气到了一定程度了呀。

生：爸爸妈妈在我特别淘气的时候，会对我说，你这个小坏蛋。就像家里人，越是喜欢你，看你撒欢的时候，恨不得骂你一句。

师：看你淘气的时候说“猴样儿”，听着好似责备、挖苦，实则更说明喜爱到了极点。虽然“最喜”小儿，难道对大儿中儿就不喜欢吗？

生：他们也是喜欢大儿和中儿的，但是他们最喜欢的是小儿。小儿是最天真的，也是年龄最小的，他不懂得那么多的拘束，所以他做起事来会让人觉得天真、顽皮、淘气。而大儿和中儿就不可能回到他这个时代，有他这个样子。所以小儿子让父母感到欣慰。

生：这小儿能够这样开心快乐，不就是父母的和睦，两位哥哥的勤劳，才让自己这么“亡赖”吗？长辈们的辛苦换来的不就是让自己的小儿这样的“卧剥莲蓬”，这样的“自由自在”吗？（掌声）

师：俗话说，皇帝重长子，百姓爱幺儿。前者想到责任，后者就像你说的让人感到欣慰。所以，这最喜的“喜”，不仅仅是父母的心情，也是全家人的心情。你羡慕这小儿吗？

生：羡慕，他不用写作业。（大笑）

师：你羡慕，是因为你有学习压力，那经历战争痛苦的辛弃疾，怎么不更羡慕这自由自在、无忧无虑的生活呢？

生：是啊，正如前面同学们说过的，看到小儿想起作者自己的童年。现在除了他自己，更希望战争中的孩子们也这样。看来这“最喜”中还有一番滋味在心里。他禁不住写下——“最喜小儿亡赖……”（学生一起读这句）

生：我想也是。因为当时祖国北方是战乱时期，诗人一直身处战场，心里很危急，看到这个小儿无忧无虑的样子，他很希望战火平息，也能过上这种无忧无虑、悠闲自得的生活。

师：你看，又是这个“卧”，不仅让我们理解了意思，体会了妙处，还给我们带来这么多联想，引发了我们更多的感慨。就是这个“卧”，不仅让全家人醉了，也让我们，让诗人醉了。真是“酒不醉人人自醉”，这“卧”可谓一字千金！

〔钱评〕文学即人学，其核心要素是形象、情感。这一环节教师把学生引领到“村居”人物的心灵深处，悉心体察。教师的演绎是极其精彩、耐人寻味的。叩问人物心灵从何处入手，得有门径。选择门径的诀窍在于化“诗眼”为“学眼”。你看，教师抓住“相媚好”“卧”，就“着一字而境界全出”了：“相媚好”开启了一扇通往翁媪心灵的窗户，让学生想象并提供一个话语情景，“我仿佛听到翁（媪）夸赞媪（翁）说：——。”用自己的言语表达老两口相亲相爱、相濡以沫的温馨与幸福。“卧”字的涵咏可谓细致入微，先推敲“卧”与“趴、躺”的区别，体会“卧”的准确性；再品味想象小儿“卧”剥莲蓬的种种姿态，想象小儿动的自如静的安详，一个活泼可爱的小儿形象跃然纸上。语文课工具性与人文性的统一不是令不少教师感到困惑吗？窦老师这儿的诠释堪称经典，学生正是从诗人用词的精美中，咀嚼出内涵的丰富和灵动。这是语言的魅力。

三、升华《清平乐·村居》

师：情到深处，自然要问问这“谁家”的翁媪。老人家，姓甚名谁啊？（走到一名男同学面前，用口语交际的形式揭示“村居”主旨）

生：我呀，免贵姓黄，字嘉祥。（学生用上自己的姓名回答，并用老人的语气）

师：老人家，一家人都住在这低小的茅屋？杜甫说“八月秋高风怒号，卷我屋上三重茅”。风一来，风怒号，茅草就被刮走，冬天更冷。想必这日子过得一定不容易，可看你们眉开眼笑、欢欢喜喜的那么陶醉，这是为什么？

生：因为这里没有战乱，我们都过着和谐的生活。只要平平安安，比什么都好。

生：（旁边的女生举手）还因为（老师幽默了一句：哎哟，旁边的媪着急了，你好，你想补充几句吧？）我们能过上这样的生活，还因为我们的三个孩子，小的非常可爱天真，看到他就让我们觉得安慰，还有大儿和中儿虽然不能像小儿一样，但是他们也都有一身好本领，可以干活，照顾我们。你说我们能不高兴吗？（笑声）

生：（“翁”继续说话了）人都说养儿防老，您看我们三个儿子真孝敬呀！我们一家真是和和睦睦、欢欢喜喜，为我们祝福吧！（掌声）

师：所以不在屋宽，而在心宽。心有多宽，屋子就有多宽。（学生跟着说出）“茅屋人看小，我居殊觉宽”，为这对翁媪喝彩！（掌声）

生：我们发现这家人的生活条件的确很艰苦，但很乐观。所以这里的村居让我们感觉到这样地安全、安心、安逸。

师：此刻，如果把村居的“村”换一个字，你说是怎样的居？

生：是闲居！

生：是乐居！

生：也是安居！

师：能够悠闲与快乐，最关键还是安心。因此，这村居也可以说是——

生：安居。安居就能乐业。（老师顺势板书“安居乐业”）

师：安居乐业，“心安茅屋稳，性淡菜根香”——这是何等惬意与幸福！

师：回过头来再读《破阵子》。作为一个爱国诗人，由“谁家”的发问，由小家想到大家，由家乡，想到国家。

生：（朗读）“醉里挑灯看剑……”（教师板书“醉里挑灯……”）

师：看到这“安居乐业”，那诗人在这个“醉”里渴望的，“醉”中向往的究竟是什么呢？

生：诗人“醉里挑灯看剑”到“可怜白发生”，虽然也居住在上饶，看似“居安”，但他心情一直不好，充满危急，不忘北方战场，居安思危。他希望的不仅仅是这一家五口快快乐乐，也希望自己、别人、天下所有的人都能这样安居乐业。

生：“天下兴亡，匹夫有责。”更何况他又是一个非常爱国的词人，还经历战争，看到这“村居”带给他的快乐，他最终渴望国泰民安。

生：是的，我读了辛弃疾的生平事迹以后，我觉得他是很有责任心的人，虽然居住在农村，但一直想着国家所有人都能安居乐业。如果是我的话，我可能已经在那里过着平静的日子，不会再去想那些忧伤的事。我看是“居危思安”。

师：真好！这才是村居生活的本质，虽说“醉里吴音相媚好”与“醉里挑灯看剑”表达的感情不同，由醉中的“居安思危”到醉中的“居危思安”，共同的是“安居乐业”——这才是诗人追求的境界。村居成了作者、我们千年来永远追求的精神家园。此景，此情，此刻，一句话，“醉在村居”。让我们带着这些感受，再次吟诵起来吧！

（全体学生沉浸在浓浓的情感中，吟诵起来）

师：千年的村居，已经醉在我们的心里！就让我们把这“村居”吟唱出来！（板书“唱”。配乐，师生合唱。借用《水调歌头》的曲子，唱出了“安居乐业”这份幸福）

〔钱评〕这一环节，把“村居”提到“文化”的层面，即要求读出一种社会生活，读出现代人所追求的一种理想境界、精神家园。这对小学生来说有一定难度，老师做了有益尝试。综观窦老师的课，犹如欣赏一曲交响乐，浑厚而丰富，又如观赏一棵大树，枝叶繁茂充满勃勃生机。这，似乎有别于现时所提倡的“简简单单学语文”。其实，简单孕育着丰富，丰富包含着简单。一首四十六个字的词中，教师何以教得挥洒自如，学生学得如此丰富多彩，自有“简单”的道理。窦老师始终抓住古诗词教学的“命脉”——意境。上课伊始解读“居”字就引向意境，初读时抓住茅檐、青草、豆田、河塘、小溪等景物想象画面，进而深读，抓住“小溪”想象整个“村居”图，再在品读时扣住诗眼

“相媚好”“卧”等，展开境中之“境”。意境是多重的，如果把读“村居”比作胜日踏青，学生穿行在“山阴道上”越过重重叠叠山，弯弯曲曲水，领略无限的情致和韵味；如果比作去造访一位古人，那是跨进一座幽深博大的庭院，楼外楼天外天。学生在意境中见情景，在情景中体验心境，真真切切，语言学习、情感熏陶和精神成长水乳交融。说“简单”，古诗词教学最根本的是教师自身。教学的成功有赖自身的学养，有赖自身的文化底蕴。美国作家、教师、活动家帕克·帕尔默在《教学勇气》中提出“真正好的教学不能降低到技术层面，真正好的教学来自于教师的自身认同与自身完善”。教学是极具个性化的，窦老师的教学风格属于窦老师，但我们可以从中得到这个根本性的启示。

附板书设计：

清平乐　　村居

（读）

（吟）

醉！　　醉里吴音　　　　安居乐业　　（品）

　　　　醉里挑灯　　　　　　　　　　（唱）

〔总评〕本课的重点在于关注诗与音乐的关系。大概是音乐老师出身吧，窦老师特别注重发掘语文教学中的音乐元素，对吟诵的精致追求就是表现之一。古诗教学一般只关注朗读品读，本课同时关注了读、吟、品、唱四种形式，其中以吟诵为核心。吟诵介于读和唱之间，把握起来较难，教学中很少使用，但若运用恰当，的确更能传达出诗词的韵味。窦老师运用她一贯的主张和方法（平长仄短）教学生吟诵，大大激发了兴趣，使学生体悟到了作品的灵妙。特别要指出的是本课的目标重点虽在于吟诵，但并非是常见的多读自悟、以读带悟的思路，而是将吟诵建立在充分理解的基础上，从篇幅上讲，对作品的理解占了大部分。学生的理解力有限，多读未必能自悟（多读自悟的主张有时实际上是教师躲避、偷懒的借口），只有在充分理解的基础上，读诵才能够有内涵，才能到位，也才能更好地反过来促进理解和感悟。也就是说，对于读诵而言，应是技巧其表，理解其里。窦老师将声律和物象、意格作为一个整体看待，递层深入，正是将理解作为读诵的灵魂。这一提法源自旧题白居易撰的

《金针诗格》："诗有三本：一曰有窍，二曰有骨，三曰有髓。以声律为窍，以物象为骨，以意格为髓。凡为诗须具此三者。"声律、物象、意格三者由表及里，共同构成诗歌的要素。其中意格较难确指，结合古代诗论中的其他用法，意主要指主观情意，格主要指渗透主观情意的格调、气韵，合起来主要指文本中体现出来的创作主体性，内涵较广泛。对于意格，学生不易理解把握，故窦老师将其解释为意境所体现出来的丰富、精深的内涵，理解的门径是抓住诗眼深入体悟。当然，这样与物象部分就没有了明晰的界限。

就引导学生理解文本而言，本案例也有鲜明特色，要之如下：一是注重词牌的感情色彩。词牌本是乐调的名称，代表的是一段音乐旋律，而每段旋律都有其自身的风格和情感色彩，也就是说词牌本身就隐含着某种风格和情感色彩。后来音乐逐渐失传，词牌更多地成为格律的名称，但其隐含的风格及情感色彩依然有不同程度的留存，作家选择词牌时，往往会考虑所写内容与词牌隐含风格情感相吻合。让学生感受并明白这一点，既增长了知识，突出了词的体裁特征，又为作品理解及最后的比较升华做好了铺垫。二是深度想象。文中有不少"你眼中出现了怎样的画面""想象一下""大胆想象"等引导语，可以说是见缝插针地引导学生想象，并且想象的程度较深，不限于、不依赖于图片所示，这样学生就充分还原、感受到了所说画面。另外，引导学生把自己当作词中人、作者，更是使学生深度进入了诗境，体悟到了很多字面背后的画面和情感。由此我们也可看到学生的想象力贵在教师培养调动。三是深挖诗眼。窦老师在前言中已阐述了这一点，案例中通过想—悟—吟—悟的环节，理解与吟诵相互生发，使学生对重点字词的理解周全而细致，特别是体悟到"卧"字兼具动态与静态，充分显示了窦老师的文本解读能力。对诗眼的深入理解，自然就带动了对全词的理解。四是深化诗意。以"醉"为中心点，将村居的满足闲适与收复失地的爱国激情联系起来，在更大的背景中思考诗意，通过"居安思危"与"居危思安"的辩证关系，得出了村居是千年来永远追求的精神境界，令人信服地升华了诗意，使学生受到了更高层次的情感熏陶。这也启发我们对一首作品的理解要注意联系作者整体的生平思想。

除以上几点外，其他如环节上的伏笔照应，图片音乐的配合使用，读、吟、品、唱的综合运用，诗化语言的点染调动等，都是突出的特色。这些特色使得学生对作品的理解既深入细致，又宏观升华；既有理性分析，又有直观感悟；既有历史的厚度，又有现实的鲜活；既以文字为主旋律，又以音乐图画做和弦，呈现出立体的混响和富有内涵的精巧。诚如窦老师所言，这不同于简简单单学语文。简约理念是相对于低效的烦琐而言，自有其价值，但需注意的是简约需建立在教师精细理解及学生有较好接受能力的基础上，否则便是不负责任的放任自流。由繁返约易，由约入繁难，我们需深入思考精致与简约教法的效果对比。

附：作者执教反思及同行点评

反思：何为村居——执教《村居》三思

窦桂梅

一、古老与现代：我们现在在哪里

“旧时王谢堂前燕，飞入寻常百姓家。”

“秋天到了，大雁一会儿排成一个人字，一会儿排成一个一字。”

不知从什么时候，苍穹灰暗，鸿影不再。乡村生活曾有的安适与隐逸如“黄鹤一去”般不再复返，忙碌的我们却似乎并没有以此为意，“白云千载空悠悠”的慨叹反倒成了不合时宜的自作多情。也许，我们这些现代人顾不上看看屋檐和天空，现代化已经给了我们足够的物质享受，来不及怀旧与乡愁。

花鸟鱼虫不再，人呢，也挤进了城市与现代。人，即便身居农村，一切生活都已经走向现代。难怪，现代人即便身处所谓的田园旅游景点，那种《村居》中的，出门即满目葱绿，闻声即清泉叮咚的“南山”与“绿水人家绕”，却始终是无法企及的梦想。

如果美好的世界，出门即现，如同《村居》所勾勒的天然意境，那将是多么地令人神往。

瞧，“茅檐”前的“翁媪”，却“醉里吴音相媚好”。一对老夫妇，相互赞美对方的好，可以想象“媚”而不“俗”。学生们感受到，那才是人性的自由与逍遥，那才是相亲相爱、和和美美的安居生活的写照。宋代南国的田园生活，已经在他们的尽情吟咏中与大地共陶醉了。

大儿锄豆，中儿织鸡笼，小儿剥莲蓬——学生们发现，这些用双手不靠机器来运作的“活计”，是那样充满泥土的气息与劳动的滋味。想想现在的生活，如高速公路一样迅速、快捷，缺乏了其间过程的情趣与体味，异化的文明错乱了本末的关系。试想，大儿耕耘的稻谷，中儿为其编织的鸡笼里的鸡，以及绿绿的莲蓬，变成今天被化肥“催”过的庄稼、被饲料填肥的鸡鸭和出污水而受染的莲蓬，村居中的诸位主人公再见到此情此景，恐怕也要感叹“物是人非事事休，欲语泪先流”了。

再看《村居》中的“青青草”，小溪前的一片荷塘。这山，这水，这绿，这红——对比今天的环境真有一种无力回天的感觉。无论城市还是乡村，高楼就像雨后春笋一样生长，生活的垃圾堆积如山，工厂黄黑的污水、黑烟以及有毒气体，如所罗门王封在海底瓶子里的魔鬼，被渔夫打捞后释放出来——狰狞的面孔膨胀蔓延，吞噬着村居的恬淡与温馨。

《村居》成了辛弃疾向往的天堂，学生们不能像他那样理解深刻，但儿童固有的天性让他们同样拥有对自然的向往：在清晨鲜花的露珠里，在春日锄禾的田地里，在那“相媚好”的微微醉意里，在卧剥莲蓬的自由自在中……村居的生活多么让学生憧憬，多么让我们羡慕！

其实，本质上改变的决不仅仅是物质那样简单，我们今人的心境难道没有时过境迁？我们丧失了亲近大自然的能力，更多地表现为“改造自然，人定胜天”的不羁狂想。在我们的心灵中，与自然是“主客”分立，而非古人的天我“合一”（天地与我并生，万物与我为一）。古人的村居是尽力而为、乐天知命，表现为人对“天”的无限敬畏，我们是竭尽全力，一切唯我独尊。

面对《村居》的此境此情，“旧时王谢堂前燕”，已经“不入寻常百姓家”。工业文明唤起了人类无法满足的欲望。如村居的一切，都成为种种牺牲品。要知道，人类并非是天外来物，他们与地球的一切都是相互成全的。没有了八百多年前，辛弃疾笔下的“村居”的实景，如果我们读《村居》时，再连一点小小的满足和温馨也都没有，试想还有什么比这人性的缺失更令人可悲可悯。

尽管现在若干繁华的都市与部分落后的农村同时并存，但拥有怎样的心态决定了村居的生态。一度被抽空了的村居，如果完全被现代淹没，我们人类就会踏上一条不归路。好在，人们已经意识到，物质文明的发展已经到了威胁文明本身的程度，只是被现代奴化了。为了挽回《村居》那样的新鲜空气，发明“空气清新剂”；哪怕住在城市别墅，也要弄几个“假山”“人造喷泉”——但，尽管如此大动干戈，结果还是矫揉造作，无法恢复自然的本味。

想起老子的“见素抱朴”，更加向往“村居”。不是回到蒙昧的时代，而是使已经享用文明发展的我们，一定要回归到“村居”的从容悠闲，与对自然的那份默契与敬畏。人有所畏惧，其福不远，人无所畏惧，其祸将至。所以，我们必须放下架子，怀着虔敬的心，和儿童一起走近《村居》的精神家园，走进《村居》这一家人的生活哲学。

二、“知秋”与“障目”：我们该怎么走

上到洋洋万言的长篇小说，下到寥寥数语的古典诗词，作品的要素都可以从语言、形象、题材、情节、结构、主题和风格等要素的层面加以解读。然而，村居——如此宏大的主题，却被短短四十六个字“浓缩”成了精华，该怎样让学生尽可能地体悟更多？

寻常的语文课极易走入两个极端的偏颇：只追求解读作品文字层面意义的，显得粗疏幼稚，总有茶壶里面翻波浪的意味；追求解读文学层面意义的又常常难免陷入空洞说教，流于形式，不能深入学生内心世界。

或许，我们只要学生读读、理解诗意、能够背诵就可以了。面对教师对文本的简单解读，与对教学粗糙设计的鲜明对比，我们仿佛已经习惯了自我解嘲：“学生们不懂，用不着让他们知道更多。”这种用以往的学习体会代替今天学生的认知能力的教学思路，怎能与信息化时代的儿童发生链接、产生共鸣？指望他们自己“书读千遍，其意自见”，恐怕今天的学生已经没有功夫。学生的年龄特点确实应当考虑，《村居》的教学中，我不知有多少次为此艰难取舍，但我坚信，教师走多远，学生就能走多远，对学生人文情怀的渗透与浸润是我矢志不渝的追求，我知道，“开门不见山”的畏首畏尾，远不如师生一起与文本碰撞时，产生的刺激与快感来得诱人。

怎样做到“功德圆满”，又恰如其分？关键是抓住“村居”这根“线”，即主题，把诗的散落的珍珠串联起来。让学生通过对文本的充分解读，勘透诗中的字眼，如“溪”“媚”“卧”，体会诗中的“醉”，让这些富有魅力的“珍珠”，在孩子们心中串成美丽的项链。经由村居这个“文眼”出发，进行教学设计，文眼变成课眼，成为“学眼”，村居就一步步走到儿童眼前，并走进儿童心中。

因此，面对《村居》，首先要让儿童知道这片村居的“叶子”是长在哪棵树上。单单了解这片“叶子”也挺美，但当读了辛弃疾那么多的诗词之后，大家突然感觉到，如果仅仅停留在“村居”的表面，这片叶子是没有生命力的，我们充其量也就是看到了一片美丽的村居图景，心的感受也许随着村居的美丽而激动一阵子，但是，大脑却没有任何思想和情感的波澜，难免“一叶障目”。

于是应该读辛弃疾这棵“树”，读得越多越觉得“茂盛”。那么，要想研究好这片叶子，就要把这一片叶子放到这棵树上去。怎么办？靠的就是师生共同的努力。

除了解读诗人生平，课前积累一些辛弃疾的诗句外，同时，筛选一些，作为课堂教学进一步的总结和提升。或小结处，或解释处，或说明处，或升华处，无处不在诗词的世界里。于是，这首词，就不仅仅是一片叶子，而是许多的叶子“陪衬”着这片叶子，长成一棵树。而且，这棵树是长在当时当地背景下的土壤里。诗与景，诗与人，诗与心，一切都连接了起来，现在回过头来再看这片叶子的时候，学生就不会有为什么“橘生淮南则为橘，生于淮北则为枳”的疑惑了。

总之，必须把这片文本叶子放到作家、作品乃至母语的树中，哪怕留下一点儿回音，留下一点儿“一波三折”，一点儿淡淡的回味与思考，都会让村居富有风骨，有了学生的精神相遇。否则，充其量只是会背了一首《村居》而已。

通过这一“叶”，要“知”的太多了。需要执教者对文本进行敲骨吸髓般的解构。学生呢，历经文字层面的读通、文学层面的读懂，最终达成文化层面的读透，然后去粗取精、水落石出，方知“村居”后面的“秋”。看来，“村居”主题的确定不是空穴来风，正是因为要达成这样的通透，才使教学努力超越了文本本身的价值与意义，引领学生到达哲学的高度。

教学，尤其是古诗教学，没有唯一的模式，只有不断尝试，或许才能避免“一叶障目”。做就比不做好，完美永远是可怕的，宁要一种真实的遗憾，宁要一种创新，也不要虚假的完美——也许这就是为什么要让学生这样探究的原因。

但，无论如何，主题教学要把这叶子“嫁接”好，课堂教学一定要“深入浅出”，体现在孩子是怎么更好地透过这“一叶”而“知秋”。而且课堂各个环节，必须基于学生认知，每一个环节，又必须为语文教学的根本目的服务，又无一处不是在为达成主题——理解“村居”的精神含义服务，这就仿佛叶子长在树上，树生活在适应的土壤中一样，看似不经意的枝枝蔓蔓，常常就衍化成了催发语言积累与主题生成的神来之笔——没有一丝斧凿的痕迹，如行云流水、酣畅自如，仿佛不是在上课，而是师生漫步到一片生命的林子中，进行一场心灵的旅程。

我们的教学屏蔽了上面的这些，指望他一读即“一叶”“知秋”，是不可能的。看来，一叶知秋，应该具有一定的积淀与触发才能实现。只有对教材这一片一片叶子细心精心的呵护与润养，课堂教学的积淀才能转化成课堂教学的实际生产力，收获的才是秋天的硕果累累。

三、“安居”与“居危”：我们要到哪里去

高年级的语文教学，需要碰撞，需要聚焦。这就要有对教学思想深度的追求，一节课后，学生是带着结论下课，没有回味与思考后的喜悦，就没有了再生的力量。要知道，线性思维的结构对人的发展是有害的，这必将走向教学的单一、人生意义的单薄。其实，真正的生活乃至人生况味，是永远也不可能如此轻而易举地给出结论或者完全确定的。引领学生在语文教学的课堂中奠定人生的底色，如果是急进功利、粗糙空泛，我们如何能期待这样的儿童，将来能有慧心去探寻与挖掘生命终极的价值与意义？

《村居》本身所带给我和学生的审美体验——安居乐业，大多数人读后，虽不能准确说出这词，但或多或少都会体会出这个意。纵观中国古代文化，宗法制度的影响使历代中国人都非常注重“家”的观念。于是，统治者施行仁政，人民安居乐业成为两千年来占统治地位的儒家思想的最终追求。

学生的学习从走近到走进“村居”，达到在对乡村安居乐业生活的赞美上，如果教学到此，戛然而止，亦不可以说不精彩。但正是这种儒家文化中“以和为贵”的思想，在延伸性的历史发展被外族的入侵打破了它的宁静之后，却焕发出了居安思危、同仇敌忾、“不破楼兰终不还”的忧患意识与勇气。我们不能忘记，辛弃疾这个死前还喊“杀贼”的爱国词人，一生想的就是抗敌、爱国。由于遭人陷害，辛弃疾被贬回上饶乡居，看似安居的他，心中是思战争之“危”的。他所看到的村居，对他会有怎样的刺激与折磨？

“一切景语皆情语”，辛弃疾写这首词的心境不能孤立开来。怎么“教”？必须基于儿童的视角设计：首先配乐读《破阵子·为陈同甫赋壮词以寄之》。目的有二：一是想让学生积累这首词为后面的主题补充做铺垫，二是利用音乐的情景以及词的语境理解“破阵子”这个词牌的旋律与意境。接着用截然相反的音乐旋律体会“清平乐”这个词牌。“矛盾冲突”中激发了学生好奇的欲望，这就为《村居》的意向定准了基调，为进一步体会“安居乐业”、引发诗人的境界与生存的境界起到了对比和推波助澜的作用——从了解村居的一家人，到理解辛弃疾这个人，更重要的是获得了对“村居”更深层次的厚重的理解。

身居上饶的辛弃疾，原本“居安思危”，可看到村居这一切，敏感的他，或者说，猛烈地撞击了他深层次的精神向往，他多么希望所有的人都能够回到童年，像小儿那样无忧无虑，向壮年的大儿那样舒心地锄地……一句话，像他们那样自由、舒展、安心、安逸！学生的学习成了点石成金，理解了“村居”就是“安居”，安居就能乐业之后，带着“安居乐业”一词中的“居”字，于此情此景中产生了“居危思安”的哲思——主题的解构由此进入更高的层次。同是“醉里”，感情不同，意义不同，共同的境界是一样的。

于是，两个文本的结构指向了同构，这是饱满的富有辩证意味的主题“归一”。最后，留在学生心中的决不仅仅是关于《村居》这一首宋词文本意义的思考，沉淀在内心的更多的是对自己人生之路应当如何选择的幽思。

在教学《村居》的过程中，我始终是一个徘徊者，怅惘于古老与现代的脱节，穿梭于障目与知秋的犹疑，挣扎于安居与思危的取舍，留下这不成体系的断想，不是作为结论，更像行知路上的驿站。漫漫长路，上下求索，只愿与学生一起向深山更深处远行。

点评：居课堂之小，观人生之大

清华大学附属小学　胡兰

“主题讲读、主题阅读、主题作文”是清华附小语文课程文化。《村居》一课，是学校年度主题教研“古诗、古文、古代故事”的其中一例。

一、教学的梯度

1.“文字”层面

短短四十六字的宋词《清平乐•村居》中，具象的景物不过是茅檐、青草、豆田、河塘、小溪等几处，人物也不过是名不见经传的一家五口。但能将这疏疏淡淡的景、平平凡凡的人，与执教者产生和谐的共鸣，焕发出带有生命色彩的独特审美体验，靠的就是对文本解读的功力。

通过对主题“村居”中“居”演变联想，从走近“村居”的“景”——那普通简陋的茅草屋，豆田里有大儿“种豆南山下，草盛豆苗稀”，自然有“锄禾日当午，汗滴禾下土”的勤劳，更有“稻花香里说丰年，听取蛙声一片”的期待。看那溪上青青的草，河塘中“接天莲叶无穷碧，映日荷花别样红”。小溪是“溪边照影行，天在清溪底”，村中更有“浣汲未防溪路远，家家门前有清泉”的婀娜。

一切景语皆情语，通过对词中景物的层层剥笋，使得这原本平淡无奇的有限风景成为了更宏大空间与象征群体的无限的引发者。以“村居”这个“文眼”，引发词内外的一个个点，构成一个面，甚至引发多维的体悟空间，于是文本中特定语词，除了本身的符号意义以外，就成了更广阔的村居图景。

2.“文学”层面

对文本的解读，如果只停留在文字的表面，最终总不免陷入寻章摘句的狭隘境地。文学作品的审美体验最终要表现在其文学气息上。而这种审美体验的诉求，需要执教者对教材进行取舍，有目的地对重点内容加以品读。于是这一环节走进“村居”，重在解“人”，围绕着“醉”，重点从“最”“媚”“卧”几个字眼的涵咏展开。

例如抓“相媚好”。采用口语交际的形式，由想象翁媪会怎样夸赞对方的好，到夸赞儿子们的好，到或许翁媪彼此并没有说什么一切在心的“相媚好”……让我们体会到因了这个“媚”，让我们“醉”了。

特别是小儿剥莲蓬独特的姿势——卧。卧字的解读，先“比”：比较“卧”与“趴、躺”填入句中时的区别，体会“卧”字的不可替代性。再“玩”：想象小儿剥莲蓬时的姿势，两条小腿动起来，前后摆一摆、左右摇一摇、交叉着晃一晃，总之就突出他的动。进而“思”：“卧”字的动态效果之外，应当还有静态的安详，动中有静。后而“品”：因卧牵出了翁媪以及全家人，我们，诗人的“最喜”，反复玩味出“卧字乃一字千金”（俞平伯语）的感性体验。的确如教学中所说，“人在画中游，已是画中景，更是画中人”。

3. “文化”层面

对文本的解构，经由文字的层面，到达文学之后，景与人相融于“村居”。但这一主题的“灵魂”是什么？如果不提炼依然是一盘散沙。于是这个环节又分了两层：第一，“村居”成了“安居”，安居乐业。这是文本所带给我们的审美体验，大多数人读《村居》虽不能准确说出这个“意向”，但或多或少都会体会个大概。如果主题解读到此，也可以说精彩。但读诗须关乎作者，这个爱国词人辛弃疾。一生颠沛流离、经历战争的他，心境在《破阵子》中可见一斑，教者让学生结合《破阵子》及诗人生平开掘出看似“居安”实则“思危”，可看到“村居”一幕，“仁者爱人”，“虚静恬淡”，他希望天下没有战争、痛苦，国泰民安，都能像“村居”的生活那样平和、平安地生活——“居危”也“思安”，这“安”就是“安居乐业”。可见，有了这一补衬，“村居”的主题变得厚实、饱满。

“居”到村居到“安居乐业”到“居危思安”，涵盖了《清平乐·村居》全篇的应有之义，又夹带了诗作的历史背景、作者的词作比较分析，小中见大、平中有奇。“村居”一课就在这几个回合中螺旋上升，长成一棵枝叶繁茂的文化之树。

二、课堂的生成

1. 环节，亮点穿成的珠串

古人写作讲求凤头、猪肚、豹尾，意即开头漂亮俊秀，内容饱满浩荡，结尾响亮有力。但笔者更愿意将一节好课比作龙的图腾，因为凤、猪、豹的组合终究不够和谐。唯有将一处处亮点穿成珠串，以主题贯穿其间，才能收放自如、自然流淌。结合《村居》，这里随意撷取几处。

环节一：《破阵子》一出，伴以《中国功夫》的配乐，铿锵有力，气吞万里如虎。转而《高山流水》伴奏下的《清平乐·村居》再现，对比两个词牌一刚一柔、一开一合、一雄壮一婉转，不用多说，两个词牌名内蕴的差异跃然纸上。同时，《破阵子》又为后文升华文化主题做了铺垫。

环节二：初读《村居》，正音读，领读，击掌踏足，“手舞足蹈”打着节奏读，直至带着韵味地吟诵。师生一起手舞足蹈，于是诗词便在这诵读中语音袅袅、韵味绵长。

环节三：用“看画”的方式解读诗意。那“茅檐、青草、豆田、鸡笼、河塘”之后，万千景物汇流成“溪”：“你听见流水的声音了吗？溪字用得重复吗？诗人在溪的哪里？”一番关于溪的追问，使一处简单得不能再简单的景物，也被赋予了流水般的灵动，成了贯穿文字的景物线索。

环节四：体会了一家人村居生活的沉醉之后，教师对这一家人“谁家翁媪”的询问，既进行了口语交际，又让学生懂得在“茅屋人看小，我居殊觉宽”“心安茅屋稳，性淡菜根香”的回味中升华。

这样精彩的环节，在《村居》教学中信手拈来、不胜枚举。

2. 结构，经典的未知结构

按照现代西方结构主义理论的观点，一切经典的文学作品，之所以流传千古，根由不是它的情节有多么离奇，语言有多么优美，它所创造与生发出的结构也许是最根本的决定因素。什么样的结构才是最佳的、经典的结构？——两难或称未知的结构才是经典的结构。

比如一部文艺作品，直接地就给出了事件、主题甚至人生意义的结论，其间再没有值得回味的余地，这样的作品是不可能带给读者回味无穷的审美体验。由此引申到高年级的语文教学，如果在对教学思想深度的追求中，一节课后，学生是带着一种教师给定的结论而下课的，这节课的教学所体现出的一定是一种一元思维的视角，一定是将生活简单化、将教学肤浅化的结果。

窦老师的课堂上，常常会留给学生一个或几个值得深思的问题，这样的问题，教师永远也不会给出一份固定的答案。《村居》一课中关于安居乐业和居危思安的辩证思索，都会因学生年龄、阅历的变迁引发一个个新的思考。正如《草叶集》作者惠特曼所说：“把昨天、今天、明天放在一起，遇到的难题，才叫永恒。”将学生引入多维的思考，也就将主题教学引入多元的文化追求。

3. 拓展，材料的无价馈赠

粗略统计，窦老师《村居》一课的教学中，仅穿插其间的各种古诗词名篇、名句，就达20处，其他如成语、典故、俗语、书评，点缀其间，各种名样的或显性或隐性的拓展材料，随处可见。如辅带《破阵子》、清朝高鼎的《村居》等篇目。但拓展材料的使用不是为了拓展而拓展，而是更好地凸显了主讲教材，有的帮助提出重点，有的帮助突破难点，有的做评价语，有的做补充或升华。诗的课堂，随处是诗，教师的语言、学生的语言都是诗。这让我想起许多课堂上教师们馈赠的小红花、小贴画、小奖品，这些“非语文”的馈赠不能说没有价值，但语文教学中教师真正的馈赠，不应是这些，对学生语文积累熏陶的赠与，才是真正的馈赠，或者说无价的馈赠。

看到课堂上生趣盎然的情景，这是主题教学根植于儿童、根植于母语、根植于生活的课堂。一节课，两节课，这样一节节具有母语营养、生命层次、哲学高度的小主题课堂，渐渐汇成学生人生意义的大主题。学生“居”于这小的课堂，能将宇宙之大、人生要旨尽情吸纳——这是清华附小主题教学的永远追求。

【思考与练习】

1. 看了以上案例，你在观念和知识上受到哪些启发，有什么收获？
2. 上述案例中的做法哪些是你能借鉴的，哪些是不能借鉴的，为什么？
3. 借鉴以上案例思路，写一篇古诗教学设计，力争有创新。

下　作品篇

第八章

作品解读

本章是对作品的解读。相对于其他体裁的教学而言，古诗教学中作品理解所占的分量更重，直接决定着教学的深浅和成败。本章的目的是通过作品解读使教师更深入地理解作品，并掌握一些思路和方法。

本章收录了新课标所推荐的七十五首古诗，及人教版、北师大版、苏教版、北京版等小学语文教材中常见的古诗，共一百零一首。与教材配套的教师用书中已有的内容一般不再涉及，如作家生平介绍、字词注释、相关知识等。理论篇曾提到对古诗的鉴赏应是先悟后思、以意境复现为核心，本章的解读遵循这一思路，具体包括以下方面：

（1）背景。介绍与作品写作直接相关的背景知识，不泛泛介绍作家的生平或思想。如果没有直接材料则空缺。

（2）意境。以作者口吻复现意境，主要包括想象创作情景、补扩空白、领悟言外之意，目的是还原作者感受的意境，尽可能走进作者的心灵世界。有些作品没有较典型的意境，以“大意”代之。

（3）分析。与意境复现的感悟相对，理性分析字句用法，补充说明意境复现当中没有涉及的问题，包括对作品主旨的不同理解。

（4）艺术。简要概括作品整体的艺术特点。

（5）评析。列出古人、近人及极个别今人较好的点评供参考，以便更好地理解作品。若无合适资料则空缺。唐诗主要依据陈伯海主编《唐诗汇评》，唐宋词主要依据王兆鹏主编《唐宋词汇评（唐五代卷）》、吴熊和主编《唐宋词汇评（两宋卷）》。

（6）链接。列出与作品相关的内容，以扩大知识面。包括：与本诗为同一题目的组诗中的其他作品；与本诗主旨相关的同作者的其他作品；与本诗主题或艺术手法类似的其他作品（或引部分或引全篇，不一一指明）；作品涉及的风俗、地理，及对后世的影响；相关历史故事；等等。每首作品视其特点及资料情况列举。

（7）教学。对该首作品的教学方法和思路提出简要建议。所提方法力争有针对性，具体可行，不求面面俱到，避免空泛。

作品以作者时代先后顺序排列。生年不详的作者按其生平情况推定，同一作者作品大体按写作先后顺序排列。

本章的首要目的是提高教师的作品理解能力，至于教学中如何实施，要根据作品的具体特点、学生的接受能力及教师自己的理解来取舍确定。

1.《诗经·采薇》（节选）

昔我往矣，杨柳依依。
今我来思，雨雪霏霏。

〔**背景**〕本诗选自《诗经·小雅》，是戍边军人所作。本诗以与猃狁（xiǎn yǔn，北方少数民族，春秋时称狄，战国、秦、汉时称匈奴）的战争为背景，反映戍边军人的生活及其感受。

〔**意境**〕寒冷的冬天，鹅毛般的大雪在刺骨的寒风中漫天飞舞，我独自一人走在回家的路上。在这崎岖不平的漫漫长路上，饥渴寒冷如同猛兽一般袭来。遥望着渐行渐近的家乡，不禁百感交集，老泪纵横。出征时的场景历历在目：那时春光明媚，青青的杨柳在温暖的春风中飘荡，似乎洋溢着我与亲人依依不舍之情，也充满了杀敌报国的豪情，以及战争即将胜利、马上就会结束的希望。而如今已是寒冬，一路上风雪交加，杨柳的绿叶早已枯落，我的心也是一片凄凉：终于可以回到魂牵梦萦的家乡了，然而征途中的艰辛、战争的出生入死又有谁能够了解？战争夺去了的青春年华，如同这枯萎的杨柳，又有谁能偿还？常年从军，与家人音讯隔别，家里的一切都还好吗？

〔**分析**〕“依依”形象生动地描绘了春日里杨柳的姿态，也象征了离别时的恋恋不舍。“依依”“霏霏”两个叠音词使情景更为形象，情感更为浓厚。

〔**艺术**〕这几句诗采用了反衬手法，用杨柳和雨雪来衬托人物的心理活动，用乐景写哀情，用哀景写乐事，景中含情，情景交融。前两句与后两句对仗工整，突出了对比意味。“昔往”“今来”的句式，屡为后世诗人追摹。

〔**链接**〕《采薇》共六章，本诗是第六章的前四句，后四句是：“行道迟迟，载渴载饥。我心伤悲，莫知我哀。”后代诗人常引用“杨柳依依”“雨雪霏霏”，如唐吕岩《赠剑客》：“雨雪霏霏天已暮，金钟满劝抚焦桐。”宋辛弃疾《一剪梅》：“独立苍茫醉不归，日暮天寒，归去来兮。探梅踏雪几何时。今我来思，杨柳依依。”宋赵师侠《行香子》：“春日迟迟，春景熙熙。渐郊原、芳草萋萋。夭桃灼灼，杨柳依依。”宋王同祖《岁晚杂兴》：“雨雪霏霏岁又除，鲤庭目断数行书。”

〔**教学**〕适当了解写作背景，引导学生理解对比写作手法的运用。想象老兵回乡后的见闻和感受。

2. 汉乐府《长歌行》

青青园中葵，朝露待日晞。
阳春布德泽，万物生光辉。
常恐秋节至，焜黄华蕊衰。
百川东到海，何时复西归？
少壮不努力，老大徒伤悲！

〔**大意**〕春日的清晨，大地氤氲中染上一层绿色，每个角落都萌发着生命的力量。园中的葵菜亭亭玉立，青青的叶片上映带着黎明时鲜洁的露珠。温暖的朝阳升起后，葵叶向日，晶莹的露珠即被晒干，短暂的生命就结束了。在阳光雨露的滋润下，小草带着泥土的芳香钻出地面，嫩嫩的，绿绿的，一簇簇，一丛丛，满眼都是。园中一切草木无不生机勃勃、欣欣向荣，闪耀着生命的光辉，这真是一个万物竞生、各展风采的美好时节！然而秋天总会到来，原本朝气蓬勃的景象就会变得一派萧索，曾经娇艳妩媚的花朵、青翠欲滴的绿叶，都会萎谢枯黄。虽然如此，但是当下一个春天到来时，万物又会蓬勃生长。然而人却不能这样，逝去的光阴永远都不可能倒流，正如滔滔滚滚地奔腾着流入大海的千万条河流都是有去无回，永不西归！俗话说“一年之时在于春，一日之计在于晨”，自然界的万物有一个春种秋收的过程，人生也有一个少年努力、老年有所成就的过程。要想有所作为，从少年的时候就必须珍惜每一寸光阴，奋发努力，因为处在这个时期的人，思想最活跃，热情最澎湃，体力最充沛，想象力最丰富，充满了无限的勇气和进取精神。古往今来名垂千古的风流人物，他们从学业上的追求到建功立业的成就，无不是在这一时期打下基础的。假如不珍惜现在的黄金时间，蹉跎终日，那么到了老的时候就不大可能再有什么成就了，到那个时候再伤悲后悔也是徒劳无用了。青春如同美好的季节一样不可永恃，也如同逝去的流水永不复返，人的一生中能有几个这样的二三十年，又能有几段这样美好的青春？

〔**分析**〕“青青”形容植物少壮时茂盛的样子，写出了植物鲜明的色彩和旺盛的活力。葵的叶和花有倾向太阳的特性，照应“待日晞”。“待”字指出清晨太阳未出时园中清新蓬勃的朝气。“日”是永恒的自然，朝露般的生命与之相形十分短暂。“布德泽”即广施恩惠，这里指阳光雨露。“光辉”不仅指阳光照耀在万物上所反射出的光芒，也同时反映出万物本身所具有的生命力。“焜黄”旧说指容色衰老的样子，不确，应通“焜煌”，意为缤纷灿烂，与“衰”形成对比。“何时复西归”以疑问句表肯定，而且一语双关。“徒”字意味深长，一方面是说到了老的时候一事无成，一方面也表达了老年时才醒悟将于事无补，意在强调必须及时努力。

〔**艺术**〕本诗以葵起兴，借自然景物引入说理，自然形象，也暗含着层层递进的关系。用百川到海不西归作为比喻，把道理委婉曲折地告诉给读者，体现了由浅到深的写作手法，也避免了空洞的说教，使后面的警句显得深沉含蓄。从正笔、反笔的不同角度说明少壮与老大的关系，催人不断努力，不断上进。另外，作者对“华蕊衰”“不西归”这样生命不可阻止的逝去充满了焦愁，而消解的方式则是积极努力，充实生命的内涵。这不仅是一种人生态度，也是一种生命哲理。古代诗人常对时间的流逝表现出特殊的敏感，这首诗也是一例。

〔**链接**〕《长歌行》见于《乐府诗集》，属《相和歌辞·平调曲》。为什么叫《长歌行》，一说这种体裁是“言人寿命长短各有定分”（见崔豹《古今注》），一说“行声有长短，非言寿命也”（李善《文选注》）。一般认为，李善从音节着眼，解释得比较合理。古代葵主要有两种：一指蔬菜，有紫茎、白茎两种，大叶小花，花紫黄色，可腌制，称葵菹；二指菊科草本植物，有绵葵、蜀葵、秋葵、向日葵等。关于珍惜时间的文句有很多，如晋葛洪《抱朴子外篇·勖学》：“不饱食以终日，不弃功于寸阴。”晋陶渊明《杂诗》（其一）：“盛年不重来，一日难再晨。及时当勉励，岁月不待人。”唐王贞白《白鹿洞》：“读书不觉已春深，一寸光阴一寸金。”明罗懋澄《西洋记》小说第十一回：“一寸光阴一寸金，寸金难买寸光阴。寸金使尽金还在，过去光阴哪里寻？”明文嘉《明日歌》：“明日复明日，明日何其多。我生待明日，万事成蹉跎。世人若被明日累，春去秋来老将至。朝看水东流，暮看日西坠。百年明日能几何，请君听我明日歌。”

〔**教学**〕让学生收集有关珍惜时间的名言警句，从中得到启示，并谈谈自己的感受体会。引导学生学会珍惜时间：人生是短暂的，怎样才能够超越有限的生命，使短暂的人生具有永恒的价值，使自己的生命更有意义？

3. 汉乐府《十五从军征》

十五从军征，八十始得归。道逢乡里人，家中有阿谁？遥看是君家，松柏冢累累。兔从狗窦入，雉从梁上飞。中庭生旅谷，井上生旅葵。舂谷持作饭，采葵持作羹。羹饭一时熟，不知贻阿谁？出门东向看，泪落沾我衣。

〔**背景**〕汉代（尤其是西汉及东汉末年）战乱频繁，服兵役者往往不能按规定退役，给士兵及家人造成了一幕幕人生悲剧。

〔**意境**〕终于踏上了回家的路。遥想当年战火纷飞，年仅十五岁的我被征入伍。我本想战争应该很快会结束，到时可以回家娶妻立业，侍奉双亲。三年过去了，五年过去了，从一个地方征战到另一个地方，传来的却是一再要求继续服役的命令。从少年熬到了青年、壮年，再到老年，经历了多少次死里逃生已经记不得了，一次次回家的希望都变成了失望甚至绝望，却更加盼望能回去看看久无音信的亲人，回到自己破旧而温暖的家。很多同伴早已陈尸疆场，我侥幸地活到了八十岁，已骨朽力衰，成了行军打仗的累赘，这才被允许退役回家。六十五年过去了，父母亲定是带着对远方儿子无尽的思念早已去世，兄弟姐妹不知是否还健在？走近家乡，又喜又惧。路上碰见乡中之人，急切地问家中亲人是否安好，他看看须发皆白的我，遗憾地摇摇头，指着前方：“远远望见的那儿就是你家，家人早已死光，变成了一个个坟头，当时坟边栽种的松柏都已长大，快去祭奠吧。”我能在漫长的血雨腥风的岁月中坚持到还乡的今天，不就是期望能与家人团聚吗？谁想却早已阴阳两隔！我悲怆地急步赶过去，旧时的家早已荒芜一片，野兔见有生人来，急忙从墙上的狗洞钻入破屋；野鸡自在地栖息在朽坏的梁上，见我闯入，惊恐地飞来飞去。这就是我熟悉而陌生的家，已成了野兔野鸡的安乐窝，我倒成了不速之客。庭院中间本是菜地，现在长满了野生的谷子；井边旧时常有人走，杂草不生，而今却长着茂盛的野葵。回来时带的干粮早已吃光，六十五年也没攒下什么钱财，手边更无肉食，只好把野谷的皮捣去做成饭，再采点野葵烧成汤。饭汤不长时间都好了，可是不知和谁一起享用。多少次在梦中欢快地回到家中，与爹娘及兄弟姐妹吃着团圆饭，他们怜爱地说：终于回来了。如今真的回来了，却连个一起吃饭的人都没有了。如果在服役期满时按规定退役，我怎么会见不到家人？如果政府能及时通报消息，对士兵多一点关心，又怎会留下这永久的遗恨？而今唯一的精神寄托倒塌了，老病缠身的我如何度过余生？家已不在，还是出门去漂泊吧。眼泪早已在战场上流尽，生死已司空见惯，现在望着东方，却不禁老泪横流——那个耗散了我一生精力和希望的战场，带给了我什么？成败荣辱是将领们的，普通士兵只有受命赴死，到头来落得个老病无家！东方是太阳升起的地方，常带来温暖和希望，现在却只有残酷！无家可归的我，生命之路到底在何方？

〔**艺术**〕汉乐府的很多作品有较明显的叙事特征，本诗可分为得回故里、道问乡邻、忍悲做饭、飘零哀痛几部分。叙事上虽结构完整，但极简练，只选取典型场景聚焦描摹，使其片段中包蕴丰富的内涵。除最后一句外，没有直接的感情流露，但蕴含的情感极为充沛。通篇只写老兵对家人的怀恋，而家人曾经对老兵的思念不言自明。以小见大，以一个老兵的遭遇折射出当时服兵役的普遍情形。

〔**链接**〕汉代兵役制规定：男子二十三岁至五十六岁必须服兵役两年，常备训练与戍卫各一年。如遇军事需要，政府可临时调发，但五十六岁以后就免除兵役。魏晋时服役年龄扩大至十二岁至六十六岁。南北朝时兵役年限常不遵规定，《宋书》卷一百载沈亮对宋文帝说："伏见西府兵士，或年几八十，而犹伏隶；或年始七岁，而已从役。"（伏：敬词，古时臣对君奏言多用之。西府：当时军事划分区域之一。伏隶：当差，服役。）所说情况与本诗相似，可见随意延长兵役年限为乱世常事。

〔**教学**〕本诗字面仅有典型场景的直观呈现，背后的空白之处很多，需引导学生展开想象，补充空白，体味情感。

4. 汉乐府《江南》

江南可采莲，莲叶何田田。鱼戏莲叶间。
鱼戏莲叶东，鱼戏莲叶西。
鱼戏莲叶南，鱼戏莲叶北。

〔**意境**〕多水的江南，莲多荷广。你看，荷叶层层叠叠，一片圆润碧绿。莲花风姿绰约，朵朵丰茂盛美，整个池塘犹如一块点缀着粉色珍珠的翡翠，想必那圆润碧绿下也定是藕满池底、鱼儿成群吧？一阵微风吹来，荷花在微风中摇曳多姿，更为池塘增添了一丝妩媚。真是一幅色彩浓重的水墨画，美丽的江南可真是个采莲的好去处啊！一个年轻的姑娘正划着小船穿行在这一片圆润盛美间。此时的她犹如出笼的鸟儿，少了平日的拘谨，欣喜活泼，笑靥如花。你听，她一边采莲一边低吟浅唱；你看，她一会儿瞧瞧这儿，一会儿看看那儿，眼中满是好奇。小船儿走走停停，她不时地采上一只只莲藕，满心的欢快早就展露在那张天真无邪的笑脸上了。啊，你瞧！碧绿的荷叶下水面波动，是一群鱼儿正畅游嬉戏呢！采莲姑娘划动着船桨，拨拨这儿，拍拍那儿，追逐着鱼儿的身影。鱼儿们以为采莲姑娘在跟它们捉迷藏呢，一会儿游到东面，一会儿又游到西面，一会儿从南面探出头，吹出几个泡泡，一会儿又钻到北面，用荷叶裹起自己的身子，水面上也因此开出了一朵朵水莲花，那道道水纹下还能看到它们欢快游动的身影呢。采莲姑娘看了鱼儿调皮可爱的样子，笑得更加开心了。这采莲真是太美妙了！

〔**分析**〕前两句为读者呈现出一幅静态的荷田图。第三句一个“戏”字使已有的画面充满了动感和趣味性，仿佛让我们看到了荷塘中静止的水面上因鱼儿嬉戏而荡起的波纹，也表现了采莲女子天真可爱、亲近自然的美态。后面四句每句只改变一个字，采用重复的句式反复回环吟唱，一方面表现了鱼在莲叶间穿梭往来的轻灵样子，传达出采莲人欢快的心情以及神情投入、不忍离去之意；另一方面也表现了乐府诗歌唱和的特点，更增加了音乐感和表现力。

〔**艺术**〕整首诗简洁明快，用词简单凝练，描绘了一幅充满江南风情的采莲图。采用“比兴”手法，由莲叶兴起，把采莲人的快乐转化为“鱼乐”。此诗写得单纯、简单，却为读者营造了一种人与自然和谐相处的轻松氛围，处处透露出自然美与人性美，充满了新鲜与独特的意味。

〔**链接**〕古诗中写采莲的很多，如南朝梁武帝《采莲曲》：“游戏五湖采莲归，发花田叶芳袭衣，为君侬歌世所希。世所希，有如玉。江南弄，采莲曲。”南朝梁昭明太子《采莲曲》：“桂楫兰桡浮碧水，江花玉面两相似，莲疏藕折香风起。香风起，白日低。采莲曲，使君迷。”唐王昌龄《采莲曲》：“荷叶罗裙一色裁，芙蓉向脸两边开。”

〔**教学**〕教师可制作动画，帮助学生更好地感受诗的画面美和趣味性；也可以让学生在理解诗意的基础上充分发挥想象，并把想象的画面画出来，重在画出采莲人和鱼儿的欢快；也可结合乐府诗可唱和的特点，引导学生一边想象一边唱，培养学生的想象力并增加学习兴趣。

5. 北朝民歌《敕勒歌》

敕勒川，阴山下。
天似穹庐，笼盖四野。
天苍苍，野茫茫，
风吹草低见牛羊。

〔**意境**〕阴山脚下便是广袤无垠的敕勒川，草原无边无际地向着远处延伸；那同样辽阔的天宇，如同毡帐一般，圆圆地从四面低垂下来，笼盖住了这浩瀚的草原。举头但见天色郁郁，草原宽广无际仿若大海。一股强劲的北风吹过草原，所过之处牧草纷纷弯伏，形成波浪似的下陷。但见草浪弯伏之际，草丛间露出了遍地肥壮的牛羊。好一派兴旺景象，好一个牧草丰茂的敕勒川！豪迈强健的敕勒人就世世代代在这里生活驰骋。

〔**分析**〕“敕勒川，阴山下”直接点明地点，并以气势磅礴、雄伟无比的大山做背景（至于具体在阴山的何处，则不必点明）。“穹庐”是游牧民族所居的毡帐，将天空比作穹庐，形象地写出了天空向远方无限延伸直至同草原相接的景象。“笼盖”写出了天空四周低垂与草际相接的情形。“苍苍”是带灰的天青色，“茫茫”则是草原繁茂之状，苍茫相对，相互呼应，天空与草原的界限已是难以区分。这几句重在表现敕勒人以自然为家、人与自然融合无间。“见”是“现”的通假字，牛羊只在风吹草低时才间或一现，草原的辽阔繁茂可见一斑（“见”也可以理解为看见，但就失去了自然而然出现的意思）。牛羊隐于草丛，人也隐于草丛，在大自然的怀抱中，既照应了前文草原的广阔，又表达了对草原的依赖和热爱。

〔**艺术**〕构图壮美，画面感十足。首句即勾勒出了整体轮廓，让全诗从一开始就呈现出强大的气势和力量。接下来，一幅苍茫辽阔的图卷就在这背景下徐徐展开了。如此壮美的风光，使观者感到心胸开张，情绪酣畅。前三句重在表现草原的广袤，为远景静景；末句聚焦于眼前，为近景，重在表现草原的厚度，使敕勒川体现出立体的浑厚，并以牛羊的动态给草原注入生命的活力，点醒前述景象，并因灵动而余味不尽。全诗画面开阔充满动感，弥漫着生命的活力，更体现了以游牧为生的敕勒人豪迈大气、爽朗乐观的性格特点。

〔**评析**〕元元好问《论诗三十首》：“慷慨歌谣绝不传，穹庐一曲本天然。中州万古英雄气，也到阴山敕勒川。”

〔**链接**〕《乐府广题》；“北齐神武攻周玉壁……士众悉引诸贵使，斛律金唱《敕勒》，神武自和之。其歌本鲜卑语，易为齐言，故其句长短不齐。”（神武：东魏丞相高欢，其子高洋建立北齐后追谥神武。）敕勒川：在内蒙古中西部的阴山南、呼和浩特市以北。

〔**教学**〕可鼓励学生据此作画，并想象：你若处在这样的画面中，会有何感受？

6. 骆宾王《咏鹅》

鹅，鹅，鹅，曲项向天歌。
白毛浮绿水，红掌拨清波。

〔**意境**〕鹅——鹅——鹅，循声找去，一群鹅张着宽大的嘴巴欢快地叫着。又长又弯的脖子叫一声向上伸直一下，似乎要把嘹亮的歌声送到天上。庞大的身躯浑身雪白，像一团白毛浮在青绿色的水面上，不沉也不起，很是自在。硕大的肉红色蹼掌一下一下拨着清亮的池水，打起一个个小水花，似乎在表现自己的优美泳姿。

〔**分析**〕相传此诗为骆宾王七岁时作，处处洋溢着儿童情趣。起句三个鹅字，既点明了吟咏对象，又摹拟了鹅的叫声，还透出鹅叫的连续及数量较多。鹅体形较大，脖长嘴宽，叫声响亮。诗歌开始就写叫声，可谓先声夺人，抓住了典型特征。叫声而曰歌，显示了其欢快及叫声响亮。鹅的脖子虽然长，但在大人眼中不易产生向天歌的感觉，儿童身材小，对声音敏感，容易产生脖子向天、歌声入云的感觉。“浮”字写出了小作者的惊讶和喜悦：鹅居然可以漂在水面上，漂的似乎不是鹅身而是一团很轻的白毛。鹅爪较大且有蹼，故看起来像拨水而不是划水，另外拨也描摹出从前往后的动作，且有自在、不费力之意。不曰爪而曰掌，有亲近意。

〔**艺术**〕作品抓住鹅最典型的几个特征来写：叫声、脖子、浮水、拨水，且按特征的明显程度依次写来，符合观察、感受的顺序，使人印象深刻。前两句写叫，后两句写游。第三句与第四句一静一动，错落有致。颜色对比鲜明，白因绿的大背景而更显白，红因清亮的水花（颜色近白）而更显眼。鹅的叫声、形体、颜色、动作都显示出其自由自在的生活状态，作者的喜爱、羡慕也渗透其中。

〔**链接**〕明胡应麟《补唐书骆侍御传》：“宾王生七岁，能诗。尝嬉戏池上，客指鹅群令赋焉，应声曰：白毛浮绿水，红掌拨清波。客叹诧，呼神童。”杜甫《舟前小鹅儿》：“鹅儿黄似酒，对酒爱新鹅。引颈嗔船逼，无行乱眼多。翅开遭宿雨，力小困沧波。客散层城暮，狐狸奈若何。”李商隐《题鹅》：“眠沙卧水自成群，曲岸残阳极浦云。那解将心怜孔翠，羁雌长共故雄分。”

〔**教学**〕本诗一般编排在一年级。可出示或播放鹅的图片、动画或视频，让学生了解和理解。对于“曲项向天歌”“红掌拨清波”可用特写方式帮助学生了解和理解。可同时出示鸡、鸭的相关材料，使学生通过对比加深认识。可适当引导学生体会作者的心情，但较复杂的含义及用法不必知晓。

7. 李峤《风》

解落三秋叶，能开二月花。

过江千尺浪，入竹万竿斜。

〔**大意**〕什么是风呢？它看不见，摸不着，但你又时时处处都能感受到它。春天来临，暖风吹醒冬眠的柳绦，送来翩飞的燕子，吹绿了千沟万壑，吹开了遍地鲜花，也在人们心中播下了盎然的春意。秋日天凉，袅袅兮秋风，洞庭波兮木叶下。风过之处，犹如秋姑娘纤细的手指和长发，拂过树林山岗，洒下一地金黄。当小草含笑向人们点头，花儿变着法儿撒欢儿摇曳，那肯定是它欢欣的时候；可当它发怒的时候，过江卷起漫天狂澜，入竹挥倒成片竹海。波涛怒吼、竹林呜咽之声传来，那一定是它在诉说悲怨与委屈，犹如孩子在哭泣，任谁听之也不得不为之动容。

〔**分析**〕“三”“二”“千”“万”四个量词巧妙地起到了连接的作用。三秋、二月算是实指，千尺、万竿就带些夸张，把江面壮观的浪涛还有竹林幽寂的景致都写活了。

〔**艺术**〕四句诗的意象是分散的，并无统一的意境。前两句将风写成大自然的天使，几乎能解决所有的事情；后两句又将风写成愤怒的魔鬼，过江掀浪，入林砍竹。这是一首精巧的咏物诗，诗中并没有出现风字，但每一句里我们都能见到风的身影，通过有形的事物，使抽象的事物变得具体可感。如果把诗题盖住，这首诗其实就是一则谜语，这恰是该诗的又一妙处。

〔**链接**〕唐虞世南《咏风》也以类似猜谜的方式将风可爱的一面写了出来：“逐舞飘轻袖，传歌共绕梁。动枝生乱影，吹花送远香。”

〔**教学**〕可以以猜谜的方式导入（其他事物的诗谜），再引入诗题“风”，然后让学生想一想，试着自己编有关风的诗谜，与本诗做比较，体会它的妙处。

8. 贺知章《咏柳》

碧玉妆成一树高，万条垂下绿丝绦。
不知细叶谁裁出，二月春风似剪刀。

〔**意境**〕一个年轻美丽的姑娘把自己装扮成了一棵树，身上缀满片片绿玉，身材高挑袅娜。原来那是一棵柳树。柔嫩的枝条纷纷垂下，在微风中轻轻摆动，正如这位少女身上的衣带随风飘动。走近细看，新长出的小小柳叶是那么嫩绿精巧，那么晶莹圆润，充满生机，这一定不是自然长出的，正如少女身上精美的丝带一样，定是哪双巧手裁剪绣制出的。是谁裁绣的呢？原来是和煦的二月春风啊！是它吹生了这碧玉般的绿叶，给大地带来了春的生机和生命的活力，大自然就是它的一幅杰作。

〔**分析**〕“碧玉”本是南朝小家女子，后为宋汝南王妾，受宠，汝南王作《碧玉歌》三首，其二云：“碧玉小家女，不敢攀贵德。感郎千金意，惭无倾城色。”时人广为传唱，后用以泛指年轻貌美的女子。用碧玉而不是其他女子喻柳，一是因其姓“刘”与柳相谐，名字与柳色有关，且与作为自然物的碧玉双关；二是碧玉一直以年轻形态留在人们的印象中，与初春新绿相应。也可将碧玉按字面理解为翠绿的玉石，意为碧玉般的树叶点缀在高高的树上，这样直接与树色对应，突出其晶莹圆润，但与妆、绿丝绦的联系就减弱了，也缺乏拟人化带来的活泼、迷人之感。“高”强调了整棵树都一样柔嫩，在拟人的意义上突出了女子身材高挑。“丝绦”写出了柳枝的颜色、形状（细长）、轻柔、高贵。第三句运用设问，既起到了强调的作用，又表现了作者面对天工之巧的惊异。“细”为小义，非不宽义，突出其娇嫩。“裁”突出了新叶的精巧可爱，及作者面对这一天工形态时的惊叹。“剪刀”对应“裁”。

〔**艺术**〕柳是初春最先变绿生叶的树木之一，较早带来了春的气息，咏柳实为咏春。柳叶本就细巧，新叶更是娇小。相对于冬天时的干硬，初春时柳枝的柔嫩轻盈尤为惹人注意，招人喜爱。作者抓住了初春最具特色的树木和柳树最具特色的枝条描写，笔墨简省而达情充分。以人喻树，不仅摹其形貌，更传喜爱之情。诗词中多以杨柳喻美人，本诗反其道而用之，用美人喻柳树，突出了柳树的清新、柔媚。由美人而想到绿丝绦，由绿丝绦而想到裁、剪刀，比喻贯穿始终。

〔**评析**〕明陆时雍《唐诗镜》：“春风如刀，即柳叶如彩，此其为风味之佳。”清黄叔灿《唐诗笺注》：“赋物入妙，语意温柔。”

〔**链接**〕杜甫《柳边》：“只道梅花发，那知柳亦新。枝枝总到地，叶叶自开春。紫燕时翻翼，黄鹂不露身。汉南应老尽，霸上远愁人。”清陆求可《鼓笛慢·新柳》：“东风才转千门晓，堤上柳鹅黄矣。把去年一树丝绦放，碧玉妆成新意。未便浓阴，满却先已。风流摇曳，更临池，袅袅春光漏泄。休攀折，堪留憩。”

〔**教学**〕可布置学生实地观察新柳形貌，区分与其他树木的不同，以更深入理解拟人、比喻的修辞效果。布置画柳作业。交流自己对柳树的印象和感受。对碧玉的两种解释可以都教给学生，也可按学生接受水平选择一种（实际上两种解释可以统一起来）。

9. 贺知章《回乡偶书》

少小离家老大回，乡音无改鬓毛衰。

儿童相见不相识，笑问客从何处来。

〔**背景**〕作者于天宝三年（744）因病恍惚，上疏请度为道士，求还乡里，玄宗许之，隆重送其离京。时年八十五岁，距他离开家乡已经有五十多年。返乡不久后病逝。

〔**意境**〕从小就离开家乡到外地谋生、做官，几十年间没能回来，对家乡一直魂牵梦绕。家人不知是否安好，会稽山、镜湖不知是否还是老样子，真想回去好好与亲人欢聚一堂，好好畅游旧时的山水。越到老年回乡的心情越迫切，如今老病缠身，终于获准辞官归乡，可以落叶归根了。几十年来，我始终坚持说家乡话，在心底保留着对家乡执着的认同，希望有朝一日回去后依然是一个地地道道的家乡人。只是岁月无情，当年离乡时青春年少，如今却头发花白、鬓毛疏落，家乡还认得我，还能接纳我吗？经过千里水陆颠簸，怀着欣喜而忐忑的心情，终于回到熟悉而陌生的故土。村口碰见一个活泼的孩子，笑着反问道：老爷爷，你是从哪里来的客人？我不禁怅然若失——几十年来我一直想着家乡，而家乡却似乎已将我遗忘，虽然有不变的乡音，长久外出还是使我与家乡有些疏离，我已然不是“主”而成“客”了。儿童固然不识，年长者大概也认不出我来了。几十年做官的荣耀换来的是被家乡遗忘，失去了最珍贵的心灵栖息地，做官还有什么意义？故乡啊，老病的游子还能重新回到你的怀抱吗？

〔**分析**〕“偶书”指偶然得到并写下来，说明作者写这首诗并非思谋已久刻意雕琢而成，而是心底偶有灵犀所致，是真情的自然流露。作者本是壮年离家，曰“少小”，是为了与“老大”构成对比，也表明作者心底留有儿时对故乡最美好的记忆。面前这个孩子其实就是当年的自己，生命的衰老是如此迅速，现在的我在当年的我眼中已非家乡人，这是同一个人在两个年龄段的对话。“笑”字表明故乡人的热情，使作者感到温暖，也感到欣慰——故乡会接纳自己。“何处来”有更深的哲理意蕴——回顾一生，自己从何处来，又将到何处去？游子离开了故乡，便成了漂泊无依的断蓬。

〔**艺术**〕“少小离家”与“老大回”，“乡音无改”与“鬓毛衰”构成鲜明对比，几十年的人生磨难及对故乡的思念蕴含其间，不得回家的无奈、终得回来的喜悦、能否被认同的忐忑都在这种对比中传达出来。作者丝毫没有官高位显、举朝欢送带来的衣锦还乡的炫耀，只以一个普通游子的心态表现心底对故乡的依恋，感情自然纯真，语言朴实无华，而自有感人至深的力量。

〔**评析**〕《古唐诗和解》："此作一气浑成，不假雕琢，兴之偶至，举笔疾书者。"

〔**链接**〕作者《回乡偶书》共两首，其二云："离别家乡岁月多，近来人事半销磨。唯有门前镜湖水，春风不改旧时波。"（镜湖：作者家乡湖名。）明戚元佐《送人入蜀》："西看白帝乱云间，少小离家老未还。三峡夜猿听不得，如何又有万重山。"

〔**教学**〕可收集关于思念故乡的材料，让学生明白故乡对于游子的意义。可用表演法模拟作者与儿童对话的情形，加上作者独白，适当扩充。引导学生想象作者与儿童对话后的情节。

10. 王之涣《凉州词》

黄河远上白云间，一片孤城万仞山。
羌笛何须怨杨柳，春风不度玉门关。

〔**意境**〕边塞大漠上，黄河浩浩荡荡地向东流去。向上游方向望去，蜿蜒的黄河一直向地平线延伸，仿佛和天际相接，恰似一条婀娜的丝带飞上云端，给厚实、单调的大漠平添了几分轻灵和柔美。黄河穿过的崇山峻岭间，一座孤零零的城堡若隐若现。生活在如此险要、孤危的边城里的戍守者，想必每天除了见群山和孤城外，也就只有轻灵柔美的黄河能提供一点安慰，给生活注入一点活力了。就在这时，远处传来战士们用羌笛吹奏的《折杨柳》。这羌笛之声婉转、幽怨，让人听过之后不禁心碎。细听笛声，仿佛倾诉着战士们的哀怨：自从来到这里就再也没有见过亲人，什么时候才能回家呢？此时他们吹着《折杨柳》却无杨柳可折，因为春风都不肯吹到这遥远荒凉的边塞，苦苦戍守在这里的将士似乎已被朝廷遗忘。可怜的战士们宽慰自己是因为这里地势险恶，是春风吹不到的地方，但是我知道，如果君恩可以传到这里，战士们又何愁春风吹不到这里呢？

〔**分析**〕首句写黄河，壮阔中不失悠远。次句“一片孤城”与“万仞山”形成强烈的对比，又用“一片”和“孤”重复修饰，加剧了其单薄之感和戍守战士的孤寂之情。后两句表面写“何须怨”，实际上怨意很浓。末句以宽解的语气表现出诗人广阔的心胸。“玉门关”此处非确指，而是代指所写关塞。

〔**艺术**〕全诗以景衬情，前两句写景，后两句借曲传情。感情含而不露，悲而不哀，怨望中略带宽解，婉转却又不失其壮阔。

〔**评析**〕清王士禛辑、吴煊等注《唐贤三昧集》：“此状凉州之险恶也。笛中有《折柳曲》，然春光已不到，尚何须作杨柳之怨乎？明说边境苦寒，阳和不至，措辞宛委，深耐人思。”清薛雪《一瓢诗话》：“‘羌笛何须怨杨柳，春风不度玉门关’，其苦思妙响，尤得风人之旨。”清李瑛《诗法易简录》：“神韵格力，俱臻绝顶。不言君恩之不及，而托言春风之不度，立言尤为得体。”近人俞陛云《诗境浅说续编》：“此诗前二句之壮采，后二句之深情，宜其传遍旗亭，推为绝唱也。”

〔**链接**〕此诗在开元年间已经广为流传，唐薛用弱《集异记》记载：“开元中诗人王昌龄、高适、王之涣齐名，时风尘未偶，而游处略同。一日，天寒微雪，三诗人共诣旗亭，贳酒小饮。忽有梨园伶官十数人，登楼会宴。三诗人因避席隈映，拥炉火以观焉。俄有妙妓四辈，寻续而至，奢华艳曳，都冶颇极。旋则奏乐，皆当时之名部也。昌龄等私相约曰：‘我辈各擅诗名，不自定其甲乙，今者可以密观诸伶所讴，若诗入歌词之多者，则为优矣。’俄而一伶拊节而唱曰：‘寒雨连江夜入吴，平明送客楚山孤。洛阳亲友如相问，一片冰心在玉壶。’昌龄则引手画壁曰：‘一绝句。’寻又一伶讴之曰：‘开箧泪沾臆，见君前日书。夜台何寂寞，犹是子云居。’适则引手画壁曰：‘一绝句。’寻又一伶讴曰：‘奉帚平明金殿开，强将团扇共徘徊。玉颜不及寒鸦色，犹带昭阳日影来。’昌龄则又引手画壁曰：‘二绝句。’之涣自以得名已久，因谓诸人曰：‘此辈皆潦倒乐官，所唱皆巴人下里之词耳，岂阳春白雪之曲，俗物敢近哉？’因指诸妓之中最佳者曰：‘待此子所唱，如非我诗，吾即终身不敢与子争衡矣。脱是吾诗，子等当须拜床下，奉我为师。’因欢笑而俟之。须臾次至双鬟发声，则曰：‘黄河远上白云间，一片孤城万仞山。羌笛何须怨杨柳，春风不度玉门关。’之涣即揶揄二子曰：‘田舍奴，我岂妄哉！’因大谐笑。诸伶不喻其故，皆起诣曰：'不知诸郎君何此欢噱?'昌龄等因话其事。诸伶竟拜曰：'俗眼不识神仙，乞降清重，俯就筵席。'三子从之，饮醉竟日。"（风尘未偶：在官场上未得到赏识重用。诣：前往。旗亭：酒楼，悬旗为酒招，故称。贳酒：赊欠酒。隈映：在角落处隐蔽。都冶：美艳，漂亮。子云：西汉扬雄字子云。脱：倘若。）唐以来，"杨柳"一词多抒发伤春离别之情，如唐张九龄《折杨柳》："纤纤折杨柳，持此寄情人。"李白《金陵酒肆留别》："风吹柳花满店香，吴姬压酒唤客尝。金陵子弟来相送，欲行不行各尽觞。"唐储嗣宗《早春怀薛公裕》："失意怨杨柳，异乡闻鹧鸪。"元林泉生《杨柳怨》："杨柳怨春江，何事多离别。"

〔**教学**〕让学生以战士的身份想象所见所感，也可以作者身份想象所见所感。

11. 王之涣《登鹳雀楼》

白日依山尽，黄河入海流。

欲穷千里目，更上一层楼。

〔**意境**〕天气晴朗，登上著名的鹳雀楼极目远眺。向西望去，远处一轮耀眼的白日正朝着楼前一望无际、连绵起伏的中条山西沉。我久久凝立，对落日晚照的美景流连忘返。这落日也同我一样，不忍舍离这群山峻岭而缓缓西行，在视野的尽头冉冉而没。向东望去，楼下的黄河奔腾咆哮着，流向远方，它的气势是如此之大，一定能够滔滔不绝地流归大海。白日与黄河上下映衬，雄阔与妖娆交相辉映。面对着壮美的景象、雄浑的气势，我不禁想进一步看尽远方的景物，于是登上鹳雀楼更高的一层，远处一定有更加壮美的景象等着我……

〔**分析**〕为何是白日而非红日，可能有以下原因：第一，作者可能黄昏前就已来此看景，其时为白日；第二，因山高，日落时太阳实际上没有接近地平线，故不是红（因穿过的大气层不厚）；第三，红虽美而显消沉，不若白之强烈壮阔，与全诗雄壮豪迈的气势不符。“依”，移情于物，借物生情，似乎红日就在不远的山边，与山、与作者很亲近。“尽”字表现出作者眺望的专注、长久。“入海流”把眼前景与意中景相结合，写出了黄河直奔大海的壮观。作者不言楼高而读者心中楼高自现，作者不言其空间广阔而读者心中空阔自现。

〔**艺术**〕前两句用十个字，以上下、远近、西东的视角，勾勒出了一幅气势磅礴、流动不息的立体境界。后两句借景生理，理中含情，把诗篇推向了更高的境界。前后两句景与理、实与虚、密与疏对比相生。全诗文词朴美，而哲理深刻，渗透着盛唐阔大豪迈、进取向上的时代风貌。

〔**评析**〕清朱之荆《增订唐诗摘钞》：“两对工整，却又流动，五言绝，允推此为第一首。”清黄叔灿《唐诗笺注》：“通首写其地势之高，分作两层，虚实互现。沈存中曰：‘鹳雀楼前瞻中条，下瞰大河。’上十字大境界已尽，下十字以虚字托之。”清李瑛《诗法易简录》：“先写登楼，再写形胜，便嫌平衍，虽有名句，总是卑格。此诗首二句切定鹳雀楼境界，后两句写登楼，格力更高。后两句不言楼之如何高，而楼之高已极尽形容，且于写景之外，更有未写之景在。此种格力，尤臻绝顶。”近人俞陛云《诗境浅说续编》：“前两句写出山河胜概，雄伟阔远，兼而有之，已如题之量；后两句复余劲穿札。二十字中，有尺幅千里之势。”

〔**链接**〕宋沈括《梦溪笔谈》曾指出，唐人在鹳雀楼所留下的诗中，“惟李益、王之涣、畅当三篇，能状其景。”按：畅当为畅诸之误。李益诗云：“鹳雀楼西百尺樯，汀洲云树共茫茫。汉家箫鼓空流水，魏国山河半夕阳。事去千年犹恨速，愁来一日即为长。风烟并起思乡望，远目非春亦自伤。”畅诸的诗也题作《登鹳雀楼》：“城楼多峻极，列酌恣登攀。迥临飞鸟上，高谢尘世间。天势围平野，河流如断山。今日菊花事，并是送君还。”诗境也很壮阔，不失为一首名作，但较之王之涣诗，终输一筹。

〔**教学**〕最后一句诗作者留给读者想象，看似平淡，实有意外之意。引导学生思考再上一层楼会有什么样的景象？后两句谓考虑问题时立意高才能看得远，让学生想想生活中哪些地方可以用到这一哲理。

12. 王翰《凉州词》

葡萄美酒夜光杯，欲饮琵琶马上催。

醉卧沙场君莫笑，古来征战几人回？

〔**意境**〕红艳似血的葡萄美酒满斟了名贵的夜光杯，一场五光十色酒香四溢的盛大筵席正拉开帷幕。边疆战士们手持酒杯，正在欲饮未饮之时，忽听得急促欢快的琵琶声响起，像是在催促将士们举杯痛饮，本已热烈的气氛顿时沸腾起来，一时间座上推杯换盏，觥筹交错。一阵痛饮之后，诸人便都有些醉意微微了。于是那谨慎些的人，便有了停杯之意。座中更有性爽之人高声叫道："怕什么！醉了便醉了，漫说在这驻地之中，就是醉倒在沙场之上又如何？"是啊，醉卧沙场又有什么可笑？君不道"古来征战几人回"，眼前这些将士哪个不是早将生死置之度外的了？尽情欢饮吧！尽享这边塞之地难得的美酒佳肴与音乐，盛宴未央，年轻昂扬的生命也不曾止息！

〔**分析**〕首句用语绚丽优美，愈显出盛宴的豪华气派。"欲饮"两字，进一层极写热烈场面，酒宴配合着音乐，着意渲染气氛。"君莫笑"蕴含一派洒脱豁达态度，与下文体现战争残酷的"几人回"互为映衬，更显出边疆将士视死如归的豪放爽朗。

〔**艺术**〕本诗语言明快，节奏跳动跌宕，字里行间显露出豁达爽朗的人生态度，读来令人心潮澎湃。将可能抛尸疆场的无奈悲戚与眼前的达观豪放融注在一起，凄而能壮，抑而能扬。

〔**评析**〕清沈德潜《唐诗别裁》："故作豪饮旷达之词，然悲感已极。"清施补华《岘佣说诗》："作悲伤语读便浅，作谐谑语读便妙。在学人领悟。"清王士禛辑、宋顾乐评《万首唐人绝句选评》："气格俱胜，盛唐绝作。"

〔**链接**〕凉州词又名《凉州歌》，为当时流行的一种曲子"凉州词"配的唱词，多写边塞军旅生活之事。开元年间，陇右节度使郭知运搜集了一批西域的曲谱，进献给唐玄宗。玄宗交给教坊翻成中国曲谱，并配上新的歌词演唱，以这些曲谱产生的地名为曲调名。后来许多诗人都喜欢这个曲调，为它填写新词，因此唐代许多诗人都写有《凉州词》。葡萄酒是西域所酿的美酒，《太平御览》卷九七二引《唐书》："葡萄酒，西域有之，前世或有贡献，人皆不识。及破高昌，收马乳葡萄实于苑中种之，并得其酒法。太宗损益造酒。酒成，凡有八色，芳辛酷烈，味兼醍醐。既颁赐群臣，京中始识其味。"夜光杯是以祁连山等地的玉石为材料雕刻成的酒杯，据说月下斟酒时杯中会产生明亮流转的奇异光彩，故称。

〔**教学**〕可引导学生想象欢宴中的将士都会有哪些表现，做些什么？说些什么？也可更进一步引导学生思考：前人点评这首诗时曾说"作悲伤语读便浅，作谐谑语读便妙。在学人领悟"，那么你认为这首诗传达的主旨是怎样的呢？

13. 王昌龄《出塞》

秦时明月汉时关，万里长征人未还。

但使龙城飞将在，不教胡马度阴山。

〔**意境**〕夜渐渐深了，大片大片的黑肆意蔓延天空，边关的城楼渐次模糊，一只离群的孤雁往复徘徊，不久也消失在这大片的黑中，只有那一轮皓月，悄无声息地用它那皎洁的月光冲淡了黑暗，才使得这万里边疆显露出它的轮廓来，却使得旷野中的关塞分外冷清。下马驻足，遥望这一幅苍茫画卷，思绪漫漫，耳边响起了马蹄声、喊杀声……一时间，硝烟四起，金戈铁马的秦汉战场浮于眼前。自秦汉设定防线、修筑边关以来，战事连连、烽火不断，一批又一批的戍边战士被送到这里，他们骑着战马驰骋战场，手持金戈与胡人殊死搏斗。每每到了晚上，当这轮明月将一丝柔情洒向城楼时，背井离乡、久别亲人的他们会思念起谁？是家中白发苍苍、思儿心切的老母亲，还是同样倚窗望月、寄托思念的妻儿？这明月、这城关寄托了多少战士的离愁别绪？然而九百多年过去了，他们当中有几人活着离开了这残酷的边塞，又有几人活着回到家中与亲人团聚？要是没有战争该有多好！要是朝廷能多派几位让胡人闻风丧胆的名将该有多好！倘若能有汉朝飞将军李广那样的名将镇守边关的话，绝对不会让胡人的军队翻过阴山来骚扰我们，自然也就不会有战争，不会有这么多征人抛尸疆场！

〔**分析**〕首句“秦”“汉”互文见义，意思乃是明月是秦汉时的明月，关塞是秦汉时的关塞，以秦、汉至今时间的跨度暗示战争从未停止，突出战争时间之久远。中原与北方少数民族的战争秦以前就有，用“秦”一是因为秦是第一个统一的封建政权，边境冲突加剧，二是诗文中秦汉常连称。唐诗多用“汉”代唐。“明月”用意有三：一是以永恒的月亮衬托战争的绵延不绝，且衬托生命的短暂（如同唐张若虚《春江花月夜》“人生代代无穷已，江月年年只相似”）；二是渲染边塞的清冷（如同李贺《马诗》“大漠沙如雪”）；三是连接边塞与家乡，表达思亲之情。“万里”指边塞与中原相距甚远，突出空间的辽阔，空间越远孤寂越重，思情也越重。“人未还”写出了战争给人们带来的无穷灾难，同时也表现出了亲人在家里倚门期盼的心境。后两句通过假设条件句式，一方面表达了作者期望战争平息、百姓安居乐业的美好愿望，另一方面委婉地表达了对朝廷不能知人善用的不满。

〔**艺术**〕诗人从描写苍凉、萧瑟的边塞之景写起，以历史的角度展现出战争的残酷以及战争给人们带来的苦难生活，为眼前所见所感。后两句转为议论和感慨，通过对名将的怀念表达诗人对战火平息、人民安居乐业的期盼，使得感情悲壮而不凄凉。全诗以平凡的语言表达了作者强烈的爱国精神和豪迈的英雄气概。

〔**评析**〕明杨慎《升庵诗话》：“此诗可入神品。‘秦时明月’四字，横空盘硬语也，人所难解。……盖言秦时虽远征而未设关，但在明月之地，犹有行役不逾时之意；汉则设关而戍守之，征人无有还期矣，所赖飞将御边而已。”明王世贞《艺苑卮言》：“于鳞言唐人绝句当以此压卷，余始不信，以少伯集中有极工妙者。既而思之：若落意解，当别有所取；若以有意无意、可解不可解间求之，不免此诗第一耳。”（于鳞：明李攀龙字。）清沈德潜《说诗晬语》：“‘秦时明月’一章，前人推奖之而未言其妙。盖言师劳力竭而功不成，由将非其人之故，得飞将军备边，边烽自熄，即高常侍《燕歌行》归重‘至今人说李将军’也。边防筑城，起于秦汉；明月属秦，关属汉，诗中互文。”

〔**链接**〕《出塞》为乐府古题。古诗常将关与月相连，北周王褒《关山月》：“关山夜月明，秋色照孤城。”王维《陇头吟》：“陇头明月迥临关，陇上行人夜吹笛。”唐卢照邻《关山月》：“相思在万里，明月正孤悬。”唐长孙左辅《关山月》：“凄凄还切切，戍客多离别。何处最伤心，关山见秋月。”唐李益《夜上受降城闻笛》：“回乐峰前沙似雪，受降城下月如霜。不知何处吹芦管，一夜征人尽望乡。”

〔**教学**〕让学生以戍边战士的身份，想象见闻和感受，也可想象其对话。

14. 王昌龄《芙蓉楼送辛渐》

寒雨连江夜入吴，平明送客楚山孤。
洛阳亲友如相问，一片冰心在玉壶。

〔**背景**〕王昌龄曾因不拘小节，“谤议沸腾，两窜遐荒”。开元二十七年（739）被贬岭南，归来后任江宁丞，此诗应作于江宁（今南京）任上。辛渐是其朋友和同乡，拟由润州（今江苏镇江）渡江，取道扬州，由运河北上洛阳。王昌龄应是陪他从江宁到润州，然后在此分手。

〔**意境**〕迷蒙的烟雨伴随着凄冷的寒风，连夜洒遍浩渺江天，织成了一张无边无际的离别的愁网。明天，你即将启程，我彻夜辗转难眠。想必你也与我一样，因即将离别而心生寒意吧？终于还是到了清晨，你登舟北归。雨后的青山更加青翠峻峭，遥望江北，远处的楚山孤零零地矗立在苍莽平野之间。想到你不久即将隐没在那楚山之外，却能与亲友相聚，而独留吴地的我，只能像孤零零的楚山一样，独自伫立在江畔空望着流水逝去。朋友啊，回到咱们洛阳的老家，亲友若是问起我来，就说我的心仍旧像冰心一样晶莹剔透，如玉壶一般坚守信念，不会因为遭贬而改变玉洁冰清的节操的。

〔**分析**〕“连”字和“入”字写出雨势的平稳连绵，以及江雨悄然而来的动态，诗人因离情萦怀而一夜未眠的情景也可想而知。“孤”既写山又写人，自然而然牵出了后两句临别叮咛之辞。作者以晶莹透明的冰心玉壶自喻，正是基于他与洛阳诗友亲朋之间的真正了解和相互信任，这决不是洗刷谗名的表白，而是蔑视谤议的自誉，这就比任何相思的言词都更能表达他对洛阳亲友的深情。

〔**艺术**〕这是一首送别诗，却淡写朋友的离情别绪，重写自己的高风亮节。诗人并没有实写如何感知秋雨来临的细节，只是将听觉视觉和想象概括成连江入吴的雨势，以大片淡墨染出满纸烟雨，用浩大的气魄烘托了“平明送客楚山孤”的开阔意境。诗作构思新颖，寓情于景，委屈、怨恨之情含而不露。屹立在江天之中的孤山与冰心置于玉壶的形象之间形成一种有意无意的照应，令人自然联想到诗人孤介傲岸、冰清玉洁的形象，使精巧的构思和深婉的用意融化在一片清空明澈的意境之中，浑然天成，不着痕迹，余韵无穷。

〔**评析**〕清王士禛辑、宋顾乐评《万首唐人绝句选评》：“唐人多送别妙作。少伯诸送别诗，俱情极深，味极永，调极高，悠然不尽，使人无限留连。”（少伯：指王昌龄）清黄叔灿《唐诗笺注》：“上二句送时情景，下二句托寄之言，自述心地莹洁，无尘可滓。本传言少伯‘不护细行’，或有所为而云。”近人邹弢《精选评注五朝诗学津梁》：“自夜至晓饯别，风景尽情描出。下二句写临别之语，意在言外。”近人俞陛云《诗境浅说续编》：“借送友以自写胸臆，其词自潇洒可爱。”

〔**链接**〕这诗原题共两首，另一首云：“丹阳城南秋海阴，丹阳城北楚云深。高楼送客不能醉，寂寂寒江明月心。”说的是头天晚上诗人在芙蓉楼为辛渐饯别时的情景。南朝宋鲍照《白头吟》：“直如朱丝绳，清如玉壶冰。”比喻高洁清白的品格。自从开元宰相姚崇作《冰壶诫》以来，盛唐诗人如王维、崔颢、李白等都曾以冰壶自励，推崇光明磊落、表里澄澈的品格。

〔**教学**〕结合其他送别诗教学，如《送元二使安西》《别董大》《赠汪伦》《黄鹤楼送孟浩然之广陵》，感受不同诗人的不同送别方式，以及不同送别方式中所体现的诗人或友人的性格特点，体会诗的不同风格，注意积累古诗中常与送别相关的意象。引导学生想象送别的过程和细节。

15. 孟浩然《春晓》

春眠不觉晓，处处闻啼鸟。
夜来风雨声，花落知多少。

〔**意境**〕春日的睡眠真是香甜，不知不觉中天就亮了。似乎什么声音把我吵醒了，努力醒过来躺在床上细听，原来是莺歌燕语，雀啁鸟啾，叫声婉转悦耳，此起彼伏，还可听见鸟儿在枝间欢快地飞跃，似乎在尽情享受着清爽明丽的晨光。一觉睡足，思维格外活跃。鸟儿为何如此欢快？忽然想起半夜模糊醒来，曾听到风不大不小，雨不紧不慢，从容不迫地滋润着万物。窗外一定是一片迷蒙，如轻烟如梦幻，无边的春色都笼罩其间。当时还想雨儿清早应该停下来，带来一个明媚的春早，现在果然如此，真是好雨！树木花草经过春雨滋润，定是抽出了嫩芽长出了新叶，更显娇嫩多姿，怪不得引来鸟声一片。草木经得起风雨的吹打，可那开得正盛的娇艳的花儿不知是否能经受住，该不会花入泥絮、落英满地吧？花儿若没了，春天岂不是要过去了！

〔**分析**〕春天人容易困乏，故不觉天亮；酣睡又有心情好的因素，心情好来自于对春天的喜爱。处处鸟啼正是“觉晓”的原因，似乎鸟儿急着唤醒他来欣赏春景。末句写惜春，基点仍然是喜春、爱春，另外，惜春更深的是惜易逝的时光。

〔**艺术**〕作品视角独特，不直接写广袤的春景，只写屋内所闻所感，而无限春景都由此一点辐射开去，留下了很大的想象空间。屋内情形又只写清晨醒后的片刻，使其成为包蕴丰富、最具情趣的片刻。前两句写现景，后两句写回忆，符合思维过程，最后“知多少”的疑问又收于当下，形成现在—回忆—现在的回环过程，曲折而不平直。前两句写实，后两句写虚，虚实结合。最后以疑问结束，既写出了作者的担心、怜惜，又有言尽而意不尽的效果。诗句平易浅近而诗味醇厚隽永，缘于作者用真情去体悟自然、融于自然，得自然之真趣。

〔**评析**〕明周敬、周珽辑，陈继儒等评点《唐诗选脉会通译林》：“周珽曰：晓景喧媚，莫卜夜无寂寞。惜春心绪，有说不出之好。”（莫卜：不能推测。）清吴瑞荣《唐诗笺要》：“朦胧臆想，构此幻境。‘落多少’可以不说，又不容不说，诚非妙悟，不能有此。”清徐增《而庵说唐诗》：“作上二句便煞住笔，复停想到昨夜去，又到花上来，看他用笔不定，瞻之在前，忽然在后矣。或问：何不写‘夜来’在前？曰：看题中‘晓’字。‘处处闻啼鸟’下若再连一笔，则便不算晓矣，故特转到晓之前‘夜来’二字。‘风雨声’紧跟上‘闻’字，‘晓’字便隔寻丈。其作‘晓’字，精微有若此。”（寻：八尺为寻。）

〔**链接**〕宋李弥逊《席上信笔》：“春眠不觉夜来风，桃萼犹沾未尽红。愁绝小湖山畔路，同云疏雨晚濛濛。”宋毛滂《忆秦娥·春夜松轩》：“夜夜，夜了花朝也。连忙，指点银瓶索酒尝。　　明朝花落知多少，莫把残红扫。愁人，一片花飞减却春。”

〔**教学**〕可引导学生想象：作者在床上想到“花落知多少”，接下来应该赶快起来去看到底花落了多少，落得多是什么心情，落得少是什么心情。

16. 高适《别董大》

千里黄云白日曛，北风吹雁雪纷纷。

莫愁前路无知己，天下谁人不识君！

〔**背景**〕作者少有才名，二十岁左右时求仕无果，不得已浪游各地，一度生活窘迫。本诗即作于此浪游期，时作者三十余岁。

〔**意境**〕辽阔的天空布满阴云，夕阳渐成昏黄，云朵也带上黄色。下是苍茫的大地，上覆无边的黄云，格外沉闷压抑。在这样的环境中，我送好友远游他乡。云渐渐厚了，风渐渐紧了，竟纷纷扬扬飘起雪花，天地一片迷蒙。几只大雁在阴云间出没，似也禁不住大雪天寒，被北风吹着向南飞去。在这如此恶劣的天气中，它能飞多久呢？哪里才是它的栖息地呢？好友啊，我们什么时候才能如大雁飞到温暖的南方，脱离困苦，迎来生活的春天呢？不要消沉，昂起头吧，尽管路途遥远，环境恶劣，但他乡一定有你的知己，为你排忧解难，天下人可是都知道你的大名的，你的前途一定很光明，又何必为现在的离别伤心呢？

〔**分析**〕以白日炽烈，尚且变成昏黄，暗寓才人失路之悲。北风吹走大雁，有雁犹如此、人何以堪之意。同时，大雁历经艰苦可找到温暖，又为下句的转折留下伏笔。

〔**艺术**〕前两句纯为写景，虽刻意营造恶劣沉闷的氛围，但依然境界阔大，悲而能壮。后两句由抑变扬，大幅转折，直抒胸臆，豪气尽现。前两句渲染得越凄酸，后两句越显得信心十足，雄壮豪迈。即便生活不如意，分别时也不缠绵凄恻，正是盛唐风貌。作者所写虽为董大，实借他人之酒杯，浇自己之块垒，自况当时困窘的处境，并充满“天生我材必有用”的眼界和信心。语言质朴，表现出友情之深挚与性格之豪爽。

〔**评析**〕明唐汝询《唐诗解》：“云有将雪之色，雁起离群之思，于此分别，殆难为情，故以莫愁慰之。言君才易知，所知必合者。”明周敬、周珽辑、陈继儒等评点《唐诗选脉会通评林》：“周珽曰：上联具景物凄惨，分别难以为情。下联见美才易知，所如必多契合；至知满天下，何必依依尔我分手！就董君身上想出赠别至情，妙，妙。”

〔**链接**〕作者《别董大》共两首，其二云：“六翮飘摇私自怜，一离京洛十余年。丈夫贫贱应未足，今日相逢无酒钱。”（六翮：谓鸟类双翅中的正羽，用以指鸟的两翼，此处指鸟。京洛：洛阳的别称，泛指国都。）可见作者当时尚未入仕，生活贫困。董大可能是当时著名的琴师，是一位“高才脱略名与利”的音乐圣手。类似作品有高适《夜别韦司士得城字》：“莫怨他乡暂离别，知君到处有逢迎。”王勃《赠杜少府之任蜀州》：“无为在歧路，儿女共沾巾。”杜甫《有客》：“岂有文章惊海内，何妨车马走天涯。”

〔**教学**〕在理解创作背景、前两句写景意图的基础上，可让学生表演两人分别时的情景、对话，将环境描写融入对话中，并与人物心情结合起来。注意表现出前后两联的转折。

17. 王维《九月九日忆山东兄弟》

独在异乡为异客，每逢佳节倍思亲。
遥知兄弟登高处，遍插茱萸少一人。

〔**背景**〕作者十五岁时便离开河东（今山西永济）老家，奔赴长安科举试场，一直到开元九年（721）二十一岁时才中进士，本诗即作于长安备考期间。

〔**意境**〕正值年少，为了追求理想，我告别双亲和兄弟，只身前往繁华的都城长安。这里到处是熙熙攘攘的人群，我却是孤单寂寞。每当佳节来临，看到别人都与亲人团聚，这种孤独感就更加铭心刻骨。清明节、端午节、中秋节，我熬过了一个个节日，现在又到了重阳节，天气渐冷，愈觉凄凉孤单。思念之情如江河一般连绵不断，飞回了遥远的故乡。兄弟们这时正如往年一样登高远眺，畅饮菊花酒。当他们身上都佩戴了茱萸时，却发现少了一位兄弟——我不在内。这时，他们节日的喜悦不由转为伤感，登高嬉玩却成了登高西望，他们一定会想我——他们的兄弟，现在怎么样了？

〔**分析**〕中国人重宗法血缘关系，在异乡就有"客居"之感，独在异乡就倍觉孤单。重叠的"异乡""异客"有效地传达出了锥心刺骨的"孤独"之感，与"佳节"形成强烈对比，因而更加深化了"倍思亲"之感。后两句不直写作者思念家人，却写家人思念自己，对面落笔，更深地表现"我"对亲人的思念。"少一人"与句首的"独"字相对。

〔**艺术**〕前两句直接抒发感情，后两句运用反衬侧面抒情，构思奇巧，词简意深，感情真挚。以想象作结，韵味无穷。

〔**评析**〕元杨士弘辑、顾璘批点《批点唐音》："真意所发，切实故难。"明李攀龙辑、叶曦昂直解《唐诗直解》："诗不深苦，情自蔼然。叙得真实，不用雕琢。"清张谦宜《絸斋诗谈》："不说我想他，却说他想我，加一倍凄凉。"

〔**链接**〕表达浓浓思亲之情的诗很多，如唐李频《渡汉江》："岭外音书绝，经冬复立春。近乡情更怯，不敢问来人。"唐王湾《次北固山下》："海日生残夜，江春入旧年。乡书何处达，归雁洛阳边。”农历九月九日是民族传统的重阳节，早在汉代便形成了登高、插茱萸、赏菊、饮菊酒的习俗。晋周处《风土记》云：“以重阳相会，登山饮酒，谓登高会，又名茱萸会。”唐孙思邈《千金月令》（一说《齐人月令》）云：“重阳之日，必以肴酒登高眺远，为时宴之游赏，以畅秋志。酒必采茱萸、甘菊以泛之，既醉而还。”这种风俗在唐代的太平盛世更为流行，只是游乐之意多于避灾之意了。

〔**教学**〕让学生联系生活实际，说说思念亲人的感受，结合古今风俗、通信手段的巨大差异，体会其中所表达的思乡之情。

18. 王维《送元二使安西》

渭城朝雨浥轻尘，客舍青青柳色新。
劝君更尽一杯酒，西出阳关无故人。

〔**背景**〕此诗是“安史之乱”前作者送朋友去西北边疆时所作。安西，即安西都护府，治所屡徙，多在龟兹（今新疆库车）。友人元二（唐人常以兄弟排行称呼，相当于说“元老二”）是奉朝廷的使命前往安西的。唐人多在渭城（秦都咸阳故城，在渭水北岸）送别从长安往西去的人。

〔**意境**〕头天从都城来到渭城，清早在客店为君饯行，一大早就细雨霏霏，湿润了路上的尘埃，格外清新。从长安西去的大道上，往日车马交驰，尘土飞扬，今日却因细雨而止了尘埃，换了新妆。旅店门前的棵棵绿柳被雨水冲洗得更加青翠欲滴，似乎在特意等候我们，客舍在翠柳的映衬下，也显得格外清静。你此去出阳关西行，固然受朝廷委派，可以前去建功立业，然而穷荒绝域，风物与内地大不相同，难免备受独行穷荒的艰辛寂寞。宴席已经进行了很长一段时间，酿满别情的酒已经喝过多巡，殷勤告别的话也已经重复过多次了，但当朋友上路的时刻终于到来，心头仍有千言万语交织缠绕，却难以出口，只好折下柳枝，再次端起酒杯，劝慰友人：再喝一杯吧！西出阳关之后身边就没有故人了，借这杯酒将我的关切浇注在心间，伴随你一路。照顾好自己，等你功成名就回来……

〔**分析**〕“浥”可看出“朝雨”下得时间不长，消尘而不滑，恰到好处，仿佛老天特意为远行人做的安排。诗人选取“客舍”和“柳”的意象，有意关合送别。“更”说明已喝了很多，除让朋友多带走一分情谊外，还有意无意地延宕分手的时间，惜别之情更深。

〔**艺术**〕前两句写景柔和明快，奠定了送别的情感基调：情深而不哀伤，留连而又豪迈。这与元二此行虽然艰苦却可建功立业有关，盛唐文人常借边塞立功而出仕升迁。后两句对如何设宴饯别，宴席上如何频频举杯、殷勤话别，以及启程时如何依依不舍，登程后如何瞩目遥望等，一概舍去，而是剪裁下临行送别时最能代表深情厚谊的一瞬，蕴含着无限的牵挂和祝愿，余情不尽，达到了此时无声胜有声的妙境。全诗语言平易，感情质朴，也可见出宾主皆洒脱不拘。

〔**链接**〕此诗后被谱入乐，又名《渭城曲》《阳关曲》《阳关三叠》。自《诗经·小雅·采薇》“昔我往矣，杨柳依依”以来，杨柳就是文学作品中表现惜别之情时常用的意象。古有折柳送行的习俗，唐人尤盛。白居易《对酒五首》（其四）：“相逢且莫推辞醉，听唱阳关第四声。”（第四声：指“西出阳关无故人”句。）宋寇准《阳关引》：“塞草烟光阔，渭水波声咽。春朝雨霁轻尘歇，征鞍发。指青青杨柳，又是轻攀折。动黯然、知有后会甚时节。 更尽一杯酒，歌一阕。叹人生，最难欢聚易离别。且莫辞沉醉，听取阳关彻。念故人、千里自此共明月。”宋无名氏《古阳关》：“渭城朝雨，一霎浥轻尘。更洒遍、客舍青青。弄柔凝、千缕柳色新。更洒遍，客舍青青，千缕柳色新。 休烦恼，劝君更尽一杯酒，人生会少。自古富贵功名有定分，莫遣容仪瘦损。休烦恼，劝君更尽一杯酒，只恐怕、西出阳关，旧游如梦，眼前无故人。只恐怕、西出阳关，眼前无故人。”

〔**教学**〕与其他送别诗比较，看感情基调有何不同。可采用表演法，让学生复现分别时的场景，补充两人的对话，想象元二的心情，也可想象送友后作者的心情。

19. 王维《鸟鸣涧》

人闲桂花落，夜静春山空。
月出惊山鸟，时鸣春涧中。

〔**背景**〕本诗为《皇甫岳云溪杂题五首》之首，是作者为友人皇甫岳所居云溪别墅而写的组诗，五首诗分别描绘了五处风景。

〔**意境**〕自从来到这云溪别墅，就好像到了世外桃源，尘世烦扰离我远去。晚饭过后闲来无事，一个人漫步于清幽静谧的山涧深处。来到一片桂树林，淡淡的桂花香气弥漫于空气之中。天色渐渐暗了下来，驻足凝望，蒙蒙的夜色使原本宁静的山涧更添了一层空旷之感。我轻轻闭上眼睛，抛开所有烦忧，放松自己，静静享受这山涧的空寂，一时间好像山涧里的万物与我融为一体了。突然，好像听到有什么东西落到地上，扭头细看，方知是桂花瓣飘飘摇摇离开了枝头，旋转着落在地上。这细小的落地声让我回过神来，正准备原路返回，突然感觉周边一下子亮了起来，抬头望去，原来是一轮明月破云而出，柔和的光亮流泻到夜幕笼罩的深林间，使深林显现出了丰富的体态。这一变化竟使得鸟儿惊觉了起来，扑扇着翅膀飞离枝头，时不时地传出几声幽鸣。啼鸣声在空寂的山谷里回荡，使周围显得更加寂静。这月光仿佛也照进了我的心中，一时间整个心境都被照亮了。我想这就是静的极致吧！只有摒弃一切杂绪，才能感悟到真静，感悟到自然的永恒。

〔**分析**〕“人闲”“夜静”“山空”三者互相影响，互为因果。桂树有春桂、秋桂、四季桂等不同品种，此处当为春桂。桂花细小而落地能闻，正见出夜之静、心之闲。山中有树，为何感觉空？那是因为作者心是空的，所以能抛开尘世杂念，与万物化为一体，使自己置身于苍茫的思维空间。“时鸣”强调时有时无、断断续续，而这却被诗人清晰捕捉到，以声衬静。

〔**艺术**〕前两句暗，后两句亮；前两句因动而静，后两句因声而静。全诗心随物转，景物的变化带来了作者情感、体悟的变化；又物因心活，鸟鸣本身也是一种动，正因为作者心中虽静却又充满了对欣欣春日生命和自然的感悟力、活力，与老僧坐枯禅不同，故敏锐捕捉到了自然景物的动态，达到物我的高度齐一。

〔**评析**〕清朱之荆《增订唐诗摘钞》：“写惊月出，甚言山中之空。”清姚鼐辑、赵彦传注《唐绝诗钞注略》：“徐文弼云：有此一‘惊’字，愈觉寂然。”清李瑛《诗法易简录》：“鸟鸣，动机也；涧，狭境也。而先着‘夜静山空’五字于其前，然后点出鸟鸣涧来，便觉有一种空旷寂静景象，因鸟鸣而愈显者，流露于笔墨之外，一片化机，非复人力可到。”近人俞陛云《诗境浅说续编》：“昔人谓‘鸟鸣山更幽’句，静中之动，弥见其静，此诗亦然。”

〔**链接**〕关于“桂花”的具体所指一直有分歧，一种解释认为桂花有春花、秋花、四季花等不同的种类，本诗中为春桂；另一种解释则认为艺术创作并不局限于生活现实，这里的桂花只是诗人之想象。不过由于这首诗为《皇甫岳云溪杂题五首》之一，更接近于写景诗，所以解释为春桂更合理。许多诗人都曾在空寂的春山里体悟到生命的瞬间永恒，如明孙承恩《题杂画册叶八首》（其三）：“寂寥春山空，静坐消万虑。搔首望青天，白云自来去。”清施润章《敬亭精舍夜坐》：“客归暮鸟还，日落春山空。皎然见晴雪，片月临中峰。”

〔**教学**〕引导学生想象春夜空谷之静，可在课堂上播放有关幽静山谷的视频，以激发学生的想象。另外，可以举出以动衬静的诗句，找生活中以动衬静的例子。对于诗中表现的佛教意趣可不涉及。

20. 王维《鹿柴》

空山不见人，但闻人语响。
返景入深林，复照青苔上。

〔**背景**〕王维晚年隐居终南山辋川别业（别墅），作五绝组诗《辋川集》二十首，本诗为其中之一。

〔**意境**〕整日无事，独坐屋前与自然为伍。自己空寂的心境仿佛与这山谷融为了一体，鸟语、虫鸣、风声、水流都仿佛不再有声。整日看不到一个人影，到处是无边的寂静，只是偶尔好像有人从林边走过，山深林密，只闻其声，却不见其人，那喧响过去，山谷越发空寂了。林深树密，林中的空地上长满了青绿的苔藓。阳光像是忘记了这幽深沉寂的树林，整日都难以照进其中。夕阳西下的时分，落日的余晖终于能够斜射入幽暗的深林，在青苔上映出斑斑驳驳的树影，青苔也变得鲜绿清亮，仿佛一块无瑕的翡翠，为这幽暗沉寂的密林增添了一丝光亮，我的心似乎也被照亮。不过，这一点点亮光，反而使人更分明地感到这里的昏暗、幽深。

〔**分析**〕"空"字统领全篇，营造出空廓虚无的境界。通常情况下，寂静的空山尽管"不见人"，却并非一片静默死寂，大自然的声音其实是非常丰富多彩的，但因为这些音响长期存在，人们容易将它们和山融为一体，所以诗人对这些听而不闻，"但闻"人语声了。"返景"可看出所写为夕阳返照时的景色。如果中午的太阳能照进深林，则不会长青苔。中午树冠枝叶稠密，阳光不能照进来，傍晚的太阳却能从树干处斜射入深林。中午过树不入，傍晚才照进来，似乎阳光返回一般，故谓之"返景"。"复"可以理解为"进而"，与"返"对应，也可以理解为"又"，表明所绘情景每天都会出现。"青苔"写出了深山密林中不只昏暗，而且潮湿，进而可以想到林中常年照不进光。

〔**艺术**〕前两句写声，后两句写色，将较少为人注意的有声的静寂、有光的幽暗写得声色兼备。前两句以有声反衬空寂，后两句以光亮反衬幽暗。

〔**评析**〕明李攀龙辑、凌宏宪集评《唐诗广选》："李宾之曰：诗贵淡不贵浓，贵远不贵近。如杜诗'钩帘宿鹭起，丸药流莺啭'、李诗'桃花流水杳然去，别有天地非人间'与摩诘'返景'二语，皆淡而浓、近而远，可为知者道，难与俗人言也。"清吴瑞荣《唐诗笺要》："景到处有情，情到处生景，可思不可象，摩诘真五绝圣境。"清沈德潜《唐诗别裁》："佳处不在语言，与陶公'采菊东篱下，悠然见南山'同。"清李瑛《诗法易简录》："人语响，是有声也；返景照，是有色也。写空山不从无声无色处写，偏从有声有色处写，而愈见其空。严沧浪所谓'玲珑剔透'者，应推此种。沈归愚谓其'佳处不可语言'，然诗之神韵意象，虽超于字句之外，实不能不寓于字句之间，善学者须就其所已言者，而玩索其不言之蕴，以得于字句之外可也。”清黄叔灿《唐诗笺注》：“‘不见人’‘闻人语’，以林深也。林深少日，易长青苔，而反景照入，空山阒寂，真麋鹿场也。诗细甚。”（阒［qù］寂：寂静。）近人俞陛云《诗境浅说续编》：“深林中苔翠阴阴，日光所不及，惟夕阳自林间斜射而入，照此苔痕，深碧浅红，相映成采。此景无人道及，惟妙心得之，诗笔复能写出。”

〔**链接**〕王维似乎特别喜欢用“空山”这个词语，但在不同的诗里，它所表现的境界却有区别。同样写到“空山”，同样侧重于表现静美，“空山新雨后，天气晚来秋”（《山居秋暝》）侧重于表现雨后秋山的空明洁净，色调明朗，在幽静的基调上浮动着安恬的气息，蕴含着活泼的生机；“人闲桂花落，夜静春山空”（《鸟鸣涧》）侧重于表现夜间春山的宁静幽美，虽极写春山的静谧，但整个意境并不幽冷空寂，素月的清辉、桂花的芬芳、山鸟的啼鸣，都带有春的气息和夜的安恬；而《鹿柴》则不免带有幽冷空寂的色彩，尽管还不至于幽森枯寂。

〔**教学**〕可引导学生想象一下诗人当时看到的鹿柴是什么样，并且画出来，可以只画前两句，也可以只画后两句，然后边吟诵边将这首诗题写在画中恰当的位置上。也可以让学生写一写他们想象出的诗的意境。

21. 李白《古朗月行》（节选）

小时不识月，呼作白玉盘。

又疑瑶台镜，飞在青云端。

〔**意境**〕童年时喜欢看月，深蓝色夜空中高挂着一轮皎洁的圆月，四周夜色深远，月亮静静发出温润洁白的光辉。我并不认识月亮，认为这分明是巧匠用上好白玉精心雕刻成的玉盘哪！再看了一会儿，我忽然又起了疑心，这“玉盘”莫不是王母娘娘在瑶台梳妆所用的明镜吧？看它轻灵地飞在青云之上，那么明亮皎洁，却又能停在空中，除却神力的作用，我再找不到别的答案。年幼的我独自猜想了许久许久，月亮依旧默默地挂在空中，并不作答。

〔**分析**〕“呼”字简单直接，正符合儿童的天真举动。“疑”字生动地表现了儿童的天真与好奇，童趣跃然纸上。“白玉盘”写出了月色之洁白，“瑶台镜”则写出了月光之皎洁。瑶台此处指神话传说中王母娘娘的梳妆台，以瑶台镜比月亮，于形象相似、美好之外又增添了引人遐思的余地。

〔**艺术**〕语言质朴，用词精准生动。比喻新奇有趣，透着一股单纯稚气，表现出儿童时期对月亮的幼稚而美好的认识。

〔**链接**〕“朗月行”是乐府古题，属《杂曲歌辞》。鲍照有《朗月行》，写佳人对月弦歌。李白采用这个题目，故称《古朗月行》。本诗在收录进小学语文教材时节选了前四句，原诗为：“小时不识月，呼作白玉盘。又疑瑶台镜，飞在青云端。仙人垂两足，桂树何团团。白兔捣药成，问言与谁餐？蟾蜍蚀圆影，大明夜已残。羿昔落九乌，天人清且安。阴精此沦惑，去去不足观。忧来其如何？凄怆摧心肝。”

〔**教学**〕可做启发式提问：你小时候觉得月亮像什么？试着创作一首小诗，写下自己童年时对月亮的认识。也可让学生据诗绘画。

22. 李白《黄鹤楼送孟浩然之广陵》

故人西辞黄鹤楼，烟花三月下扬州。

孤帆远影碧空尽，唯见长江天际流。

〔**意境**〕在黄鹤楼送别老朋友孟浩然。他告辞已毕，转身踏上了候在岸边的小舟，艄公举桨推船离岸，小舟便沿江而下。我急忙挥手告别，孟浩然也向我招手示意。此时正当烟花三月，江畔繁花似锦，而他要去的扬州更是名扬天下的繁华富饶之地，又该是怎样一番景象？可惜我无缘得见，只能期待老友重逢，把酒细说了。碧空朗朗，但见那一叶扁舟在江流中渐行渐远，起初还隐约望见扬起的风帆，渐渐地，渐渐地，这小舟在晴空下消失得无影无踪了。我并不急于离去，仍在岸边遥想着这趟浪漫的扬州之行。浩渺的长江水向着远方的天际奔流，故人也随着江流一去不复返了。帆影已尽，而离别和思念无尽，恰如眼前这日夜奔流的江水。但愿江水也知我难舍好友，代我将朋友一路护送，直到那令人流连忘返的扬州吧！

〔**分析**〕“黄鹤楼”点出了地点，更带出了种种与此楼有关的诗意典故（黄鹤楼是传说中仙人驾鹤飞升之处），与离别契合，增加了愉快而浪漫的气氛。黄鹤楼在扬州之西，孟浩然在船上辞别时面向西，故说“西辞”。“烟花三月”既写了景色又交代了时间，烟雾迷蒙，繁花似锦，而扬州又正是烟花繁华之地，透露出浓浓的时代气氛。“烟花”可理解为像烟雾一样到处都有花，或为水汽和鲜花。“下”说明孟浩然是沿长江向下游前行，船行轻快。后两句体现出李白目送远去的风帆直到帆影消失，可见目送时间之长、情谊之深。“尽”和“唯见”写出了诗人独立岸边目送孟浩然小舟远去的动态场面。江上本有许多往来船只，但诗人眼中只有那艘载着朋友的小舟，故曰“孤帆”。真情不在临别时的话语，却在相送后的思念，两人深重的友情由此可见。

〔**艺术**〕本诗所写是两位风流潇洒的诗人的离别，它是在一个繁华的时代、繁华的季节发生的，并且辞行之人正去往当时经济最繁华的、令李白无限向往的扬州，表现了充满盛唐气象的人生理想。李白生性浪漫、爱好游览，他向往扬州，又向往孟浩然的生活方式，在送别孟浩然的同时心也跟着飞翔，随着江水荡漾，融情于景，凝结为诗。

〔**评析**〕明敖英、凌云《唐诗绝句类选》：“末二句写别时怅望之景，而情在其中。”清宋宗元《网师园唐诗笺》：“语近情遥。”（末二句下）清蘅塘退士《唐诗三百首》陈婉俊补注：“千古丽句。”（“烟花三月”句下）

〔**链接**〕李白与孟浩然有着深厚的友谊，曾作《赠孟浩然》诗：“吾爱孟夫子，风流天下闻。红颜弃轩冕，白首卧松云。”黄鹤楼在今武昌蛇山，有“天下绝景”之称，与湖南岳阳楼、江西滕王阁并称为“江南三大名楼”。传说曾有一位名子安的仙人，乘黄鹤经过此地，所以命名为黄鹤楼。始建于三国时期，最初是为军事防守而建，到唐朝时已演变为名胜景点。黄鹤楼常为送别之处，李白《江夏行》写一女子曾在此送经商的丈夫：“去年下扬州，相送黄鹤楼。眼看帆去远，心逐江水流。只言期一载，谁谓历三秋。使妾肠欲断，恨君情悠悠。”扬州是京杭大运河的重要码头，是当时整个东南地区最繁华的都会。

〔**教学**〕本诗与《赠汪伦》皆写离别，又都不是悲伤的分别，而是快乐的相送，借此引导学生感受“你认为李白是怎样的一个人？从什么地方看出来的?”还可以让学生结合生活实际讲一讲自己送别亲友时的感受，比较和李白的送别之感有什么异同，并想象送别后的李白会有什么样的感受。想象两人在黄鹤楼分别时的情景。想象孟浩然“西辞”路上的见闻和感受，他会作一首什么样的离别诗?

23. 李白《望庐山瀑布》

日照香炉生紫烟，遥看瀑布挂前川。

飞流直下三千尺，疑是银河落九天。

〔**意境**〕站在山崖之上，远远望见香炉峰上正冉冉升起云烟，似有无尽水汽，在红日的照射下，幻化出美丽的紫色，仿若人间仙境。遥遥望去，一条宽广的瀑布恍如巨大的白练高挂于山前，下流成河。瀑布似乎静悬山间，伴着冉冉的云烟，给人轻灵之感。待到走近之后，才发觉其水量之丰沛，水势之湍急，真乃平生未睹！但见无数水流从峰顶飞溅而下，高空直落，势不可当；落下和溅起的水珠又跌在岩石之上，转瞬间便碎成了一层层极细密的水雾，衬托得这瀑布愈发壮美。心中不禁升起了疑问，甚至出现了幻景：瀑布怎会有如此磅礴的气势，莫非眼前所见的，竟是天上的浩瀚银河，划过九天，冲破云海，直坠在了人间?

〔**分析**〕开头之所以写香炉峰，原因可能有四：与游览时的视觉注意力有关；为瀑布气势宏大做铺垫；香炉峰视觉上与天相接，易于想到银河，更进一步想到银河的水汽在此处凝结，沟通了山与天、人与天；为了与“挂”这一动作相映衬，形成轻灵的美感。“生”字写活了香炉峰，也写出了山间烟云冉冉上升、袅袅游动的景象。水汽在太阳光的反射下应为七彩，作者独言“紫”，一是紫色较显眼，二是紫色为道教所推崇，与作者的求仙思想及此处的仙境感相一致。“遥看”说明诗人离瀑布有一定距离，点明一二句是从远观的角度写瀑布（也呼应了题目中的“望”）。“挂”字化动为静，惟妙惟肖地表现出“遥看”瀑布的倾泻之状。是谁将这壮美的瀑布“挂”在山前呢？是大自然的力量，运用拟人手法，表达出了对大自然鬼斧神工的赞颂。“川”可以理解为山前脚下瀑布水汇成的河流，也可理解为瀑布，意为瀑布像挂在山前的一条河。“直”同时具垂直、笔直、直接多方面意蕴。“飞流”“直下”写出了瀑布水量之大、水速之快，活画出瀑布由高空突兀而下、巨流倾泻的磅礴气势。“银河”与“紫烟”相互照应，强调瀑布非人间所有的轻灵。

〔**艺术**〕全篇富于雄奇的比喻、奔放的想象。末句夸张而自然，新奇又真切，振起全篇，瀑布形象由此变得更为雄奇瑰丽，在以气势震撼读者的同时，又留以宽广的想象余地，充分体现了作者“万里一泻，末势犹壮”的艺术风格。

〔**评析**〕清宋宗元《网师园唐诗笺》：“非身历其境者不能道。”

〔**链接**〕李白《望庐山瀑布》共两首，其一云：“西登香炉峰，南见瀑布水。挂流三百丈，喷壑数十里。欻如飞练来，隐若白虹起。初惊河汉落，半洒云天里。仰观势转雄，壮哉造化功。海风吹不断，江月照还空。”唐代很多诗人写过庐山瀑布诗，如张九龄《湖口望庐山瀑布泉》：“万丈洪泉落，迢迢半紫氛。奔飞流杂树，洒落出重云。”徐凝《庐山瀑布》：“虚空落泉千仞直，雷奔入江不暂息。千古长如白练飞，一条界破青山色。”苏轼曾戏谑道：“帝遣银河一派垂，古来唯有谪仙词。飞流溅沫知多少，不与徐凝洗恶诗。”（《戏徐凝瀑布诗》）曹松《送僧入庐山》：“若到江州二林寺，遍游应未出云霞。庐山瀑布三千仞，画破青霄始落斜。”应受李白此诗影响。据宋乐史《太平寰宇记》载，香炉峰“在庐山西北，其峰尖圆，烟云聚散，如博山香炉之状”。

〔**教学**〕可以将第一句内容以图片或动画的形式展现出来。引导学生思考：“挂”字可以换成其他字吗？为什么作者会产生“疑是银河落九天”的疑惑？银河是什么样子的？如果你看见了这样壮美的瀑布，你又会觉得它像什么呢？

24. 李白《赠汪伦》

李白乘舟将欲行，忽闻岸上踏歌声。
桃花潭水深千尺，不及汪伦送我情。

〔**背景**〕天宝十四载（755），李白从秋浦（今安徽贵池）前往泾县（今属安徽）游桃花潭，当地人汪伦常酿美酒款待他。袁枚《随园诗话》载：“唐时汪伦者，泾川豪士也。闻李白将至，修书迎之，诡云：‘先生好游乎？此地有十里桃花；先生好饮乎？此地有万家酒店。’李欣然至。乃告云：‘桃花者，潭水名也，并无桃花；万家者，店主人姓万也，并无万家酒店。’李大笑，款留数日，赠名马八匹，官锦十端，而亲送之。李感其意，作《桃花潭》绝句一首。”（按：袁枚为清代人，此事前代不见文献记载，真实性值得怀疑。）

〔**意境**〕我受汪伦盛情邀请，在桃花潭尽情游玩了几天，今天要离开了。汪伦热情奔放，与我十分相投，以我恃才傲物的个性，能交到这样一个好友，不得不说是人生一大幸事。看到载我离去的小船静静靠在潭水边，不由又想起这几天我们潭中乘舟，边欣赏美景边畅饮美酒的情形来。我要去了，好朋友应该来送我呀，怎么还不见人影？也许是有事不能来吧，我只好遗憾地上船准备出发。忽然，岸上传来踏着拍子唱歌的声音，我惊喜地回过头看，果然是汪伦！他和好几个人拉着手，欢快地踏着脚，歌声嘹亮，边唱边行。要知道，踏脚而歌是隆重的送客礼节，好朋友怎会忘了送我！清冽的潭水深得看不见底，曾经承载了多少我们这段时间结下的友谊，而现在汪伦为我送别的情谊比这潭水更深！我将永远记得这个热情豪放的朋友。

〔**分析**〕“将欲行”表明是在轻舟待发之时，“忽闻”点明踏歌送行出乎诗人意料，引出了读者“送行者是谁”的疑问，也写出了汪伦踏歌而来的爽快坦荡，嘹亮的踏歌声跃然纸上。“将”“忽”二字传达出了作者由失望到惊喜的紧张转换，动作顺承而下，有一气流注之妙。作者在将欲行之际，忽听踏歌之声，可见汪伦并非陪李白一道前来，这不合一般的送朋友之道。踏歌是拉手而歌，以脚踏地为节拍（有些工具书解释为边走边歌，恐不确），应是多人参与，可见汪伦是事先邀约众人，有备而来，想给李白一个惊喜。于此益见两人情谊深厚及性格豪放。江上人踏歌而来，热情洋溢，毫无别离时的儿女之态、悲戚之情，正写出了这两个乐观洒脱的人之间默契于心而不拘形迹的友谊。“深千尺”以夸张的虚数极写潭水之深，同时也为结句留下了伏笔；下句“不及”更进一层，以比物手法，将无形的情谊转换为眼前深邃的潭水，水深情更深。

〔**艺术**〕本诗平实坦荡，浑然天成。诗人先以“李白”自呼，直述其事；而后笔锋一转，出人意表。再后直取眼前景道心中情，同样直呼朋友大名，意兴遄飞。全诗热情奔放，毫不矫饰，两人彼此间的相知默契，如在眼前。全篇没有雕琢而语句自工，句意浅白而情感深厚。

〔**评析**〕清沈德潜《唐诗别裁》：“若说汪伦之情比于潭水千尺，便是凡语。妙境只在一转换间。”清黄叔灿《唐诗笺注》：“相别之地，相别之情，读之觉娓娓兼至，而语出天成，不假炉炼，非太白仙才不能。‘将’字、‘忽’字，有神有致。”清李瑛《诗法易简录》：“言汪伦相送之情甚深耳，直说便无味，借桃花潭水以衬之，便有不尽曲折之意。”

〔**链接**〕李白《金陵酒肆留别》：“请君试问东流水，别意与之谁短长？”刘禹锡《鄂渚留别李二十一表臣大夫》：“欲问江深浅，应如远别情。”皆以水喻情，但以眼前景映衬深情则不及此诗。这首小诗深为人赞赏，“桃花潭水”成了后人抒写别情的常用语。由于这首诗，使桃花潭一带留下许多优美的传说和供旅游访问的遗迹。

〔**教学**〕引导学生想象：之前李白与汪伦如何畅游品酒？汪伦为何没有提前赶来送李白，都有哪些可能？李白见到汪伦后两人有何表现，最后如何分别？（可用表演法）体会若把“不及”换成“就像”，表达效果有何差异？

25. 李白《静夜思》

床前明月光，疑是地上霜。
举头望明月，低头思故乡。

〔**意境**〕秋日天冷，深夜屋外已见白霜。又是一个寂寞的晚上，我伴着愁绪勉强入睡了。半梦半醒之间恍然睁开睡眼，眼前一片明亮清冷，一眼望去，似乎地上凝结了一层清冷的白霜。待到定睛再看，哪里是什么白霜，分明是皎洁的月光啊！秋夜寂静，一轮明月高悬天际，月光透过薄薄的窗纸，静悄悄洒落床前。抬起头凝望着天边的明月，想到自己孤身一人在他乡漂泊，归期未知，便不由自主地想起了千里之外的家园。想着想着，我渐渐低了头，完全陷入旅思秋怀之中。月光似乎温暖起来，它照着异乡也照着故园，愿它知道我的心事，代我将这份思念化作一片清辉，洒落在家乡亲人身畔。

〔**分析**〕对“床”的解释有三种，一是卧具，即睡觉的床；二是坐具，即胡床；三是井的围栏。从诗意及本诗借鉴前人诗意情况看，应为卧具。“举头”与“低头”的动作变换不过一瞬，作者早已思绪千里，对故土的万千牵挂便已跃然纸上。忆起故乡使诗人感受到了些许温暖，而这由清冷到温暖的转变和“故乡”的精神家园内涵，对常年漂泊者的意义更是十分明显，李白这样浪漫的人尤易体会，最浪漫的人也往往是最易感到孤寂无助的人。

〔**艺术**〕本文依作者感受的顺序，先写见霜，方悟为月，再举头望月。月白霜清，正是秋夜景致，于叙述中透露出独在客中、深夜难眠的景象——先有旅外的孤寂寒冷、地上结霜的客观因素，再有将满地月光误作白霜凝结的主观错认。进而举头望月，引发了思乡之情，已经完全清醒了。作者用随意叙述般的语气，撷取一个画面抒写了远客思乡之情，意味深长，耐人寻味。全诗清新朴素，仿若脱口吟成、浑然无迹，可谓“无意于工而无不工”的典型之作。

〔**评析**〕明钟惺、谭元春《唐诗归》：“钟云：忽然妙境，目中口中，凑泊不得，所谓不用意得之者。”（凑泊：拼凑。）清吴烶《唐诗选胜直解》：“此旅怀之思。月色侵床，凄清之景也，易动乡思。月光照地，恍疑霜白。举头低头，同此月也，一俯一仰间多少情怀。题云《静夜思》，淡而有味。”清俞樾《湖楼笔谈》：“‘床前明月光’，初以为地上之霜耳，乃举头而见明月，则低头而思故乡矣。此以见月色之感人者深也。盖欲言其感人之深而但言其如何相感，则虽深仍浅矣。以无情言情则情出，从无意写意则意真。知此者可以言诗乎！”近人俞陛云《诗境浅说续编》：“前二句，取喻殊新。后二句，在举头、低头俄顷期间，顿生乡思。良以故乡之念，久蕴怀中，偶见床前明月，一触即发，正见其乡心之切。且‘举头’‘低头’联属用之，更见俯仰有致。”

〔**链接**〕本诗明代以前的版本作“床前看月光，疑是地上霜。举头看山月，低头思故乡。”后在流传过程中变为现在通行的版本。古诗常以月寄思乡怀人之情，如乐府古辞《伤歌行》：“昭昭素明月，辉光烛我床。忧人不能寐，耿耿夜何长。”曹丕《杂诗》：“俯视清水波，仰看明月光。”乐府《子夜四时歌·秋歌》之十七：“仰头看明月，寄情千里光。”以霜色形容月光是古诗中常用的比喻，如梁简文帝萧纲《玄圃纳凉》：“飞流如冻雨，夜月似秋霜。”南朝齐谢朓《歌白帝》：“夜月如霜，秋风方袅袅。”而稍早于李白的张若虚《春江花月夜》，用“空里流霜不觉飞”来写空明澄澈的月光。

〔**教学**〕鼓励学生展开联想，体会诗人“低头思故乡”包含的复杂心境：哪些因素引起了诗人的思乡之情？这与诗人的生平经历有什么关系？为什么诗人看到了月光，却会想起家乡呢？

26. 李白《望天门山》

天门中断楚江开，碧水东流至此回。

两岸青山相对出，孤帆一片日边来。

〔**背景**〕本诗作于开元十三年（725）李白出蜀后初次过天门山。

〔**意境**〕站在船头，我望见楚江滚滚东下，浩荡的江流冲破天门山流向天边。及至舟行渐近，才发觉天门山并未中断，而是浩大的水流从两山之间奔流而出，看起来仿佛破山而出一般。疾速奔流的碧水在经过两山夹峙间的狭窄通道后激起了回旋，波涛汹涌。我平生经过无数江面，却唯有此地的江水在流动中回旋，堪称奇观！船随江流而下，眼前的两岸青山渐渐高大起来，仿若对我含笑相迎；一轮红日正在空中展露光辉，金色的波涛载着我与小舟，在红日的映照下向着远方驶去。天门山，李白来了！

〔**分析**〕“天门中断”夸张地写出了楚江水量之大、水势之猛；“至此回”所描写的江流回旋说明江水湍急，在相对狭窄的天门山间冲出回旋之势；“开”字气势辽阔坦荡，活画出江流浩荡、一往无前的景象。第一句以山写水势之大，第二句以水写山门之坚。后两句则点出了诗人“望天门山”的立脚点在江上的一叶扁舟中，“出”字逼真地表现了舟行过程中两岸青山越来越大、越来越清晰的独特姿态，同时也写出舟中人的新鲜喜悦之感。“孤帆”更能凸显江面辽阔，青山巍峨。此地长江的走向是由西南向东北，应是红日当空时节，故称“日边来”。“来”字轻松而传神地描绘出孤帆乘风破浪、越来越靠近天门山的情景，也饱含着诗人在欣睹名山胜景、目接神驰之时心中的喜悦与兴奋。

〔**艺术**〕李白诗歌往往具有强烈的浪漫主义精神，本诗也是如此。诗人运用丰富的想象和大胆的夸张，将眼前的青山相对、朝日碧波生动地描绘了出来，在描写天门山雄伟景色的同时融入了自己的内心情感，作者的生命激情如中断天门的东流碧水，生命活力如红日照耀，而所有的激情和活力又都立足于自然的怀抱，自己仅是孤帆一片。

〔**评析**〕明李攀龙辑、叶曦昂直解《唐诗直解》：“一幅绝好画意。”明郭濬、周明辅等《增订评注唐诗正声》：“郭云：说尽目前山水。将孤帆一片影出‘望’字，诗中有画。”清高宗敕编《唐宋诗醇》：“极自然，洵属神品，足以擅场一代。”

〔**链接**〕天门山：即安徽当涂县的东梁山（古称博望山）与和县的西梁山的合称。两山夹江对峙，像一座天设的门户，形势非常险要，“天门”即由此得名。楚江：长江中下游古属楚国，故称楚江。李白（一作李赤）《姑孰十咏·天门山》：“迥出江山上，双峰自相对。岸映松色寒，石分浪花碎。参差远天际，缥缈晴霞外。落日舟去遥，回首沉青霭。”宋孔平仲《天门山》：“惟天莽苍苍，乃立此门阙。山本如城连，剖凿中断裂。两峰竞秀倚，千古势相戛。大江方西来，逼束不得泄。潴为无底深，散作万顷阔。”

〔**教学**〕可启发提问：诗人因何事顺流东下，心情如何？诗人为何不写“过天门山”，而写“望天门山”？想象诗人过天门山时，他的所见所感与此时会有什么不同？

27. 李白《独坐敬亭山》

众鸟高飞尽，孤云独去闲。
相看两不厌，只有敬亭山。

〔**背景**〕李白一生七游宣城，本诗作于天宝十二年（753）秋游宣城时，距他被迫离开长安已有整整十年时间了。长期的漂泊生活使李白饱尝人间辛酸滋味，看透了世态炎凉，从而加深了他对现实的不满与内心的孤寂。

〔**意境**〕我又来到了宣城敬亭山中。正当秋季，空旷的山中分外寂静。独自坐在山石之上，抬眼看到天上有几只鸟儿展翅高飞，它们的身影渐高渐远，终于无影无踪。寥廓的长空中还有一片白云，是那么悠闲无事，却也不肯多陪伴我一会儿，自顾自地慢慢飘远了。鸟飞云去之后，这山中再也没有什么同我作伴，一股寂寞之感悄然涌了上心头。啊，敬亭山不是还在默默地陪伴着我吗？纵使世间的一切都离我远去，这宽广的大山仍然不会拒绝我的来访，随时向我敞开他的胸怀。山中没有人世的险恶与污浊，是一片自由自在的净土。人山相望，互不厌弃，我不由地感到一阵暖意。敬亭山啊敬亭山，你我虽被言语阻隔，却仍可相互欣赏，做一对精神知己，亦是快事一件！

〔**分析**〕“尽”与“闲”将读者引入一个宁静清幽的境界。“相”和“两”同义重复，运用拟人修辞，将人与山紧紧相连。“只有”更体现出知己难得的意味，而山的有情，衬出了现实中人的无情。

〔**艺术**〕以动衬静，鸟飞云去之“动”，更衬出周围环境的宁静，也烘托出诗人心灵的孤寂。正是诗人的思想感情与自然景物的高度融合，才创造出人山相望的寂静而和谐的境界。

〔**评析**〕唐皎然《诗式》："首句'众鸟'喻世间名利之辈，'高飞尽'言皆得意去，尽为'独'字写照。'孤云'喻世间高隐一流，'独去闲'言虽与世相忘，而尚有往来之迹。'独'字非题中'独'字，应上句'尽'字。三句看曰'相看'，见人固看着山，山亦似看着人；'两不厌'，见人固恋看山，山亦似恋看人。四句'只有'二字，见恋看山者惟人，而恋看人者似亦惟山。除却敬亭山以外，无足语者，'独坐'二字之神，跃然纸上。"近人刘永济《唐人绝句精华》："首二句独坐所见，三四句独坐所感。曰'两不厌'，便觉山亦有情，而太白之风神，有非尘俗所得知者，知者其山灵乎？"

〔**链接**〕敬亭山在宣城（今属安徽），宣城是六朝以来江南名郡，大诗人如谢灵运、谢朓等曾在这里做过太守。

〔**教学**〕引导学生思考：山是没有生命的，诗人却和山"相看两不厌"，为什么？在他凝望大山的时候，又在想些什么？

28. 李白《早发白帝城》

朝辞白帝彩云间，千里江陵一日还。
两岸猿声啼不住，轻舟已过万重山。

〔**背景**〕唐肃宗乾元二年（759）春天，李白因卷入永王李璘案，被流放夜郎（今贵州北部）。行至白帝城，忽闻赦书，惊喜交加，旋即放舟东下江陵。诗题一作《下江陵》。

〔**意境**〕我被流放夜郎，取道四川，如今已行至白帝城。本想为国家立功，却被无端卷入永王谋反案。我身已老，此时被流放，恐怕是终身遇赦无望，要老死异乡了。况那夜郎地处蛮荒，土人鄙野寡闻，比国都长安的富丽开化何去千里！这令我更感颓丧。虽然嗟叹终日，也只得蹉跎行路。谁料平地一声春雷炸响，我竟然在这白帝城中接到了赦书！真乃苍天有眼啊，我李白今日遇赦了！连日来心中的积郁烦闷一扫而空。既然如此，那便一刻也不要耽搁，这就原路返回吧！天刚放亮，便即刻登上归去的小舟，顺流而下。回望那曙光中彩云环绕的白帝城，心中快意，便同它拱手作别。不过一日光景，晚霞漫天之时已回到了千里之外的江陵，真个爽快至极！一路上我不愿在舱内等待，而是站在船头观望两岸大好风光。岸边林间多猿猴啼叫，像是向我祝贺，又像是道别。猿声本应此起彼伏，然而舟行迅捷，猿声竟是连作一声，没有停歇的时候。猿声未落，脚下的轻舟便驶过了千万重高山，将凄哀的猿声、如群山般厚重绵延的烦恼统统抛在身后。我重新回来了，生活依然充满希望！

〔**分析**〕“辞”字流露出作者欢快的心情。“彩云间”是写早晨景色，显示出从晦冥转为光明的大好气象，衬托了作者心情的转变，大清早即急于出发，同时还说明白帝城地势高，因此才有下文的船行之快。“千里”和“一日”，以空间之远与时间之迅做对比，足见舟行之快。江陵（今湖北荆州）是长江流入内地平原的重镇，过此便意味着完全回到了以前活动的内地，故曰“还”。“啼不住”是诗人身在轻舟之上的独有感受：猿非一，山非一，鸣声亦非一，而因舟行迅速，却使两岸山间的猿声成为浑然一片，始终在诗人耳际回旋，始终陪伴着诗人。“轻”字不仅写舟身轻便，更体现了诗人轻快的心情。“已过万重山”更是直言船行之快。

〔**艺术**〕情景交融，以胸中狂喜带动笔下诗文，酣畅淋漓地抒写情思情景。全诗给人锋棱挺拔、空灵飞动之感，洋溢着诗人经过艰难岁月之后突然迸发的一种激情，雄奇迅疾之中蕴含豪情欢悦。前两句先写已到目的地，后两句再回过头写路上的所见所感，突出了行舟之快，也使全诗结构富于变化。

〔**评析**〕清黄白山《唐诗摘钞》：“一、二即‘朝发白帝，暮宿江陵’语，运用得妙。以后二句证前二句，趣。”清施补华《岘佣说诗》：“太白七绝，天才超逸，而神韵随之。如‘朝辞白帝彩云间，千里江陵一日还’，如此迅速，则轻舟之过万山不待言矣。中间却用‘两岸猿声啼不住’一句垫之，无此句，则直而无味；有此句，走处仍留，急语仍缓。可悟用笔之妙。”近人刘永济《唐人绝句精华》：“此诗写江行迅速之状，如在目前。而‘两岸猿声’句，虽小小景物，插写其中，大足为末句生色。正如太史公于叙事紧迫中，忽入一二闲笔，更令全篇生动有味。而施均负谓此诗‘走处仍留，急语仍缓’，乃用笔之妙。”

〔**链接**〕白帝城位于重庆奉节县瞿塘峡口的长江北岸。据传西汉末年，公孙述割据四川，自称蜀王，因见此地一口井中常有白色烟雾升腾，形似白龙，故自称白帝，遂于此建都，并将紫阳城名改为白帝城。三国蜀汉皇帝刘备讨伐东吴，兵败白帝城，忧伤成疾，临终前在白帝城永安宫向丞相诸葛亮托孤。猿猴的鸣叫声是三峡特色，其啸声长而凄厉。北魏郦道元《水经注·江水》记载：“自三峡七百里中，两岸连山，略无阙处。重岩叠嶂，隐天蔽日。自非亭午夜分，不见曦月。至于夏水襄陵，沿溯阻绝。或王命急宣，有时朝发白帝，暮到江陵，其间千二百里，虽乘奔御风，不以疾也。……每至晴初霜旦，林寒涧肃，常有高猿长啸，属引凄异，空谷传响，哀转久绝。故渔者歌曰：巴东三峡巫峡长，猿鸣三声泪沾裳!”

〔**教学**〕引导学生思考：猿猴的啼叫本是凄厉哀伤的，而作者为什么一点没有感觉？可让学生讲讲自己坐车时，窗外景色、声音连成一片的实例。

29. 杜甫《绝句》

两个黄鹂鸣翠柳，一行白鹭上青天。
窗含西岭千秋雪，门泊东吴万里船。

〔**背景**〕宝应元年（762），杜甫好友、剑南西川节度使兼成都尹严武离蜀至长安，蜀中发生动乱，杜甫离开成都外出避乱。次年，“安史之乱”平定，又一年严武还镇成都，杜甫也回到成都草堂，生活重归安定。本诗即写于重回草堂后。以下《春夜喜雨》《绝句》《江畔独步寻花》也都作于生活于成都时。

〔**意境**〕春日融融，天气晴朗，我悠闲地坐于草堂内，欣赏周围的美景。屋外垂柳掩映，新绿勃发，翠色欲滴，成对的黄鹂在枝间欢快地唱和，尽情享受大好的春光。抬眼望去，碧空如洗，一行白鹭伸展长腿，姿态优美，翩翩而上，似不欲辜负无尽的蓝天。顺窗远眺，西边山岭上厚实的积雪在日光照耀下更显白亮，从屋内看去，正被框圈在窗户之中，似乎那么近，似乎全然属于我自己的了。那厚雪一定积了千年，那山千百年来一直矗立在那儿，展示着自己永恒的静穆。再看门外，浣花溪边横着只只小船，噢，那是我盼望已久的从万里之外的东吴驶来的。“安史之乱”终于平定，长江水道全线贯通，百姓可以自由经商往来了，而我也可以实现多年的夙愿——由岷江至长江东下，再由陆路北上回到洛阳老家了！

〔**分析**〕黄鹂鸣翠柳、白鹭上青天本为平常景，作者特地注意到，说明心情闲适、愉快（作者此时所写的很多诗歌都有这一特点）。眼中的黄鹂、白鹭都欢快自在，是作者将自己的主观情感投射到客观物象上的结果，为移情于物之法。凝视西岭雪山，有“相看两不厌”之意。“含”字有极强的画面性，同时又因景物被框圈而有属于我之意，又有雪山自送于眼前、与我亲近之意，与王安石《书湖阴先生壁》“两山排闼送青来”之意相通。另外，能看清西岭千秋雪，说明天气晴朗，与前两句相呼应，也与作者的心情相呼应。“泊”点出静态，似有等人去乘之意。门泊东吴万里船绝非仅为实景，而是整首诗情感基调的背景。作者后于765年离开成都沿长江东下，试图回到洛阳老家，但因贫困潦倒而没能如愿，于770年冬病逝在漂泊于湖北一带的小舟上。这首诗对回到故乡还抱有很高的期望，由此反观听鹂望鹭、远眺雪山，又含有不忍别离之意。

〔**艺术**〕前两句颜色对比鲜明，因绿而黄愈显，因青而白愈显（与作者“江碧鸟逾白，山青花欲燃”之句用法同），以暖色调为主，清丽疏朗。两句一近一远，一静（黄鹂与树的位置相对固定）一动，错落有致。后两句荡开眼前景，于尺幅之中思接千载、视通万里，足见作者包举宇宙的胸怀（这是杜甫诗取得极高成就的重要原因）。前后两联皆为工对，在绝句中很少见，尽显作者功力。整首诗没有直接表达平定叛乱、生活安定、回乡有望的闲适和喜悦，但句句体现着这一主题。

〔**评析**〕宋曾季狸《艇斋诗话》：“古人用颜色字，亦须配得相当方用，‘翠’上方见得‘黄’，‘青’上方见得‘白’，此说有理。”明王嗣奭《杜臆》：

"草堂多竹树，境亦超旷，故鸟鸣鹭飞，与物俱适，窗对西山，古雪相映，对之不厌，此与拄笏看爽气者同趣。门泊吴船，即公诗'平生江海心，夙昔具扁舟'是也。"（拄笏："拄笏看山"的省称，拿手板撑面颊看山，喻悠然自得貌。）

〔**链接**〕关于作者"安史之乱"平定后即想回家的心情，可参见《闻官军收河南河北》诗。另，苏轼《溪阴堂》："白水满时双鹭下，绿槐高处一蝉吟。酒醒门外三竿日，卧看溪南十亩阴。"亦以闲景衬闲情。西岭指成都西面的岷山山岭，距成都市区约七十公里，现有西岭雪山风景名胜区。《夷白斋诗话》："长江万里，人言出于岷山，而不知元从雪山万壑中来。山亘三千余里，特起三峰。其上高寒多积雪，朝日曜之，远望日光若银海。杜子美草堂正当其胜处。其诗曰：窗含西岭千秋雪。"

〔**教学**〕可用课件制作"鹂鸣""鹭上"的动画，及"含""泊"的静态画面，以帮助学生理解用词之妙。引导学生想象意境时可适当加上作者的神态。

30. 杜甫《春夜喜雨》

好雨知时节，当春乃发生。
随风潜入夜，润物细无声。
野径云俱黑，江船火独明。
晓看红湿处，花重锦官城。

〔**意境**〕多日无雨，多么希望天降甘霖，给萌生的万物以滋润。今日天阴云重，应该会下雨吧。一直到了晚上，雨丝果然细细飘来。真是一场好雨啊，仿佛知道草木急需水分，便及时地下了下来。它知道白天下雨会给人们造成不便，也无意在白天向人们夸耀自己的存在，便在晚上悄悄到来，随着微风飘洒在每一个角落，带来潮湿、舒适和生机。雨声细密，不紧不慢，似不欲打扰人们，只默默下着，又似知道新生的草木禁不起狂风骤雨，只适合轻轻滋润。细雨滋润着万物，也滋润着人们的心田。这样的好雨不会下一会儿就停了吧？得出去观察一下云象，看雨到底能下多久。平日夜晚原野上的小路依稀可辨，现在周围却一片漆黑，不见星月。厚重的黑云遮压着大地，似要与大地连成一片。清冽的江水在晚上本会微微发光，最易辨别，现在却只能看见点点渔火，在黑夜里格外显眼。细雨时鱼儿喜欢浮上水面，渔民们大概在抓紧捕捞吧。有如此黑厚的云，这场好雨一定会下到天亮。走在雨中，不禁想到：经过一夜透彻的滋润，明天早上万物会变成什么样子？那么多花蕾一定会带雨开放，沉甸甸压满枝头，整个成都会变成一片红色的海洋，所有的庄稼和草木，甚至所有的动物也会充满勃勃生机，春天的美丽将充分显现出来。

〔**分析**〕“好”字统领全篇，知时节为好，滋润无声为好，下的时间长是好，利于捕鱼也是好。开篇就点出好，起句便吸引人，也点出作者的喜不自禁之情。“时节”既指春天，也指夜晚。“随风”既说明雨因风而下，也点出可随风飘入各个角落。“潜”表示不欲人知，也有无处不在之意。“火独明”说明江水、周围俱黑，以亮衬黑，黑更厚实。花因湿、因盛而重，却重而不落，是因为好雨细绵。

〔**艺术**〕全诗只写客观景象，无一字写“喜”，却处处透着“喜”。末二句为想象，只有真“喜”，才会生发如此想象。只选取了春天最典型的事物——花，而万物的情形不言自明。雨好的根本是无私，作者的品德也由此而显。

〔**评析**〕清黄白山《唐诗摘钞》：“细雨而不骤，才能润物，又不遽停，才见好雨。三四紧着雨说，五六略开一步，七八再结合。杜咏物诗多如此，后学之圆规方矩也。五六写雨境好矣，尤妙能见‘喜’意，盖云黑则雨浓可知。六衬五，五衬三，三衬四，加倍写‘润物细无声’五字，即是加倍写‘喜’字。结句更有风味。”清张谦宜《絸斋诗谈》：“‘野径云俱黑，江船火独明’，此是借‘火’衬‘云’。‘晓看红湿处，花重锦官城’，此是借‘花’衬‘雨’。不知者谓止是写花，‘红’下用‘湿’字，可见其意。”

〔**链接**〕杜甫《喜雨》：“南国旱无雨，今朝江出云。入空才漠漠，洒迥已纷纷。巢燕高飞尽，林花润色分。晚来声不绝，应得夜深闻。”

〔**教学**〕可让学生想象作者听雨、观雨时的情形，如所处的位置及变换、所见闻的具体事物、其间的感受等。

31. 杜甫《绝句》

迟日江山丽，春风花草香。

泥融飞燕子，沙暖睡鸳鸯。

〔**意境**〕春天日光和煦，白昼渐长。放眼望去，但见暖阳普照，水碧山青，江山一片明丽。柔软的春风拂过，带来了百花的芬芳和春草的清香。河滩边冰雪融尽，溪岸上泥土潮湿松软，燕儿们已从南方归来，正轻盈地飞来飞去，一边忙着衔泥筑巢，一边呢呢喃喃地细语着。岸边的河沙也消退了冬日的寒意，在阳光的照射下温暖了起来，一双双多情的鸳鸯相依相偎，在沙滩上恬然安静地睡着，十分慵懒可爱。当春之际万物复苏，而我也告别之前漂泊穷困的生活，心中倍感惬意，正可安心赏玩眼前这大好的春光。

〔**分析**〕“迟日”即春日，由《诗经·豳风·七月》“春日迟迟”化来，“迟迟”谓阳光温暖、光线充足，以下景物均由迟日生发，故开头便点出。不说“燕子飞”“鸳鸯睡”，而说“飞燕子”“睡鸳鸯”，既是音律的需要，也强调了“飞”“睡”两个动作，并与作者初见景象的感受一致：先见到有东西在空中飞、在沙滩睡，仔细看仔细想，原来是燕子在飞、鸳鸯在睡。

〔**艺术**〕前两句从大处粗线勾勒，为自然景物，句尾的“丽”与“香”又写出了诗人的春日所感；后两句则是工笔细描的特定画面，为动物，既有“飞燕子”的动态描绘，又有“睡鸳鸯”的静态写照，一动一静相互映衬，便将春日的生机勃勃与柔和闲适巧妙地结合在了一起。由面及点，动静结合，构成了一幅明丽和谐的春色图，而作者的惬意、喜爱也隐含其中。

〔**评析**〕宋罗大经《鹤林玉露》：“上二句见两间莫非生意，下二句见万物莫不适性，于此而涵泳之、体认之，岂不足以感发吾心之真乐乎？大抵古人好诗，在人如何看，在人把做甚么用。”（两间：谓天地之间，指人间。）清黄叔灿《唐诗笺注》：“有惜春之意，有感物之情，却含在二十字中，妙甚。”

〔**教学**〕可组织学生讨论两种不同看法的前人评析：“有惜春之意，有感物之情”，和“只写春景，未出意”，说说自己更赞同哪一种，为什么？另：作者见到这番景象是什么心情？

32. 杜甫《江畔独步寻花》（其五）

黄师塔前江水东，春光懒困倚微风。
桃花一簇开无主，可爱深红爱浅红。

〔**意境**〕饭后无事，信步走到黄师塔前，面前的锦江水自在地向东流去。温暖的春光布满大地，感觉有些懒散困乏，一阵微风吹来，暖暖地透进身体，不禁想靠着风休息片刻，春光似乎也变得懒散起来，像我一样斜斜地靠着微风歇息享受。岸边一团桃花开得正艳，似乎也在享受这无边的春光。主人已逝，我便可随便观赏。有些开得正盛的是深红色，有些刚开的是浅红色，令人目不暇接，到底是深红色的可爱呢还是浅红色的可爱？每个人恐怕有自己的爱好，可随意选择。

〔**分析**〕黄师不详何人，塔为纪念其而建。江水东流纯为自然现象，作者特意地注意到了，说明心意闲适自在。该组诗其七云：“不是爱花即肯死，只恐花尽老相催。”面对东流的江水，有逝者如斯、老之将至之感，又关联已逝的黄师，此意更明，则江畔寻花既为闲适之举，又隐约有惜时悲老之意。懒困既是春日特征，又因闲适而起。懒困者自然是人，但本句从语法上看，首先可理解为春光懒困，为移情于物，人物融一，更显闲适。微风本不可倚，幻想能倚，一则表明是微困，一则表明作者与风的亲近。从春光角度看，光本无形，轻盈不倒，风吹其间，似有依凭，体物细腻传神。岸边潮湿，春光明媚，故桃花得开。黄师已逝，故桃花无主，人可自由赏玩，又虽无主人，而桃花依旧开放，正显其自在，不为他事所牵。末句聚神于花色，以设问结束，表明作者亦无法取舍，透显的还是闲适。“可爱”可以理解为一个词，也可理解为“应该爱”。

〔**艺术**〕从字面看四句都是写景，但句句都有人在，处处透着闲适、惬意。诗句看似平易，但字与字、句与句之间实有多重联系，尽显杜诗句法的特点。

〔**评析**〕清仇兆鳌《杜诗详注》："吴论：此至黄师塔前而作。春时懒倦，故依风少憩。师亡无主，则深浅红花，亦任人自赏而已。朱注：叠用'爱'字，言爱深红乎，抑爱浅红乎？有令人应接不暇意。"

〔**教学**〕第二句学生较难理解，可启发想象春日的感受，体会想依靠、似乎已依靠的感觉。

33. 杜甫《江畔独步寻花》(其六)

黄四娘家花满蹊，千朵万朵压枝低。
留连戏蝶时时舞，自在娇莺恰恰啼。

〔**意境**〕一条小路出现在眼前，原来是通往黄四娘家的。小路两旁高处低处长满了各种各样的花，层层叠叠，硕大怒放，将枝头都压得低了下来，似乎在吸引欢迎我由此走进去。不时看见艳丽的蝴蝶嬉戏于花朵之间，翩翩起舞，似留连于花的鲜艳芬芳，不忍离去。正在赏蝶，忽然从花丛深处传来一串悦耳的鸟叫声，那应该是娇美的黄莺的歌声，长短高低相间，随意自在，恰恰不停，似也在欢迎我的到来。多么生机勃勃、令人愉悦的春景啊！

〔**分析**〕小路而花多，显为有意栽种，有吸引、欢迎客人之意。"满蹊"为远处整体观感，"压枝低"则为近处细看。"千朵万朵"同义重复，突出花多而密，虽不谐平仄（按格律，头一个"朵"应为平声），但自有其意蕴和美感。"千朵万朵"又与"满"重复，强调其多。后两句按语法应为"戏蝶留连""娇莺自在"，颠倒次序是为了符合平仄要求，同时也突出了"留连"和"自在"的状态。蝶舞、莺啼都是迷于花的多、艳、香。

〔**艺术**〕前两句直写花多，后两句以蝶、莺衬写，同时也衬出了花的艳丽、芳香以至神韵。最后以鸟声结束，给人以余音不绝、美景无限的感觉。通篇只写景，而作者的自在、愉悦、对自然的喜爱都蕴含其中。如此美景属于黄四娘家，主人的情趣、精神境界可见一斑，作者开篇即点出黄四娘，除说明地点，也有提示由景及人之意。有人认为黄四娘为妓者，聊备一说。

〔**评析**〕清浦起龙《读杜心解》："黄四娘自是妓人，用'戏蝶''娇莺'恰合，四更胜三。"清仇兆鳌《杜诗详注》："师塔、黄家，殁存虽异，但看春光易度、同归零落耳，故复有花尽催老之感。此三章联络意也。"近人俞陛云《诗境浅说续编》："此二诗在江畔行吟，不问花之有主无主，逢花便看。黄师塔畔，评量深浅之红；黄四娘家，遍赏万千之朵。"

〔**链接**〕《江畔独步寻花》共七首，其一："江上被花恼不彻，无处告诉只颠狂。走觅南邻爱酒伴，经旬出饮独空床。"其七："不是爱花即肯死，只恐花尽老相催。繁枝容易纷纷落，嫩叶商量细细开。"

〔**教学**〕引导学生想象作者赏花的后续情景，如作者观赏了多久，又看到、听到了什么，碰见主人黄四娘攀谈了些什么等，以更深入地理解景物背后所蕴含的人物情趣。

34. 杜甫《江南逢李龟年》

岐王宅里寻常见，崔九堂前几度闻。

正是江南好风景，落花时节又逢君。

〔**背景**〕杜甫十四岁（726）时游洛阳，出入岐王府、崔涤府，与李龟年常有见面。"安史之乱"后，李龟年流寓江南潭州（今湖南长沙）。杜甫病逝前三年漂泊于湖南一带，与李龟年重逢，与当年相见已时隔四十年。

〔**意境**〕想当年我们都青春年少，正逢开元盛世，到处雅集歌晏，文艺活动繁盛。岐王好文，礼贤下士，常高朋满座；崔九备受皇上宠信，诙谐善谑，府中常有热闹宴会。两府中来往的都是当时的文艺名流，开元盛世的精华似都聚集于此，那是怎样一幅生机勃勃、充满希望的图景啊。我在两府中多次见到过你，有幸欣赏你的歌唱绝技。后虽不再见面，但生活尚属安定。突然“安史之乱”爆发，盛世之晏骤停，大家仓皇逃命，天各一方，音讯皆无，一别就是四十年，回想起当年的时常相见，简直恍如梦境。战乱疮痍难平，而我们的青春和热情已在流落中耗尽，现都已须发斑白、老病交加，却依然到处漂泊。暮春的江南风景秀丽，一似当年恣意交游时，若在清平世道，正是游历的好时节，我们的重逢该是多么愉悦。如今，风景不殊，人事已非，盛世光景和我们的年华理想如同凋零的落花，已一去不复返，我们的生命也将走到尽头，重逢带来的只有满腹心酸和无限感慨！

〔**分析**〕前两句是对开元盛世的美好回忆。李龟年是开元盛世的一个象征，对于这样的著名艺人“寻常见”“几度闻”，正是盛世所致，至乱世，则几十年不得见。“正是”表强调，有“正如同当年”之意。“又”字与“寻常”“几度”构成对比，突出重逢的不易，及前后相见的巨大差别。“好风景”是国家命运、两人处境的反衬。“落花”既是眼前景，又寄寓一去不复返之意。

〔**艺术**〕含蓄是本诗最突出的特点。对盛世的无限眷恋、对乱世的无限感慨都蕴含在平淡的追忆和叙述中，而通过今昔对比、景人对比，不难体味到平淡背后的凝重和深广。结句刚点到便戛然而止，似无法说尽不欲再说，留无限心酸、沉痛反思于言外。作品只写两人遭际，但以小见大，反映的是整个社会变迁，故有深沉的感染力。

〔**评析**〕清黄白山《唐诗摘钞》：“一二总藏一‘歌’字。‘江南’字见地，‘落花时节’见时，四字将‘好风景’三字衬润一层。‘正是’字、‘又’字紧醒前二句，明‘岐宅’‘崔堂’听歌之时，无非‘好风景’之时也。今风景不殊，而回思天宝之盛，已如隔世，流离异地，旧人相见，亦复何堪？无限深情，聚藏于数虚字之内。”清胡本渊《唐诗近体》：“含意未伸，有案无断；而世运之治乱、年华之盛衰、彼此之凄凉流落，俱在其中。”俞陛云《诗境浅说续篇》：“少陵为诗家泰斗，人无间言，而皆谓其长于七绝。今观此诗，余味深长，神韵独绝，虽王之涣之‘黄河远上’，刘禹锡之‘潮打空城’，群推绝唱者，不能过是。此诗以多少盛衰之感，千万语无从说起，皆于‘又逢君’三字之中，蕴无穷酸泪。”

〔**链接**〕李龟年：唐代著名乐工。《明皇杂录》：“唐开元中，乐工李龟年、彭年、鹤年兄弟三人皆有才学盛名。彭年善舞，鹤年、龟年能歌，尤妙制《渭川》。特承顾遇，于东都大起第宅，僭侈之制，逾于公侯。宅在东都通远里，中堂制度，甲于都下。其后龟年流落江南，每遇良辰胜赏，为人歌数阕。座中闻之，莫不掩泣罢酒。”岐王李范（？—726）：为唐玄宗弟，好学工书，雅爱文章之士，官至太子太傅。崔涤（？—726）：排行第九，多辩智，善谐谑，为玄宗所宠信，官秘书监，后加金紫光禄大夫，封安喜县子。辛弃疾《上西平·送杜叔高》：“恨如新，新恨了，又重新。看天上、多少浮云。江南好景，落花时节又逢君。夜来风雨，春未归似欲留人。”

〔**教学**〕让学生充分了解杜甫生平及本诗创作背景，以了解作品的言外之意。可以想象表演两人重逢后的对话和感受。

35. 刘长卿《逢雪宿芙蓉山主人》

日暮苍山远，天寒白屋贫。
柴门闻犬吠，风雪夜归人。

〔**意境**〕夕阳西下，天色渐暗，冬日苍凉的山中愈发冷寂、寥廓，远处渐渐变暗，崎岖的山路显得更加绵长，只有毛驴相伴的我倍感孤单寂寞。赶了一天路，饥饿、寒冷、疲惫一起袭来，哪里有人家可供借宿呢？放眼远眺，一个简陋的院落坐落在前方。没有朱门碧瓦，只见泛白的泥墙和茅檐，在风中似乎瑟瑟发抖，显得更加贫寒。这家人能在如此偏远、恶劣的环境里安家落户，一定具有坚韧的意志，一定会对山中旅人富有同情心吧？风越来越大了，渐渐飘起了雪花，山路高低曲折，看似不远，却走了很长时间，待赶到那户人家时，天已完全黑了。院子里寂无人声，主人大概已经睡了，关着的柴扉里面一只狗听到我来到的声音，叫个不停，在静夜里格外响亮。屋子里传出主人疑惑的声音：这么冷的天有谁来了呢？见到有人点着灯走出来，我忙表达了借宿之意，主人欣然同意了，热情地说：“谁背着房子走路呢。”连忙打开柴门，狗的叫声也由警惕变成了欢迎。在这风雪交加的夜晚，我终于找到了温暖的家！

〔**分析**〕日暮而山显苍青，天暗而路似更远，日暮急于投宿，加上疲惫冷饿，也觉路途更远。屋白说明没有经过装饰，为穷人所居，与柴扉对应，覆雪而白，又因寒而益显贫。犬声为连通作者与主人的信号，也在第一时间给旅人带来了生机和家人的温暖。借宿而有归家之感，是因为风雪夜在山中找到投宿处实属不易，也说明主人很热情。本诗也可这样理解：日暮欲投宿，望见一发白的院落，进去后发现很贫穷。住到半夜，听见柴门狗叫，原来外面已是风雪交加，有人回来了。

〔**艺术**〕前两句写投宿前自己及主人的情形，后两句写投宿时的情形，视野由散到点，由远到近。通篇只写客观物景，而自己的忧思、主人的热情都隐含在背后。只选取了典型情景，省略了很多情节，很能见出刘长卿诗清丽而富于味外之味的特点。若依第二种理解，省略内容更多，如投宿的过程，半夜听见主人的开门声，与来人对话，来人的身份（这家成员或亲戚或与自己一样的赶路者等），自己荒寒思家的感想，等等。

〔**评析**〕明唐汝询《唐诗解》："此诗直赋实事，然令落魄者读之，真足凄绝千古。"清黄叔灿《唐诗笺注》："上二句孤寂况味，犬吠人归，若惊若喜，景色入妙。"近人刘永济《唐人绝句精华》："此诗二十字，将雪夜宿山人家一段情事，描绘如见。"

〔**教学**〕引导学生补充省略的情节，想象作者投宿后的感受。

36. 张继《枫桥夜泊》

月落乌啼霜满天，江枫渔火对愁眠。
姑苏城外寒山寺，夜半钟声到客船。

〔**背景**〕作者于天宝十二年（753）登进士第，"安史之乱"爆发的次年（756）避乱江南，游历越州（今绍兴）、杭州、苏州、润州（今镇江）等地，与诗僧灵一为方外之友，“安史之乱”结束后在京任职。

〔**意境**〕经过了一天漂泊，晚上到了姑苏城外的枫桥，就在这儿停船休息吧。月亮早早落下，周围一片幽黑，我的心情也似这黑夜一般黯淡。乌鸦发出一声声凄厉的叫声，在静夜里格外刺耳。夜深天寒，一阵阵凉意袭来，漫空似乎都飞舞着霜花。江边的枫树依稀可见，使夜色显得更加幽深、昏暗。只有远处渔船的火光还在闪烁，带来了一丝光明和慰藉，但四周却在微弱火光的映衬下显得更加黑暗。在这昏暗、凄冷、空旷的夜晚，我倍感寂寥孤单、愁绪万千，只好勉强入睡。到了夜半时分，一声声悠扬的钟声传到耳中，原来是寒山寺的钟声。钟声缓慢悠长，在寂寥的晚上格外清晰，弥漫于整个天际，又似乎一声声敲打在我惆怅的心上，再也无法入眠。

〔**分析**〕作者考中进士却因战乱无法做官，一个人漂泊在外，到了晚上无家可归，繁华的苏州城近在咫尺却无钱住宿，只好将船停在桥边宿在船上。枫树多用作离愁别绪的象征，以之名桥，见之生愁，夜晚幽暗冷清，更易生愁。无家可归而泊于水边，且水的流动、厚重、柔软本身就易惹愁绪。夜半月已落下，说明是上弦月（弯口向左）。乌鸦（有人认为是兀鹫）啼叫应是光线变化所致（与“月出惊山鸟”类似），由此可见周围安静。另外，乌鸦夜啼向被认为是不祥或凄凉的象征，古乐府曲名有《乌夜啼》。霜不会在空中，“霜满天”是感觉被寒气包围，无处逃遁。江枫可能是一排而非单个，渔火应非己船之火；“对愁眠”是作者面对愁思而眠，“对”也包含着人与江枫、人与渔火、人与钟声、江枫与渔火的相对，也可看出作者并非天黑即睡。江枫与渔火形成大小、暗明、静动的对比。“姑苏城外”强调自己身处郊外而非繁华都市，与漂泊困顿相应，也强调寺庙处在郊野，与宗教属性相关，也能使钟声传得更远。作者与诗僧灵一交厚，应受到佛教影响，寒山寺因诗僧寒山曾住而得名，兼有诗与宗教两种内涵，故作者心向往之，也可能白天游历过，夜晚仍不能忘怀。钟声具有浓厚的宗教意味，似乎召唤着作者去除愁绪、涤荡思虑。同样是宿在船上，渔人以之为家而自己为客漂泊。前后两句所写应非同一时间段。

〔**艺术**〕整首诗所表现的愁的具体内容作者没有明说，而是充分运用环境的衬托和渲染，将愁思溶解于其中，无处不在而又难以确指。夜半钟声给人以余音缭绕、愁思不绝的言外之意。前两句意象稠密，利于充分渲染气氛，后两句意象疏松，与钟声的缭绕不绝相应。整首诗情景交融，表现细腻、传神。

〔**评析**〕清黄白山《唐诗摘钞》："三句承上启下，深而有力，从夜半无眠至晓，故怨钟声太早，搅人魂梦耳。语脉深深，只'对愁眠'三字略露意。夜半钟声或谓其误，或谓此地故有半夜钟，俱非解人。要之，诗人兴象所至，不可执着。"宋周弼辑、元释圆至注《笺注唐贤三体诗法》："何焯评：愁人自不能寐，却咎晓钟。诗人语妙，往往乃尔。"宋周弼辑，元释圆至注，清盛传敏、王谦纂释《碛砂唐诗》："'对愁眠'三字为全章关目。明逗一'愁'字，虚写竟夕光景，转辗反侧之意自见。"

〔**链接**〕关于枫桥，康熙帝《御选唐诗》题注云："《吴地志》：长、吴二县虹桥三百有余，其最著为枫桥，去阊门西七里，面山临水，南北往来必经于此。"（长、吴：长洲县与吴县，俱属苏州府，县衙均在苏州府城。）寺院常在夜半时敲钟，谓之分夜钟，又谓之无常钟，江浙一带为盛，南朝即有，唐宋诗人多有记载，如唐皇甫冉《秋夜宿严维宅》："秋深临水月，夜半隔山钟。"唐陈羽《梓州与温商夜别》："迎风骚屑千家竹，隔水悠扬午夜钟。"白居易《宿蓝溪对月》："新秋松影下，半夜钟声后。"后代多有借本诗意为诗者，如宋孙觌《过枫桥寺示迁老》："乌啼月落桥边寺，欹枕遥闻半夜钟。"宋吴龙翰《泊真州方山下》："片云不隔长芦寺，夜半钟声敲客愁。"宋苏泂《姑苏台》："姑苏门外连宵泊，愁听寒山半夜钟。"陆游《宿枫桥》："七年不到枫桥寺，客枕依然半夜钟。"明高启《枫桥》："几度经过忆张继，乌啼月落又钟声。"明唐寅《姑苏八咏·寒山寺》："金阊门外枫桥路，万家月色迷烟雾。谯阁更残角韵悲，客船夜半钟声度。树色高低混有无，山光远近成模糊。霜华满天人怯冷，江城欲曙闻啼乌。"清王士祯《夜雨题寒山寺寄西樵礼吉二首》（其二）："十年旧约江南梦，独听寒山半夜钟。"清查慎行《百字令·枫桥夜泊》亦据本诗创作。

〔**教学**〕引导学生以作者口吻更细致地想象创作情形（加入当天经历），想象补充诗句结束后故事的发展及作者心理。可依诗作画。

37. 韦应物《滁州西涧》

独怜幽草涧边生，上有黄鹂深树鸣。
春潮带雨晚来急，野渡无人舟自横。

〔**背景**〕作者于建中四年（783）夏由京官放为滁州刺史，时滁州为穷僻之地，本诗即作于任滁州刺史期间，或说作者罢刺史后仍闲居于西涧时所写。

〔**意境**〕城西山壑纵横，林木苍翠，风景优美而少有人到。一条溪水夹在山壑间，常年流淌，清澈见底。我缘溪赏景，两旁长满了各种草木，有高大的乔木，有低矮的灌木，有五颜六色的野花，而我独独爱怜那些长在潮湿阴暗处的小草。它们不求炫耀，在艰苦的环境里安之若素，默默生长，显示着生命的顽强和坚韧。正专注于小草，忽然传来几声鸟叫，抬头细寻，原来是几只黄鹂在茂密的树叶间使劲鸣叫，似乎在炫耀自己身居高处，叫声响亮，又似乎召唤我将注意力转移到它们身上。我不为所动，继续欣赏小草。不知不觉已到傍晚时分，忽然下起了大雨。春天雨多，涧水早就涨起，此时更是潮流涌动，挟带着大雨急速而来。大雨中小草依然挺立，守护着泥土不被冲刷，而黄鹂早已缩回窝中，不再鸣叫。一个简陋的渡口出现在眼前，雨大天晚，无人乘船，连渔夫也不知到哪里去了，渡船顺着水流横浮在岸边，看起来很是自在悠闲。

〔**分析**〕“幽”指所处阴暗，生于阳光少有处，又兼指矮小。“黄鹂”在深处尚鸣叫，意谓极力使人知晓，又，鸟叫可反衬周围幽静。春潮水已大，带雨则更大。“带”字富动感，因潮水涌动而有挟带意，似将上方、两旁的雨都裹挟而下，若为湖水，则无挟带意。“急”指潮水，也指雨。“晚”表明作者流连忘返，一直游赏到了傍晚。傍晚雨大，本是渡口人多之时，现在却人无船闲，反衬出此地的僻远。“自”有自己、自在意。“横”是与水流方向一致，为人面向水边时的视觉感受，若载人起航向对岸，则为“直”。对于本诗是纯粹写景还是有所寄托，历来看法不一。联系作者生平思想看，应有所寄托。幽草生于僻静，是作者安贫若素、不求腾达的心境的象征，黄鹂则为居高炫耀、媚人求宠者的象征，对比鲜明。春潮带雨有中唐时局不安之意，舟自横寓作者该被用而不被用的忧伤，也表明顺其自然、保持悠闲恬淡情怀的想法。

〔**艺术**〕前两句写涧边景，一静一动，互相映衬，后两句写水和舟，动中有静。本诗用词质朴自然，意境清雅明净，末句富有画面性，很能代表作者的创作风格。将景物人格化，但又含蓄深沉，寄托在可求不可求之间，与作者恬淡的胸怀一致。

〔**评析**〕明高棅辑、吴逸一评《唐诗品汇》："谢叠山云：'幽草''黄鹂'，此君子在野，小人在位。'春潮带雨晚来急'，乃季世危难多，如日之已晚，不复光明也。末句谓宽闲寂寞之滨，必有贤人如孤舟之横滨者，特君不能用耳。此诗人感时多故而作，又何必滁之果如是也。"（谢叠山：指谢枋得，宋末元初人。季世：末世，乱世。）明桂天祥《批点唐诗正声》："沉密中寓意闲雅，如独坐看山，澹然忘归，诗之绝佳者。谢公曲意取譬，何必乃尔！"清黄叔灿《唐诗笺注》："闲淡心胸，方能领略此野题。所难尤在此种笔墨，分明是一幅画图。"

〔**链接**〕欧阳修《醉翁亭记》："环滁皆山也。其西南诸峰，林壑尤美。望之蔚然而深秀着，琅玡也。山行六七里，渐闻水声潺潺，而泻出于两峰之间者，酿泉也。"作者常至西涧一带游息，留诗多首，如《乘月过西郊渡》："远山含紫氛，春野霭云暮。值此归时月，留连西涧渡。"《简寂观西涧瀑布下作》："深流绝壁散，虚烟翠涧深。丛际松风起，飘来洒尘襟。"（简寂：人名。）欧阳修《书韦应物西涧诗后》："今州城之西乃是丰山，无所谓西涧者，独城之北有一涧水极浅，遇夏潦涨溢，但为州人之患，其水亦不胜舟。又江潮不至此，岂诗家务作佳句而实无此耶?"应是北宋时涧已湮塞不存。北宋时画院曾以末二句为题，有人画小鸟栖于船头，以显"船自横"之意。

〔**教学**〕通过图片、想象等让学生理解幽草的特点。后两句可让学生作画，画出水之动和舟之静。对于诗中的象征和寄托浅易理解即可。

38. 张志和《渔歌子》

西塞山前白鹭飞，桃花流水鳜鱼肥。
青箬笠，绿蓑衣，斜风细雨不须归。

〔**背景**〕作者在唐肃宗时待诏翰林，曾因事被贬，被赦免之后，决心不再踏入仕途，隐会稽（今浙江绍兴）多年。大历九年（774）游湖州刺史颜真卿幕，撰《渔歌子》词五首。

〔**意境**〕千里江南，放眼望去到处是桃红柳绿，一片生机盎然的景象。西塞山前，几只洁白如玉、身姿修长的鹭鸶在微风中展翅高歌，仿佛唱着春日的赞歌。山下的溪水边，桃花粉红如霞，与绿水相互映衬，交织出一片明丽的景色。一阵温柔的春风拂过，花瓣轻轻飘落水中，如同一只只粉红的小舟，随着清澈的溪水流向远方。这美景使溪中长得正肥的鳜鱼都前来观赏，它们欢快地在水中玩耍，追逐着桃花淡淡的清香。不久下起了蒙蒙细雨，远处连绵起伏的西塞山上披上了一层水雾，好似一首朦胧的诗。在这山水相映、上下交辉的立体画卷中，有一位头戴青色箬笠、身穿绿色蓑衣的渔夫，坐在平静湖面的小舟里，不避斜风细雨，悠然自得地垂钓，被这春雨中的诗情画意深深陶醉，仿佛也成了这景色中的一部分。

〔**分析**〕各意象间有潜在的联系：西塞山挡风聚阳，故白鹭为家，桃花盛开；又聚雨阻河，故下有流水；桃花因水而开，有桃花就有其他的生物，鳜鱼因此而肥，肥而有活力戏水戏花，并自然过渡到后三句：鱼肥而渔夫来钓。杜甫《水槛遣心》云“细雨鱼儿出，微风燕子斜”，因斜风细雨而白鹭不能高飞，只在山前飞；因细雨而鱼出，故渔夫“不须归”。“白鹭”展翅高飞，衬托出了渔人的悠闲自得。“青箬笠”“绿蓑衣”用直接的外貌形态指代渔翁，写出了色彩，和周围的青山绿水很和谐，仿佛融入其中而成为一体。“斜风细雨”意味着没有风波大浪，喻指环境平静，与宦海不同。“不须归”是不需要归，细雨不妨碍劳作，也是不想归，渔人可以欣赏雨景。

〔**艺术**〕整首词色彩明丽，动静结合。古诗常借渔夫、樵夫抒发隐士心态，本词也是借以表现自己隐居适意、自由自在的情怀。

〔**评析**〕清黄苏《蓼园词选》："数句只写渔家之自乐其乐，无风波之患，对面已有不能自由者，已隐跃言外，蕴含不露，笔墨入化，超然尘埃之外。"今人夏承焘《唐宋词欣赏》："这首词里所写的感情与劳动人民的感情原有距离，实际上是描写士大夫爱自然、爱闲适、爱自由的心情。它虽美化了渔夫生活，也是对仕途不满的一种表示。"

〔**链接**〕西塞山在今浙江湖州市西南，下有桃花坞。苏轼极爱此词，曾改编为《浣溪沙》："西塞山前白鹭飞，散花洲外片帆微。桃花流水鳜鱼肥。自弊一身轻箬笠，相随到处绿蓑衣。斜风细雨不须归。"唐宪宗曾访求此词。日本嵯峨天皇于弘仁十四年（823）作《和张志和〈渔歌子五首〉》，日本填词滥觞于此。张志和《渔歌子》（又名《渔夫》）组词共五首，本词为第一首，其余四首为："钓台渔父褐为裘，两两三三舴艋舟。能纵棹，惯乘流，长江白浪不曾忧。""霅溪湾里钓鱼翁，舴艋为家西复东。江上雪，浦边风，笑著荷衣不叹穷。"（霅溪：又名霅川，在今浙江湖州境内。）"松江蟹舍主人欢，菰饭莼羹亦共餐。枫叶落，荻花干，醉宿渔舟不觉寒。""青草湖中月正圆，巴陵渔父棹歌还。钓车子，橛头船，乐在风波不用仙。"

〔**教学**〕可以利用多媒体展示作品所描绘的美景，帮助学生理解。也可引导学生作画。

39. 卢纶《塞下曲六首》（其三）

月黑雁飞高，单于夜遁逃。

欲将轻骑逐，大雪满弓刀。

〔**意境**〕边塞夜晚乌云密布，虽然是深秋，但不久就飘起雪花。原本应该明亮的月光躲得无影无踪，大地一片漆黑。突然，一群大雁鸣叫着飞上夜空。

夜晚大雁本在栖息，是什么惊动了它们？一定是被围困已久的敌军首领要趁夜黑雪大逃走！军情紧急，得马上派轻骑去追。军士们迅速集结好，夜里不辨人马，只见弓刀闪着寒光，不一会儿上面就落满了雪花。

〔**分析**〕月黑指本应有月而黑，是因厚云遮挡其光，为写雪做铺垫。月黑天黑，预计会下雪，敌人可发挥骑兵优势，我军追赶不易，故敌军准备逃跑。有雁说明尚是秋天，但边塞寒冷，故已下雪。另雁还未及南迁，说明是突然降温，敌人想出其不意地逃走。军情紧急，气候恶劣，只能用轻骑兵去追，而以轻骑兵与善骑射的敌人在夜晚交锋，表明将士们的英勇善战、奋力争先。雪满弓刀，当然也满人和马，只写弓刀，是因为反光更易辨认，也是借突出武器而突出战士们的英勇及当时的紧张气氛。对于后两句，有人认为是逆挽法，谓虽雪满刀弓而犹欲轻骑相逐，有人认为虽欲相逐，而天气恶劣，故不能穷追。两种理解都可通，从这组诗的总体倾向看，前一种理解更合适，更能表现将士们不畏夜黑雪大、奋勇杀敌的英雄气概。

〔**艺术**〕对于追敌情况，作品没有展开细写，而只摄取了一个将追时的片段镜头，极富包孕性，连接着前因后果，最能引发读者的想象，使诗含蓄有余味。

〔**评析**〕清黄白山《唐诗摘钞》：“言虽雪满弓刀，犹欲轻骑相逐。一顺看，即似畏寒不出矣，相去何意天渊！‘夜’字一本作‘远’，不惟句法不健，且惟乘月黑而夜遁，方见单于久在围中，若远而后逐，则无及矣。止争一字，语境悬远若此。甚矣，书贵善本也！”清李瑛《诗法易简录》：“上二句言匈奴畏威远遁。下二句不肯邀开边之功，而托言大雪，便觉委婉，而边地之苦亦自见。”近人俞陛云《诗境浅说续编》：“前二首仅闲叙军中之事，此首始及战事。言兵威所震，强虏远逃，月黑雁飞，写足昏夜潜逃之状。追奔逐北者，宜发轻骑蹑之，而弓刀雪满，未得穷追，见漠北之严寒，防边之不易也。”（追奔逐北者：追逐奔逃败北者。）

〔**教学**〕引导学生想象补充战斗的过程结局，可以有多种理解。

40. 孟郊《游子吟》

慈母手中线，游子身上衣。
临行密密缝，意恐迟迟归。
谁言寸草心，报得三春晖？

〔**背景**〕孟郊家境贫困，早年多次考科举不中，曾浪迹江西、湖北、湖南等地，常不在母亲身边。贞元十二年（796）年考中进士，十六年选任溧阳尉（溧阳在今江苏，尉为主管一县公共安全事务的官员），将母亲接至任所，本诗即作于任溧阳尉其间。其母于元和四年（809）去世。

〔**意境**〕夜半醒来，恍恍惚惚间看到母亲正坐在忽明忽暗的烛光下缝补。定睛望去，那攥在母亲手里的不正是我明天远行要穿的衣衫吗？母亲一针一线地缝着，针针线线间非常细密，以至于有时她需要把衣衫举到蜡烛边上才能看到下一针应该落到哪里。母亲一定是怕我此行迟迟不能归还，怕我在外面风餐露宿，所以特意将我的衣衫缝得细密一些。昏暗的烛光下，看着母亲略显佝偻的身影，一股感激之情油然而生，她老人家心里何尝不是盼望着自己的儿子早早归来啊！但是为了孩子的前程，她什么也不说，默默支持孩子，而这样的情形多年来经常发生。这就是母亲，全天下的母亲都是这样地伟大啊！她们就像是春天温暖的阳光一样，爱护、保护我们，弱小得像小草一样的我们如何能报答母亲的一片苦心呢！母爱如春光一般广博，小草获得极小的一部分即可成长，一棵小草怎能代表千亿棵小草报答春光的恩情？

〔**分析**〕开头两句从人到物，在两个完全静态的词组间建立起了联系，抒发了母子相依为命的骨肉亲情。紧接着写母亲的动作，母爱的伟大渗透在生活平凡的细节中。“密密”有人认为意为勤勉努力、接连不断，亦可通。最后两句以反问句式抒发感慨，通过悬殊的对比寄托游子们炽热的情意。“三春”突出时间之长。

〔**艺术**〕本诗取材于日常生活中最细微、最平常的一个画面，表达出了诗人内心深处最真挚的情感，唤起了天下无数儿女对于母亲的深挚感情，撩人心弦，催人泪下。虽没有华美的辞藻、绚丽的雕饰，但这质朴素淡的语言如同母爱般真挚无华，赋予了诗歌厚重持久的韵味。

〔**评析**〕明高棅辑、吴逸一评《唐诗品汇》："刘云：全是托兴，终之悠然。不言之感，复非睍睆寒泉之比。千古之下，犹不忘淡，诗之尤不朽者。"（睍睆：美好的样子。）清张揔《唐风怀》："南邨曰：二语婉至多风，使人子读之，爱慕油然而生，觉'昊天罔极'尚属理语（末二句下）。"明邢昉《唐风定》："仁孝蔼蔼，万古如新。"清宋长白《柳亭诗话》："孟东野'慈母手中线'一首，言有尽而意无穷，足与李公垂'锄禾日当午'并传。"

〔**链接**〕据说当时有这样一种风俗，母亲、妻子为外出的游子缝制衣裳时，必须针脚细密，这样游子才能早归，如果针脚不密集，则归期无望。元曹文晦《效老杜出塞九首》（其二）："密密缝衣袄，迢迢越河关。"元李谪仙《和许知县织妇吟二首》（其二）："不忍密密缝，此心君应知。"明郑真《在任四年以母丧去职作诗以赠云》："儒官归去征衫旧，须记灯前密密缝。"清蒋士铨《岁暮到家》："爱子心无尽，归家喜及辰。寒衣针线密，家信墨痕新。见面怜清瘦，呼儿问苦辛。低回愧人子，不敢叹风尘。"（及辰：及时。低回：情感或思绪萦回曲折。）

〔**教学**〕联系生活，选取一片段，让学生说说父母对自己平凡而深挚的爱。可让学生搜集歌颂母爱的诗歌，并写短文表达对母亲的爱。

41. 胡令能《小儿垂钓》

蓬头稚子学垂纶，侧坐莓苔草映身。

路人借问遥招手，怕得鱼惊不应人。

〔**意境**〕一个小孩子随意坐在莓苔青草之间，正专心致志地学着钓鱼。你别看他头发蓬乱，小脸蛋脏乎乎的，一双小手却紧紧攥着钓竿，黑漆亮闪的眼睛眨也不眨地盯着水面。莓苔生于阴凉湿润之地，这里阳光稀少，又长着不少青草，便于隐蔽身影，非常适合钓鱼，看来这个小家伙事先还真做了不少准备呢！虽然此地潮湿阴凉，这小家伙却坐得稳稳当当，全不在意。远远有个路人向他问路，刚喊得一声，小孩子就急忙摇晃着手儿示意他："噤声!"路人知趣，便站在一旁静静等待。小家伙忙又低下头注视水面，屏息静气不发一声，生怕惊走了水中将要上钩的鱼儿。

〔**分析**〕"蓬头稚子"四字粗粗勾勒出一个天真活泼的儿童形象，给人以真实可爱之感。"纶"即钓丝，"垂纶"就是钓鱼。"侧坐"显得自然随意，也不易暴露自己，可见小童不拘形迹，专心致志地在钓鱼。"莓苔"生长于阴湿之地，说明此处阳光罕见，正是颇为理想的钓鱼去处，也为后文的"不应人"做了铺垫。也正因为僻静，路人方不识路。

〔**艺术**〕第一、二句重在写形，为静；第三、四句重在传神，为动。全诗情景交融，形神兼备，是一篇描写儿童的佳作。

〔**教学**〕可引导学生讨论：这个钓鱼的小孩子是真的不愿帮路人指路吗？在鱼儿上钩后他又会怎么做呢？

42. 韩愈《早春呈水部张十八员外》

天街小雨润如酥，草色遥看近却无。
最是一年春好处，绝胜烟柳满皇都。

〔**背景**〕此诗作于长庆三年（823 年）早春，是写给当时任水部（工部下属部门，掌水道之政令）员外郎的诗人张籍的。张籍在兄弟辈中排行十八，故称。韩愈写此诗时已经五十六岁，任吏部侍郎。这是他一生所做的最大的官，虽然时间不长（五十七岁就病逝了），但此时心情很好，不因岁月如流而悲伤，而是兴味盎然地迎接春天。

〔**意境**〕早春二月的北方，当树梢上、屋檐下都还残留着冰凌儿的时候，春天连影儿也看不见呢，但就因下过了这场春雨，春天就来了。雨脚儿轻轻地走过大地，留下了春的印迹，那就是最初的春草芽儿冒出来了。远远望去，朦朦胧胧，仿佛有一片极淡极淡的青色，这就是早春的草色。看着它，人们心里顿时充满了欣然的生意。可是当人们带着无限喜悦之情走近去看个仔细的时候，地上是稀稀朗朗极为纤细的嫩芽，远看已见到草色的萌萌绿意，走到近前却反而看不清什么颜色了。那纤细的小雨落在皇城中的街道上，天街像被酥油滋润过一样，白净晶莹，又似被喂足了养料。透过雨丝遥望草色，更增添了一层朦胧美。初春是一年中最好的时节，你看这隐隐青色带来的春意，昭示着一年美好的开端，不是远远胜过了那暮春时节处处烟柳笼罩京城时的风景吗？

〔**分析**〕“天街”点出作者视野所及，与“皇都”呼应，隐含着都城春色早到、领天下之先之意，由都城春色可想象到其他地方不久也将如此，犹如政事由朝廷推广至全国；也点出作者身在朝中，喜迎自己宦途的春天，渴望一展抱负。“润如酥”写出雨势细密、润物无声，雨滴白亮晶莹，造句清新优美；也指出其“营养丰富”，一如“春雨贵如油”，不但滋润万物而且滋润人心。春之“好处”不仅在于雨之“润如酥”，更在于其预示着美好的开始，给人以期待，留下遐想的空间，透显出诗人昂扬向上的风貌。“绝胜”写出了诗人对于眼前美景的陶醉之情，点出信心比结果更为重要。暮春三月已经是“杨柳堆烟”的时候，色彩浓重，何况“满”城皆是，反倒不那么惹人喜爱了。

〔**艺术**〕唐诗写春景多取晚春，本诗却取早春，就常见的“小雨”和“草色”，描绘出了早春的独特景色，认为早春比晚春景色尤胜，别出新意，给人一种湿润、舒适和清新的美感。前两句体察景物之精细已经令人称赞，后两句如骑兵骤至更在人意料之外，用对比法加倍突出春色之美。语言清丽淡雅、平白如话，却韵味无穷。

〔**评析**〕清黄叔灿《唐诗笺注》：“‘草色遥看近却无’，写照工甚。正如画家设色，在有意与无意之间。‘最是’二句，言春之好处，正在此时，绝胜于烟柳全盛时也。”

〔**链接**〕唐诗与“草色遥看近却无”所描绘景色有异曲同工之妙的诗句有不少，如王维的《终南山》“白云回望合，青霭入看无”，《汉江临泛》“江流天地外，山色有无中”等。苏轼《减字木兰花》：“莺初解语，最是一年春好处。

微雨如酥，草色遥看近却无。　　休辞醉倒，花不看开人易老。莫待春回，颠倒红英间绿苔。”

〔**教学**〕“草色遥看近却无”是名句，可为学生或引导学生课前搜集多首写春景的诗，让学生体会到此诗与其他诗的不同之处，从而体会这句诗的的绝妙之处。也可让学生结合自身见闻进行体会。

43. 李绅《悯农》(其一)

春种一粒粟，秋收万颗子。

四海无闲田，农夫犹饿死。

〔**大意**〕春天农夫们满怀希望地种下一粒种子，秋天果然收获了很多粒粮食。一棵庄稼犹能收获这么多，如今四海之内并没有荒地，全都种着庄稼，那会收获多少粮食呀，农夫们都该丰衣足食了。可是不，尽管农夫们劳作如此辛劳，庄稼产量如此之大，但农夫们还是有饿死的，他们收获的粮食哪里去了呢？是谁制造了这人间的不公和惨剧呢？

〔**分析**〕粟是粮食的总称，意谓所有粮食都是种一收万，突出收获之多。

〔**艺术**〕前两句用夸张手法突出一粒种子就收获很多，第三句更进一层，从面积着眼，强调收获多到无法计数，种者、读者都充满对丰收的期待。第四句突然转折，揭示出现实的巨大反差。农夫饿死并非荒歉，那一定是人为造成的，但作品戛然而止，留下广阔的想象空间，让我们自己去思索得出结论：正是统治者及地主的沉重剥削造成了这种惨剧。作者希望体恤农民、减轻农民负担的言外之意也可想见。

〔**链接**〕杜甫《自京赴奉先县咏怀五百字》：“朱门酒肉臭，路有冻死骨。”白居易《轻肥》：“尊罍溢九酝，水陆罗八珍……是岁江南旱，衢州人食人。”唐张籍《野老歌》：“苗疏税多不得食，输入官仓化为土。……西江贾客珠百斛，船中养犬长食肉。”唐罗隐《雪》：“尽道丰年瑞，丰年事若何？长安有贫者，为瑞不宜多。”宋杨万里《悯农》：“稻云不雨不多黄，荞麦空花早着霜。已分忍饥度残岁，更堪岁里闰添长。”

〔**教学**〕可引导学生估算收获情况（一株小麦或稻子结子约几十粒，谷子则较多），使学生了解农民遭受的盘剥都有哪些，粮食都用来干什么了。

44. 李绅《悯农》（其二）

锄禾日当午，汗滴禾下土。
谁知盘中餐，粒粒皆辛苦。

〔**大意**〕正是给禾苗锄草的大忙时节，早上锄下午锄，连烈日当空、酷热难耐的正午也不得闲。农夫身上豆大的汗珠不断滴到灼热的田土上，很快渗入其中，化作了禾苗的养分。这粒粒粮食，正是用滴滴汗水换来的呀。可有谁知道，我们吃的饭，每一粒都浸透着农夫的血汗，是他们用整年的辛劳换来的呢？那些身处阴凉犹觉炎热者能理解农夫的处境吗？

〔**分析**〕首句为一典型片段，实际上代表、概括了农夫整年艰苦、辛勤的劳动。不单说“土”而说“禾下土”，有汗水滋润禾苗、粮食渗透汗水之意。“谁知”用反问表强调，主体有两类人，一类是确实不知者，一类是装作不知而恣意糟践浪费粮食者。

〔**艺术**〕前两句极言农夫劳动辛劳，意谓此本司空见惯的常识。第三句转折，偏是很多人不知道或假装不知道这个常识。不知者应该警醒，爱惜粮食，假装不知者则可鄙。两首《悯农》诗同一主题，各有侧重，互相生发，“万颗子”“无闲田”的丰收实凝聚着辛苦，而统治者及地主肆意盘剥，不见其辛苦，益见农夫之悲、盘剥者之鄙；“汗滴禾下土”不局限于一时一地，而是四海之内皆如此，可见辛苦的总量之大。作者对农夫丰收、辛劳而无食的境况深表同情，故总题曰“悯农”。同情的背后是对用餐者的劝诫和对盘剥者的警告。作者作为士人而描写农夫的生活，感情真挚，语言朴素。此类主题易流于议论和浅薄，但作品抓住典型细节充分描摹，而主旨则点到为止，故感人而不直露。

〔**评析**〕清徐增《而庵说唐诗》：“种禾偏在极热之天，赤日杲杲，当正午之际，锄者在田里做活，真是热杀人……及至转成四糙，煮饭堆盘，白如象齿，尽意大嚼，那知所餐之米，一粒一粒，皆农人肋骨上汗雨中锄出来者也！公垂作此诗，宜乎克昌其后。此题‘悯’字，自必点出，若说得透彻，则‘悯’字在其中矣。”（杲杲：明亮的样子。公垂：李绅的字。宜乎克昌其后：他后来能做到宰相真是应该。）清吴瑞荣《唐诗笺要》：“至情处莫非天理。暴弃天物者不怕霹雳，却当感动斯语。”

〔**链接**〕本诗为作者早年所写。唐范摅《云溪友议》：“初，李公（绅）赴荐，尝以《古风》求知吕化光，温谓齐员外煦及弟恭曰：‘吾观李二十秀才之文，斯人必为卿相。’果如其言。”（《古风》：本组诗一题《古风》。吕化光：即吕温，官至刑部郎中。）

〔**教学**〕古代种地除耕地外都用人力，故很辛苦，要让学生明白这一点，尤其是对农活不熟悉的学生。让学生了解种粮食的全过程，以理解“粒粒皆辛苦”。引导学生养成爱惜粮食、尊重他人劳动成果的习惯。

45. 白居易《草》

离离原上草，一岁一枯荣。
野火烧不尽，春风吹又生。

〔**背景**〕此诗作于贞元三年（787），作者时年十六。本诗原题《赋得古原草送别》，“赋得”指应制之作及诗人集会定题分韵，拈得一字，就用它为韵作诗，即景赋诗者也往往以“赋得”为题。

〔**意境**〕荒原上生长着茂盛繁密的野草。春去秋来，四季更迭，这些野草每年也都随之一度枯荣。夏天已经过去，草原上浓绿不再，草茎变得干枯，叶片也早已泛黄发脆。秋季天干气燥，而草原衰败，星星点点的野火便在秋草间悄然燃起了，风势转急，火苗很快便汇成野火熊熊而来，遍卷原上秋草，化作了一片火场。不知什么时候起，风渐渐弱了下来，火势也慢慢小了，最终只留下厚厚一层泛白的灰烬。然而这凶猛的燎原野火却烧不尽深埋地下的草根。转眼又是春回大地，暖风过处，荒原上便晕染了一层淡淡的新绿。那正是无数复苏的野草，挨挨挤挤地从地下冒出来，在阳光下抽出了嫩绿的新叶。不久之后，曾经的繁茂青翠又将遍布草原，天地间响彻野草们的生命之歌。

〔**分析**〕本诗首句即用“离离”的繁茂景象破开题面“古原草”三字，写野草繁茂的景象；次句先写“枯”后有“荣”，隐说春草年年复生，进一步点出其生命力之旺盛；而三四两句则是“枯荣”这一轮回的进一步诠释，不但写出了“原上草”的生灭规律，更是将它们作为从烈火中再生的理想典型来咏唱的。这两句正对应上句中的“枯荣”两字，在“烧不尽”与“吹又生”的对比中彰显了原上草的顽强坚韧。

〔**艺术**〕“一吟悲一事”，以原上草这一典型的事物入诗，主题明确突出。语言通俗平易而运用巧妙，达到了“用常得奇”的境界。描写简练精确，抓住了野草生命力顽强这一特征叙写，词句平实有力，用语三分而含意十分，成功地塑造了原上草这一鲜明的艺术形象。

〔**评析**〕清范大士《历代诗发》：“极平淡，亦极新异，宜顾况之倾倒也。”

〔**链接**〕唐张固《幽闲鼓吹》载：“白尚书应举初至京，以诗谒顾著作况。顾睹姓名，熟视白公，曰：‘米价方贵，居亦弗易！’乃披卷。首篇曰：‘咸阳原上草，一岁一枯荣。野火烧不尽，春风吹又生。’即嗟赏曰：‘道得个语，居即易矣。’因为之延誉，声名大振。”本诗全句为：“离离原上草，一岁一枯荣。野火烧不尽，春风吹又生。远芳侵古道，晴翠接荒城。又送王孙去，萋萋满别情。”在收入小学语文教材时只选取了前四句，并改题为《草》。古诗中常用草表现离愁别绪，本诗亦如此，删节后选入课本的诗作则体现不出这种意味了。宋惠崇《访杨云卿淮上别墅》：“地近得频到，相携向野亭。河分冈势断，春入烧痕青。”宋李演《醉桃源·题小扇》：“春怀一似草无凭，东风吹又生。”

〔**教学**〕可以引导学生发挥想象，描述自己所想象的“野火烧不尽，春风吹又生”是怎样的情景。也可以进行写话练习，鼓励学生将这两句诗扩写成一段话。还可以让学生创作简笔画，画出野火烧不到草根的情景。

46. 白居易《池上》

小娃撑小艇，偷采白莲回。

不解藏踪迹，浮萍一道开。

〔**意境**〕一个胖娃娃撑着一只小船，向湖中划去。看他一双肉肉的小手紧紧握住船桨，脸蛋儿通红，双眼闪着兴奋的光，划得可真是卖力极了！这小家伙是要做什么去呢？眼见得他径直划到荷叶之中去了，不一会儿再出现时，船中已多了一朵鲜妍洁白的莲花。这回他却谨慎多了，先是四下探头望了一望，见周围没有其他人，这才开始划船逃跑。嘿，原来却是个小小偷儿啊！他显然道行甚浅，竟然连做贼后要消灭踪迹的行规都不懂得呢！你看他只顾奋力划那小船，把浮萍积聚的湖面上荡出了一道清清楚楚的水路。小家伙，这下你的行踪可是完全暴露啦，快快老实交代吧：偷采的白莲花要拿到哪里去？

〔**分析**〕“偷”字活画出小孩子窃取白莲时又谨慎又兴奋的情态。这里“偷”的性质与成人的偷不同，带有游戏性质。“不解藏踪迹”充分体现了小孩子的天真无邪，“做贼”后不知道掩盖自己的踪迹，这种事只会发生在纯洁的稚子身上，巧用反衬，写尽了小童的天真纯朴。

〔**艺术**〕用白描手法将小童的憨态描绘得惟妙惟肖。词句平实而精巧，浅近如白话，充满童真童趣。

〔**评析**〕近人刘永济《唐人绝句精华》：“此二十字写小娃天真如在眼前，有画笔所不到者。”

〔**教学**〕让学生分小组讲一讲各自的童年趣事，并尝试创作一首儿歌。

47. 白居易《暮江吟》

一道残阳铺水中，半江瑟瑟半江红。

可怜九月初三夜，露似珍珠月似弓。

〔**背景**〕长庆二年（822）七月，白居易由中书舍人出任杭州刺史，经襄阳、汉口，于十月一日抵杭，此诗当作于赴杭的江行途中。当时朝政昏暗，牛李党争激烈，诗人谙尽了朝官的滋味，自求外任。也有人认为本诗作于元和十一年（816）至十三年白居易任江州司马时，其中的暮江可能指长江。

〔**意境**〕此次赴杭上任，心情颇为舒畅。一道夕阳的余晖，斜斜投射在江面上，像是给江面铺上了一块巨大的红绫，显得那么柔和平缓亲切。夕阳未照到的江面依然是一片青绿，红绿各半，既透露出旺盛的生命力，又似两不相妨，静谧而安详。渐渐地，夕阳没入了地平线，刚刚还是晚霞满天的天空，不知什么时候变得如此清净，江面上空出现了一弯如弓的新月，才忽然想起今天是九月初三啊，难怪月亮如此弯呢！只顾着看新月了，不知不觉中夜色已深，空气中慢慢开始有了雾气，一望脚下的草地，竟已结满了颗颗露珠，在新月的照射下，闪闪地发着微弱的光，就像一粒粒珍珠，使人不禁赞叹："真是惹人喜爱的初三夜呢！"

〔**分析**〕"半江"并不是确切的说法，而是虚指受光多的江面和因江岸遮挡而受光少的江面，而且它们之间的界限也并非是全然分明的，而是有所过渡。后两句按正常逻辑来说，应该是诗人先看到"露似珍珠月似弓"，才会有"可怜九月初三夜"的赞叹。诗中先是赞叹，后写原因，除押韵需要外，也将诗人那种情不自禁的赞叹之情表露得更加贴切，也更说明了"九月初三夜"的"可怜"。以珍珠喻露，显其圆润晶莹，亦显其可爱、可贵。初三之月在天未黑前早已升空，只是天黑后才看清楚，也因早已升空，故光线相对较亮。珍珠与弓皆为细巧之物，与喜爱自然之情相应。由描绘一江暮色，到赞美月露，中间似乎少了时间上的衔接，"夜"无形中把时间连接起来，说明赏玩时间之长，蕴含着作者对大自然的热爱之情。作品所写景象与作者的心理相吻合：太阳的离去留下了绚丽的景象，自己离开都城也获得了解脱和新生；新月之夜虽较昏暗，然月与露的精巧晶莹自有勃勃生机，不亚于日间景象，正如自己虽不在朝堂而志兴不减。

〔**艺术**〕本诗为途次所见，随口吟成，格调清新，自然可喜。全诗构思妙绝之处，在于摄取了两幅优美的自然界的画面，加以组接：一幅是夕阳西沉、晚霞映江的绚丽景象，一幅是弯月映空、露珠晶莹的朦胧夜色。两者分开看各具佳景，合起来读更显妙境。前两句，诗人将自己的沉醉之态、喜悦之情，融于残阳照射下细波粼粼、光色瞬息变化的江面景象中。语言清丽流畅，绘影绘色，细致真切。运用了新颖巧妙的比喻，创造出和谐、宁静的意境。

〔**评析**〕明杨慎《升庵诗话》："诗有丰韵。言'残阳铺水'，半江之碧，如'瑟瑟'之色；'半江红'，日所映也。可谓工微入画。"清高宗敕编《唐宋诗醇》："写景奇丽，是一幅着色秋江图。"近人俞陛云《诗境浅说续编》："上二句写江天晚景入妙。后二句言一至深宵，新月如弓，正初三之夕；其时露气渐浓，如珠光的皪，正九月之时。夜色清幽，诵之觉凉生袖角。通首皆写景，惟第三句'可怜'二字，略见惆怅之思，如水清愁，不知其着处也。"

〔**链接**〕唐贾宗《旅泊江津言怀》："云归全岭暗，日落半江红。"宋严仁《菩萨蛮·双溪亭》："征鸿点破空云碧，丹霞染出新秋色。返照落平洲，半江红锦流。"

〔**教学**〕让学生说说自己是否看到过类似景象，有何感受。引导学生将诗所描绘的景象画出来，可以只画前两句（残阳、江水，以及残阳映照下江水的颜色，还可以添加其他符合时令的事物，如秋草、芦苇等），也可以只画后两句（月必须是上弦月，露似珍珠可以用雾气朦胧的感觉表达，也可用特写）。

48. 白居易《忆江南》

江南好，风景旧曾谙。
日出江花红胜火，春来江水绿如蓝。
能不忆江南？

〔**背景**〕白居易曾担任杭州刺史两年，又担任苏州刺史一年有余。在青年时期，他曾漫游江南，旅居苏杭，对江南相当了解，也有深刻印象。白居易晚年居于洛阳，六十七岁时几次动念去杭州，但都因路途遥远，身体虚弱，难以成行，所以他只能把一腔思念托付于一组《忆江南》词。

〔**意境**〕晚年身居洛阳，总是不时地想起以前的种种经历。一生游过千山万水，最难忘的还是江南的美景。然而洛阳距江南路途遥远，自己身体已承受不了长途的颠簸劳碌，想再回江南，已是心有余而力不足了。无限惋惜之余，只能神驰江南，深情追忆那一片如画美景了。春天的清晨，金色的太阳冉冉升起，天边是一片火红的朝霞，江畔是大片大片的鲜艳红花。在朝霞的映照下，红花愈加鲜艳红亮，火红的颜色甚至胜过了天边那燃烧的火焰。江水的颜色如蓝草一样青绿，整个江水就像晶莹碧透的翡翠。太阳的光辉使江花更艳，江水更绿。金色的太阳、火红的朝霞、鲜红闪亮的江花、澄澈碧透的江水，整个天地犹如一幅色彩鲜明的画卷；温暖的阳光在空气中折射出点点光晕，清新的空气唤出轻盈的飞鸟。如此美景在北方是无缘见到的，能不让我在晚年还想再次亲临江南，能不让我时常忆起江南吗？

〔**分析**〕开篇说“好”，情不自禁，起句响亮，摄尽江南春色的种种佳处，而作者的赞颂之意与向往之情也尽寓其中。只有“好”之甚，方能“忆”之不休，因此，又引起结句“能不忆江南”，并与之呼应。次句点明江南风景之“好”并非得之传闻，而是作者出牧苏杭时的亲身感受，这就既落实了“好”字，又照应了“忆”字，不失为勾通一篇意脉的精彩笔墨。三四句对江南之“好”进行形象化的演绎，突出渲染江花、江水红绿相映的明艳色彩，给人以光彩夺目的强烈印象。“红胜火”“绿如蓝”，既有同色间的相互烘托，又有异色间的相互映衬，使画面色彩斑斓，词意明丽如画，既形象地呼应了上句的“好”，更强烈地道出了下句“能不忆江南”的原因，承上启下，一举三得。江南风景万千，而江水及由其滋润的鲜花无疑是其中的代表。作者专写江南的春景，是因为较之其他三季，春天更富生意，春景好，其他三季自然也好。这也反映出作者在晚年依然有着积极进取的心态。

〔**艺术**〕本词仅用二十七个字就概括出了江南的春景，着实不易。作者没有选取惯用的描写江南的意象，而是别出心裁地以“江”为中心下笔，为我们描绘了一幅色彩鲜明的江南春景水墨画。篇末以“能不忆江南”收束全词，既写出身在洛阳的词人对江南春色的无限赞叹与怀念，又形成一种悠远深长、品味无尽的意蕴。

〔**链接**〕白居易的《忆江南》共有三首，另两首是：“江南忆，最忆是杭州。山寺月中寻桂子，郡亭枕上看潮头。何日更重游?”“江南忆，其次忆吴宫。吴酒一杯春竹叶，吴娃双舞醉芙蓉。早晚复相逢?”在白居易的其他词里，也有这种异色相衬的描写手法，如《秋思》：“夕照红于烧，晴空碧胜蓝。”《题岳阳楼》：“春草绿时连梦泽，夕波红处近长安。”《正月三日闲行》：“绿浪东西南北水，红栏三百九十桥。”杜甫的诗里也常常可见，如“两个黄鹂鸣翠柳，一行白鹭上青天”，“江碧鸟逾白，山青花欲燃”。

〔**教学**〕可让学生发挥想象画一画，体会异色相衬的画面美。此词富有节奏感和美感，引导学生一边想象一边朗读。江南地区的学生学习此诗时，还可以联系他们的生活经验，讲一讲见到的江南美景，从而体会诗人用词的妙处。

49. 刘禹锡《乌衣巷》

朱雀桥边野草花，乌衣巷口夕阳斜。

旧时王谢堂前燕，飞入寻常百姓家。

〔**意境**〕遥想六朝时期，秦淮河上笙歌彻夜，宽大的朱雀桥横跨河上，王公重臣、世家大族不时从桥上走过，这桥似乎承载了一切富贵荣华。而今桥已破旧，只有百姓偶尔走过，桥边因无人收拾而长满了野草野花，勃勃生机映衬得桥更加破旧。桥南的乌衣巷当年聚居着士族高门，楼宇连片，冠盖云集，权势繁华如日中天。如今这里早已变成了低矮的民房，夕阳斜照，显得那么寒酸、寂寥，往日的繁华已似这西下的斜阳，一去不复返了。几只燕子以前曾栖息在王家、谢家这些豪门大族家的堂前屋梁上，见证了这里的荣华，冬去春来，燕子依旧飞回此地，却见高楼雕梁已化作平常百姓家，怀疑自己是否飞错了地方，但看看周边确实是旧时之地，似乎不禁感慨盛衰变换如此之速，只好飞入那些百姓之家安巢落户。

〔**分析**〕“朱雀桥”是权贵大族所住的乌衣巷通往市区的要道，为旧时繁华的象征，同时桥也有沟通历史与现实的象征意义。“花”可作名词，也可作动词“开花”讲。不说“巷内”“巷上”而说“巷口”，是因为巷口为出入地，代表和反映的是整个巷子的情景，而较直说巷子更含蓄。前两句可认为是互文见义，乌衣巷口亦有野草花，朱雀桥边亦有夕阳斜。燕子有返回旧巢的习惯，但历史与现实已隔四百余年，将其压缩为燕子眼中的一年，正突出盛衰变化之速。由王、谢家族盛衰可见出金陵盛衰，由金陵盛衰可见出一切富贵皆不可恃、皆不能长久，这对现实中追求功名富贵是一种警醒。诗中燕子不飞走而入百姓家，是为了连接并突出王、谢家族与寻常百姓家的关系。本诗除表现南京古今盛衰之变外，还反映了士族的衰亡。王、谢家族为当时士族势力代表，隋、唐采取了一系列抑制士族、擢拔庶族的措施，经过“安史之乱”及中唐战乱，士族势力基本消亡，本诗用艺术手法反映了这一历史现象。

〔**艺术**〕前两句为静态画面，为直写，后两句为动态过程，为侧写。作品主要写目前景象，而昔日景象隐约可见。作者不直言盛衰，而纯以景物烘托，无限感慨见于言外。后两句以燕子的不变衬托历史的巨变，角度巧妙。

〔**评析**〕清施补华《岘佣说诗》："若作燕子他去便呆。盖燕子仍入此堂，王、谢零落，已化作平常百姓矣。如此则感慨无穷，用笔极曲。"近人王文濡《历代诗评注读本》："王、谢既衰，而旧时燕子，亦无所栖托，故飞入百姓家。只'旧时''寻常'四字，便有无限今昔之感。"近人俞陛云《诗境浅说续编》："朱雀桥、乌衣巷皆当日画舸雕鞍、花月沉酣之地，桑海几经，剩有野草闲花，与夕阳相妩媚耳。茅檐白屋中，春来燕子依旧营巢，怜此红襟俊羽，即昔时王、谢堂前杏梁栖宿者，对语呢喃，当亦有华屋山丘之感矣。此作托思苍凉，与《石头城》诗皆脍炙词坛。"

〔**链接**〕本诗为作者表现南京古今盛衰之变的《金陵五题》组诗之二，组诗中另有《石头城》云："山围故国周遭在，潮打空城寂寞回。淮水东边旧时月，夜深还过女墙来。"宋周邦彦《西河·金陵怀古》词化用这两首诗："佳丽地，南朝盛事谁记。山围故国绕清江，髻鬟对起。怒涛寂寞打孤城，风樯遥度天际。　断崖树，犹倒倚。莫愁艇子曾系，空余旧迹。郁苍苍，雾沉半垒。夜深月过女墙来，赏心东望淮水。　酒旗戏鼓甚处是，想依稀王谢邻里。燕子不知何世，向寻常巷陌人家，相对如说兴亡，斜阳里。"朱雀桥为秦淮河上的浮桥，由大船连接而成，在南京南城门朱雀门外，故址在今南京镇淮桥东。乌衣巷原为东吴石头城戍卒军营，军士着乌衣，故名，东晋时王导、谢安等贵族居于此，在今南京秦淮河之南。南京为六朝古都，曾极度繁华，但后代遭战火焚毁也最烈，历代歌咏此事者不绝。单就表达今昔变化之大、燕子不识旧况而言，也可用燕子飞走的表达方式，如作者《伤愚溪三首》表现好友柳宗元死后其生前所造愚溪（草堂名）荒芜，其一云："溪水悠悠春自来，草堂无主燕飞回。隔帘惟见中庭草，一树山榴依旧开。"清朱彝尊《卖花声·雨花台》："燕子斜阳来又去，如此江山！"

〔**教学**〕要让学生较充分了解相关历史背景，以有助于理解作品主旨。可用现实中荒僻之处多长野草野花的现象理解朱雀桥的破败。

50. 刘禹锡《浪淘沙》

九曲黄河万里沙，浪淘风簸自天涯。

如今直上银河去，同到牵牛织女家。

〔**意境**〕弯弯曲曲的黄河似有无尽的力量，挟带着大量泥沙，流经万里之远。向上游看去，狂风吹过，波浪滔天，不断冲刷着两岸，挟风带沙汹涌而来。它应该是从天涯来的吧，只有上天才能给它如此宏大的气势。传说黄河的尽头与天上的银河相通，有人曾经到了牛郎织女家，我现在也顺流而下，直接到天上神秘的银河，和风浪一起去牛郎织女家中做客，过清闲自在的生活吧。

〔**分析**〕黄河多曲，转弯处水流对两岸的冲刷加剧，使泥沙增多。泥沙能带万里之远，表现水势非常大，多曲又会激起波浪。浪淘既指波浪对两岸的冲刷，也指挟沙翻滚。风吹浪起，犹如人用簸箕簸东西，表现风力之大、波浪之高。天涯连接下句银河，言水来自天上，故气势大，源头、尽头皆在天上，又使黄河带上了神话色彩，似乎此水不应人间有。天上为清净之地，作者愿意到天上，有不满现实污浊、追求自由安逸生活的想法。

〔**艺术**〕前两句极言黄河气势之大，后两句写欲上银河，是侧写黄河水大，想象瑰丽，举重若轻，又表达了脱离现实污浊的意愿，景中寓情，含蓄不露。

〔**链接**〕古代传说黄河尽头与银河相通，南朝梁宗懔《荆楚岁时记》载："旧说天河与海通，近世有人居海渚者，每年八月有浮槎，去来不失期。人有奇志，立飞阁于槎上，多赍粮乘槎而去。十余月至一处，有城郭状，屋舍甚严，遥望宫中有织妇，见一丈夫牵牛渚次饮之。"此处言牛郎织女住在一起，与一般传说中两人相隔银河不同。

〔**教学**〕让学生了解黄河泥沙大的特点（主要因黄河中游落差较大、土质松软造成），理解挟沙与气势的关系。了解有关牛郎织女、银河的传说，用神话思维想象牛郎织女的生活及银河的情形，体会作者欲上银河的心理动因。

51. 刘禹锡《望洞庭》

湖光秋月两相和，潭面无风镜未磨。
遥望洞庭山水翠，白银盘里一青螺。

〔**背景**〕刘禹锡贬逐南荒，从宪宗元和元年（806）至敬宗宝历二年（826）的二十年间，多次经过洞庭湖。长庆四年（824）八月，诗人转任历阳（今安徽和县），经过洞庭，写下了这首诗。

〔**意境**〕自参加“永贞改革”失败以后，我一直遭受小人诬陷、权贵打击，两次被放逐，已经有十多年之久。痛苦的遭遇，让我深深地感到仕途的凶险。这一次，被贬到了和州，心情更加沉重。这是上任途中一个宁静的秋夜，一轮明月高挂夜空。来到洞庭湖前，站在高处向下望去，月光向湖面洒下了银色的光辉，呈现出一片水天一色的美景。湖面水平如镜，月光照水、水波映月，水和月亮也仿佛互相应和、律动，又仿佛要融合在一起。风平浪静的湖面就像没有打磨的铜镜一般迷迷蒙蒙，在月光下别具一种朦胧美。我的心情也如这宁静的湖面一般渐渐平静下来。看呐，远处的洞庭山在皓月清辉中愈显青翠，洞庭湖水愈显清澈，远远望去好像是剔透雅致的白银盘里放着一个小巧玲珑的青螺，如同一件精美的工艺品，十分惹人喜爱。我的痛苦和失意也便都消融在了这无边的湖光月色之中。

〔**分析**〕题目中之“洞庭”，既指洞庭湖，又指洞庭山。悲秋自古以来就是志士失志的感慨内容，“秋月”带给诗人的是无限的惆怅，二十年间诗人经历了被贬的辛酸，因而由秋日月光的凄冷渲染自身处境的凄凉。然而诗人把这种寂寥寄予洞庭山水之中，清凉而不悲伤，对生活仍旧充满了希望，体现了其开阔豁达的胸襟。“和”有应和、和谐义。古人用铜镜，时间长了表面被氧化，照人就模糊不清，故需经常打磨，“镜未磨”兼指水面的朦胧与平静。“潭”字十分巧妙，既可以避免与“湖”重复，又可以表明作者是站在远处的高山上俯瞰洞庭湖，还可以体现出诗人海纳百川的心胸。“青螺”一说是青黑色的螺形的墨，古代妇女画眉所用；另一说认为就是青色的田螺。应当肯定，不管是哪一种说法，都是以“青螺”的形象来比洞庭湖中的君山。作者所处的位置，可能是岸边高地，也可能是湖中小舟。

〔**艺术**〕前两句写湖，为远近结合，后两句写山，为远望。诗人采用遥望的角度，把洞庭湖的湖光山色尽收眼底，抓住最有代表性的湖光和山色，轻轻着笔，通过丰富的想象、奇妙的比喻，独出心裁地把洞庭美景再现于纸上，表现出很强的艺术功力。

〔**评析**〕五代何光远《鉴诫录》：“刘禹锡尚书有《洞庭湖》之句，雍使君陶有《咏君山》之诗，其如作者之才，往往暗合。宋葛立方《韵语阳秋》：“诗家有换骨法，谓古人意而点化之，使加工也。……刘禹锡云：‘遥望洞庭山水翠，白银盘里一青螺。’山谷点化之，则云：‘可惜不当湖水面，银山堆里看青山。’”

〔**链接**〕洞庭山又名君山、湘山，原在洞庭湖中，现与大陆相连。宋代范仲淹在《岳阳楼记》中不无感慨地说：“予观夫巴陵胜状，在洞庭一湖。衔远山，吞长江，浩浩汤汤，横无际涯；朝晖夕阴，气象万千。此则岳阳楼之大观也，前人之述备矣。”历来描写洞庭景色的诗文很多。如李白《登巴陵望洞庭》：“明湖映天光，彻底见秋色。秋色何苍然，际海俱澄鲜。”孟浩然《望洞庭湖赠张丞相》：“八月湖水平，涵虚混太清。气蒸云梦泽，波撼岳阳城。”唐雍陶《咏君山》：“烟波不动影沉沉，碧色全无翠色深。疑是水仙梳洗处，一螺青黛镜中心。”宋黄庭坚《雨中登岳阳楼望君山》：“可惜不当湖水面，银山堆里看青山。”青螺既可以用来形容青山，又可以用来描写古代的发型，还可以用作圆形画眉墨。在此诗中，诗人将洞庭山巧妙地比喻成一只精巧的青螺，后多有用青螺比喻青山。

〔**教学**〕可借助图片让学生体会用青螺比喻君山的妙处，并启发学生思考：走近洞庭山，会是什么形状？若白天看，是否还如白银盘里一青螺？

52. 柳宗元《江雪》

千山鸟飞绝，万径人踪灭。
孤舟蓑笠翁，独钓寒江雪。

〔**意境**〕冬夜，一场大雪纷纷扬扬地下起来了，第二天也仍旧没有停息。大雪覆盖了一切，远处只剩下白茫茫的山川和淡灰色的天空。空中常日里本有飞鸟盘旋，此时却不见一只。鸟犹畏寒，人更如此，所有的路上空无一人，堆满厚而松软的新雪，将昨日行人的脚印也完全掩盖了。放眼望去，天地间尽是一色的洁白，水天不分，上下一片。而在这大片的洁白之中，竟然还存在着一个小小的黑点。仔细一看，原来在满覆大雪的江面上，尚有一叶小舟静静泊着。舟尾立着一个老渔翁，披蓑戴笠，浑身落满白雪，独自在寒冷的江心垂钓。这么大的雪，就连山上的樵夫也早闭了门扉烘起暖炉了，这老渔夫竟似没受到影响，还像平日一样来垂钓，那蓑衣能抵御得了寒冷吗？但见他不语不动，仿佛超然于世间的一切，只专心于手中的钓竿。江天寥廓，四围默默，愈显得清冷无比。想来这位独自垂钓冬雪的老人虽然不畏世险、孤高出尘，他的心中也该是寂寞凄冷的吧？

〔**分析**〕“千山”“万径”同下面的“孤”“独”两字相互呼应，以背景画面的宏大做衬托，对比之下更显画中人的渺小；“绝”和“灭”则将气氛的清冷寂寞烘托到了极致。诗末的“雪”字与“江”连缀在一起，雪遇水则融，江中本不应积雪，而“江雪”连用，则充分表现了雪之厚密，给人水天一色、上下苍茫之感。作者写渔翁实为写自己：虽世道险恶，自己的政治抱负得不到实现，但依然无所畏惧，不为所屈。

〔**艺术**〕充分运用对比、衬托的手法：千山万径之广远衬托孤舟老翁之渺小，鸟绝人灭之寂静对比老翁垂钓之生趣，画面之安谧冷寂衬托人物心绪之涌动。作者用远距离画面来摹写背景，却具体而细致地描写主角，形成了宏大背景中的聚焦，极度概括与精雕细琢的统一，反而将人物形象衬托得愈加鲜明。

用入声韵，使韵脚字不能延长的特点与凄冷萧瑟的图景和人物情感相一致。

〔**评析**〕清姚鼐辑、赵彦传注《唐绝诗钞注略》：“诗中有画，‘千’‘万’‘孤’‘独’，两两对说亦妙。”清王尧衢《古唐诗合解》：“江寒而鱼伏，岂钓之可得？彼老翁为何稳坐孤舟风雪中乎？世态寒冷，宦情孤冷，如钓寒江之鱼，终无所得。子厚以自寓也。”清李瑛《诗法易简录》：“前二句不沾着‘雪’字，而确是雪景，可称空灵，末句一点便足。”

〔**教学**〕可引导学生扩写成一篇短文，并思考：此情此景，给人一种什么样的感受？江上的老者为什么不顾大雪独自垂钓呢？他的心中可能会想些什么？作者见到此情此景，又会有何感受？也可引导学生据诗作画，注意画面布局。

53. 贾岛《寻隐者不遇》

松下问童子，言师采药去。

只在此山中，云深不知处。

〔**意境**〕一位隐者朋友住在山中，我跋山涉水去拜访。他简陋的房子坐落在一棵苍翠挺拔的大松树下。见有一位小童在那里，有其徒必有其师，赶快上前笑着问：“你师傅在家吗？”他看看我，朗声说：“师傅进山中采药去了。”我不禁怅然若失，很长时间没见着朋友了，难道就这样白来一趟吗？我不死心地问：“你师傅走得远吗？”童子指指前面：“就在这山中，不会到别处去。”我不禁又燃起希望，山不算太大，我可以去找他，于是问：“到底在山中哪个地方呢？”不料童子却说：“你看山中白云缭绕，雾气蒙蒙，我也不知道师傅到底在什么地方，没法去找。”我不禁彻底失望了。看着身旁的青松和远处的白云，不禁浮现出这样一副画面：朋友须发飘逸，攀爬于山中，周围云山雾海，恍若仙境。他仔细寻找着身边的草木，看哪个可以祛病消毒、济世救人，哪种可以调理补养、延年益寿，还不时停下来欣赏周围的美景。我什么时候也能过上这样的生活呀！虽然没有见到隐士朋友，但欣赏到了如此清幽、缥缈的景色，知道了友人的生活是如此地高洁雅致，心灵受到了熏染和涤滤，也算不虚此行了。

〔**分析**〕问话之处不曰“杨下”“柳下”而曰“松下”，是因为松为山中典型树木，又有高洁、坚韧之义。采药的目的可能为利他的救世济民，也可能为利己之益寿延年，都与俗者辛劳为衣食不同。白云既为实景，也喻其高洁。作者虽没见到隐士，但已见其神韵，精神上也有额外收获，可谓不遇中有遇。

〔**艺术**〕作品将丰富的问话过程压缩为一问三答（首句只言问的动作，具体内容亦省略），极其简练，给人留下广阔的想象空间。问答过程隐含着作者的情绪变化，表面的简练背后是厚实的情感内涵。末句以景结情，缥缈深处的景象给人以无限遐想，惆怅、钦佩、满足交织共生。从色彩看，青松、白云既对比又协调。

〔**评析**〕清徐增《而庵说唐诗》：“夫寻隐者不遇，则不遇而已矣，却把一童子来作波折，妙极！有心寻隐者，何意遇童子，而此童子又恰是所寻隐者之弟子，则隐者可以遇矣。问之，‘言师采药去’，则不可以遇矣……曰‘只在此山中’，‘此山中’见甚近，‘只在’见不经别处，则又可以遇矣。岛方形喜于色，童子却又云：‘是便是，但此山中云深，卒不知其所在，却往何处寻？’是隐者终不可遇矣。此诗一遇一不遇，可遇而终不遇，作多少层折！今人每每趁笔直下。古人有云：‘笔扫千军，词流三峡。’误尽后贤，此唐以后所以无诗也。”清李瑛《诗法易简录》：“一句问，下三句答，写出隐者高傲。”

〔**链接**〕作者《题李凝幽居》：“闲居少邻并，草径入荒园。鸟宿池边树，僧敲月下门。过桥分野色，移石动云根。暂去还来此，幽期不负言。”亦是访友不遇，李凝亦当为隐士。古诗中写“不遇之遇”的诗很多，如刘长卿《明月湾寻贺九不遇》、唐崔曙《嵩山寻冯炼师不遇》、李白《访戴天山道士不遇》、韦应物《休暇日访王侍御不遇》、唐韩翃《寻胡处士不遇》、唐王建《寻李山人不遇》等。

〔**教学**〕可用对话表演的方法让学生复现问答过程，体会省略的写法及好处，注意加上作者情绪变化的内容。

54. 李贺《马诗》(其五)

大漠沙如雪，燕山月似钩。
何当金络脑，快走踏清秋。

〔**背景**〕李贺很爱马，且常以马自喻。他的二十三首《马诗》，首首出新却绝不雷同，但基本精神都是写渴望建功立业的怀抱。

〔**意境**〕连绵的燕山山岭上，当空挂着一弯新月，多像明晃晃的战刀，散发着寒意，似乎要凌空杀尽敌人。无垠的沙漠在月光的映照下像是铺上了一层白皑皑的霜雪。这幅景色，一般人也许只觉得悲凉肃杀，但对于像我一样志在报国的人士却有着异乎寻常的吸引力。疆场寒气凛凛，它却是英雄一展身手的用武之地。我的骏马啊，什么时候才能够套上镶金的笼头、威武的鞍具，在这秋高气爽的辽阔原野上任意驰骋？而我又什么时候才能披上战甲，在这广袤疆场上大战一场、建功树勋呢？

〔**分析**〕“沙如雪”写沙砾平铺如雪，突出景象凄清；“月似钩”从明晃晃的月牙联想到武器的形象，含有思战之意，烘托悲壮气氛，略做点染，极精练地勾勒出战场的典型环境。李贺生活的时代，幽州蓟门一带正是藩镇极为跋扈，肆虐为时最久、为祸最烈的地带，安禄山即起兵于此，“燕山”一词即暗示此意。“金络脑”属贵重鞍具，象征马受重用，这是作者热望建功立业而又不被赏识所发出的悲鸣。“何当”承上启下，既写出对建立勋业的向往之情，又表现出对自己希望见用于时的渴念。“快走”冠以“清秋”之前，形象暗示出骏马轻捷矫健的风姿。“踏清秋”三字声调铿锵，词语搭配新奇。作者从未到过燕山，本诗所写纯为想象，更可见出作者报效疆场的强烈愿望。

〔**艺术**〕全诗雄健豪迈，一气贯接。前两句，以雪喻沙，以钩喻月，是比；从一个富有特征性的景色写起以引出抒情，又是兴。前两句写景，为静，境界阔大，展现出一片富于特色的边疆战场景色。后两句抒情，为动，借骏马喻怀抱，表现志士的奇才异质、远大抱负及不遇于时的感慨与愤懑。前后两部分错落有致，富有变化。

〔**评析**〕清王琦、姚文燮、方扶南三家评注《李长吉歌诗》："乃聚精会神，伐毛洗髓而出之。造意撰辞，犹有老杜诸作未至者。率处皆是炼处。""边氛未靖，奇才未伸。壮士于此，不禁雄心跃跃。""此言苟能世用，致远不难。"

〔**链接**〕李贺《南园十三首》（其五）："男儿何不带吴钩，收取关山五十州？请君暂上凌烟阁，若个书生万户侯。"（吴钩：刀名。若个：哪个）同时期韩愈的《马说》也曾为千里马鸣不平，为它不被赏识而与普通马"骈死于槽枥之间"的命运大声疾呼。

〔**教学**〕结合此诗创作的背景，和其他写马的诗做比较，体会本诗的风格，引导学生体会诗句所蕴含的寓意。利用合适的图片，理解前两句所写景象及情感。

55. 杜牧《清明》

清明时节雨纷纷，路上行人欲断魂。
借问酒家何处有，牧童遥指杏花村。

〔**意境**〕正值清明佳节，天空却细雨绵绵，不紧不慢地下着。这本该是全家团聚、扫墓拜祭、踏青玩赏的好日子，我却孤身一人行走在他乡，大好的春光全笼罩在细雨中，欲欣赏而不得，顿生烦忧。雨湿衣衫，一阵凉意袭来，那雨似乎滴滴敲打在心上，我的心境也似这春雨一般纷乱。这令人神魂欲断的天什么时候是个尽头呢？还是先找个小店避雨歇息一下，喝点酒暖暖身子，也消解消解这厚实的忧愁。一个牧童悠闲地骑在黄牛背上走来，似在享受这绵绵春雨。他一定知道哪里有酒店，忙上前询问。他用手指着远处说："那边开满杏花的村子里有酒店，酒味远近闻名。"顺着他的手指望去，远处一丛粉白的杏花开得正艳，赶快去看看吧！

〔**分析**〕清明节一般要吃冷食，更增旅人愁绪。当然，诗中清明也可能指节期前后的一段日子，不一定确指当天。行人可指一切路人，包括他乡与当地人，但此处应主要指作者。牧童在古诗中一般为悠闲自在的象征，与作者的忧愁形成对比，似乎能指引作者去除烦忧。“遥”表明距离不近，若太近则失去期待，但也不太远，指引可知，若太远则失去意义，难解眼前之忧。杏花的艳丽使人心头一亮，给人以期望，可以想见作者能够借酒消愁。

〔**艺术**〕作品充分运用了省略留白的方法，作者因何事行走他乡、使其“断魂”的具体原因是什么等没有明说。牧童的答话也省略了，包含在遥指的动作之中。知道酒店后应还有后续情节：作者如何赶到酒店，喝了多少酒，喝酒后的感受是什么，如果没喝到酒又是什么感受，酒店是什么模样，酒的味道如何，等等，全被省略，给读者留下广阔的想象空间，含蓄不露，余味不尽。

〔**评析**〕宋谢枋得编、清王相注《千家诗》：“此清明遇雨而做也。游人遇雨，巾履沾湿，行倦而兴败矣。神魂思乱，思入酒家暂息而未能也。故见牧童而问酒家，遥望杏花深处而指示之也。”

〔**链接**〕杏花村不用理解为确切地名，而是泛指。现有人考证诗中杏花村在安徽还是山西，实无必要，据现有资料推断，杏花村作为专有名称并与酿酒相联系，正是受了本诗的影响。后世又称酒幌子为“杏帘”。

〔**教学**〕可用独白加表演的方式学习本诗。引导学生想象补充省略部分。

56. 杜牧《江南春》

千里莺啼绿映红，水村山郭酒旗风。
南朝四百八十寺，多少楼台烟雨中。

〔**意境**〕广袤的江南大地阳光明媚，春风吹拂，黄莺在欢快地歌唱，自在地飞来飞去，尽情享受这醉人的春光。鲜绿的草木层层叠叠，不时有簇簇红花映衬其中，展示着它们旺盛的生命力。到处是傍水的村庄、依山的城郭，人们在春风里愉快地生活劳动，一片勃勃生机，连那迎风招展的酒旗也散发着醉人的气息，展示着春天的活力。春日江南的晴天固然迷人，雨天也别有一番情趣。绵长的细雨柔柔地洒向大地，天地一片迷蒙。那些历代累建的众多庙宇高大辉煌，平日就幽深神秘，现在更掩映在迷蒙的春雨中，呈现出朦胧迷离的色调，隐藏着无穷的魅力。

〔**分析**〕“千里”并非视野所及，而是想象，突出江南美好春光分布之广。说“莺啼”而不说“鸟啼”，是因为莺鸣如笙簧般婉转清脆。第二句四个词为并列结构，“风”不但吹着酒旗，也吹过水村、山郭，首句的大好春光由风吹来，第三、四句的雨景也由风吹来，实绾连着全诗，使各种景象都富于动感和生机。江南佛教盛行，历代不断修建佛寺，但南朝为建佛寺最繁盛的时期，此处以南朝代指历代，突出江南的历史意蕴。“四百八十”为唐诗中概述多的习用语。“多少”既是“到底有多少”的推测，也是“有那么多”的感慨。有人认为后两句暗含对统治者过多崇信佛教、浪费钱财的批评，及对佛寺颓败（认为藏于烟雨中暗指颓败）的感慨。从全诗基调看，作品首先在于对江南春天的赞美，不排除对历史的感慨，但应该不占主要位置。

〔**艺术**〕第一句首先展开一幅广阔的画卷，有动有静，有声有色，色彩对比鲜明，主要为细部的叠加。次句水村、山郭高低相衬，概括了江南典型的地貌特征，主要从整体着眼，又与酒旗有阔大与小巧、厚实与轻灵、静止与飘动的对比映衬。前两句为晴景，后两句为雨景，有“晴方好”“雨亦奇”之妙。晴景背景广阔，包纳万物，雨景则选取寺庙做典型代表，点面结合，晴雨互见，晴日的寺庙、雨中的水村山郭都可想见。又当下与历史衔接，言此种美景历来如此。结句景物隐于烟雨，引人遐想，余味不尽。整首诗角度多样，层次丰富，色相鲜明，富有立体感。

〔**评析**〕清何文焕《历代诗话考索》：“题云《江南春》，江南方广千里，千里之中，莺啼而绿映焉，水村山郭，无处无酒旗，四百八十寺，楼台多在烟雨中也。此诗之意既广，不得专指一处，故总而名曰《江南春》，诗家善立题者也。”近人俞陛云《诗境浅说续编》：“前二句言江南之景。渡江梅柳芳信早传，袁随园诗所谓‘十里烟笼村店晓，一枝风压酒旗偏’，绝妙惠崇图画也。后言南朝寺院多在山水胜处，有四百八十寺之多，况空濛烟雨之时，罨画楼台，益增佳景。小杜曾有‘倚遍江南寺寺楼’句，刘梦得有‘偏上南朝寺’句，可见琳宫梵宇随处皆是。”（袁随园：清代诗人袁枚。罨画：色彩鲜明的绘画。）

〔**教学**〕引导学生想象：除了诗中所写，江南大地上还有哪些景物？江南风景与北方风景有何不同？

57. 杜牧《山行》

远上寒山石径斜，白云生处有人家。
停车坐爱枫林晚，霜叶红于二月花。

〔**意境**〕深秋时节，一阵寒意袭来，山上万木零落，一片萧瑟，可是我偏喜欢这疏朗明爽的景象，驱车去游赏。石头铺成的山路蜿蜒而上，伸向远方，不时横斜在视野中，展现着自在天然的情态，又似乎逗引我探寻攀爬。山路消失在山顶处，那儿白云浮荡缭绕，似乎从彼而生。袅袅炊烟隐隐而起，白云之中应该有人家吧，白云之后一定山外有山，另有一番景色吧。好一派人间仙境！赶快去欣赏一番。忽然，一片火红的枫林出现在眼前，不由一阵惊喜，停下车来细细观赏。夕阳西下，万物尽染余晖，加上远处白云的衬托，枫叶的红色更浓得似乎要流淌出来。谁说秋天萧瑟，这枫叶不正跳动着火的生命，尽现秋天的活力吗？它经霜打而呈现的红色比阳春二月盛开的鲜花更为艳丽，更为厚实，更为迷人！

〔**分析**〕“远上”既指石径向远处山上延伸，也指作者旅游的路线，路虽远陡而不嫌，正见出其兴致及对秋天的喜爱。“石径”可指石块所铺的路（在较陡而松软的山坡上需要如此），也可指石块上开出的路。石径不一定是作者所走山路的全部，可能只是靠近山顶的部分，因为路若陡车就不好走。“斜”具有静态的美感，也是山路常见形体（路若直则较陡）。“生处”有版本作“深处”，“生处”有轻灵飘逸的动感，有如仙境可生云朵，透显出作者的赞美和向往。“白”有高洁脱俗之感。人家可能为作者实见，也可能为根据石径做的猜测。作者上山可能为随意玩赏，也可能为旅行路过此地。若为随意玩赏，则日暮仍在山上，流连忘返可知。

〔**艺术**〕前两句极写山路、白云的迷人，是为反衬后面枫叶更为吸引人，见枫叶而不顾白云。前两句写远景，景象疏阔，后两句则聚焦于眼前，以浓墨突出枫叶，点面结合。白云与红叶色彩对比鲜明，作者不悲秋而爱秋，可见出其豪荡高逸之性。

〔**评析**〕清黄白山《唐诗摘钞》："次句承上'远'字说，此未上时所见。三四则既上之景。诗中有画，此秋山行旅图也。"近人俞陛云《诗境浅说续编》："诗人之咏及红叶者多矣，如'林间暖酒烧红叶''红树青山好放船'等句，尤脍炙词坛，播诸图画。唯杜牧诗专赏其色之艳，谓胜于春花。当风劲霜严之际，独绚秋光，红黄绀紫，诸色咸备，笼山络野，春花无此大观，宜司勋特赏于艳李秾桃外也。"（司勋：杜牧曾官司勋员外郎。）

〔**链接**〕黄庭坚《和李才甫先辈快阁》："山寒江冷丹枫落，争渡行人簇晚沙。菰米苹花飞白鸟，一张红锦夕阳斜。"康熙帝《赋得霜叶红于二月花》："塞鸿初度惊霜信，枫叶流丹树树红。最喜山林清俗念，故应暂却世尘风。"

〔**教学**〕前两句可让学生作画，体会意象布局。可让学生比较所了解的枫叶和花的颜色特点。

58. 李商隐《乐游原》

向晚意不适，驱车登古原。
夕阳无限好，只是近黄昏。

〔**意境**〕心中积郁了一天的烦闷，难以遣散，于是便在傍晚时分，驾车来到地处长安东南隅的乐游原，以求排解。这里地势高而开阔，只觉眼前一片壮丽辉煌，心情豁然开朗。金色的夕阳洒满大地，满天的云霞也被染得绮丽无比。俯视帝都，宫阙参差，人流不息，壮观、繁华、温馨，真是无限的灿烂，无限的美好啊！只可惜，此刻已近黄昏，再美好的景象也即将消逝：这轮红日不久便会西沉，而日落之后，漫长的黑夜就要到来了。我已年岁不轻，面对此情此景，不由得将自己和夕阳做比。忽而又想到近年来国运也渐有倾颓之势，难道大唐竟也像这落日一般，正由辉煌走向衰落吗？唉！人生和时代虽是如此美好，但它们终究会无可挽回地渐渐消逝，古往今来，莫不如是！本已开朗的心情又复低落了，思绪一时间变得错综茫然。独立古原，斜阳默默，晚风渐凉。

〔**分析**〕“近黄昏”既是如实写当下时间，又是作者心中忧虑的具体所指——人渐衰老、国运衰颓，正像黄昏的夕阳一般。主人公的心情经历了“低落—豁然开朗—复又低落”的过程。

〔**艺术**〕落日是自然景观，本无感情色彩，而诗人将自己心情赋予了它，便使其带上强烈的主观化色彩。诗人由自我感伤而起，扩大到为国家社会而感伤，具体所忧的事没有明说，正可涵盖一切。而在整个感情变化的过程中，落日这一意象贯穿着始终，其“无限好”与“近黄昏”的一体两面形成强烈对比。

〔**评析**〕清屈复《玉谿生诗意》：“时事遇合，俱在个中，抑扬尽致。”清李瑛《诗法易简录》：“以末句收足‘向晚’意，言外有身世迟暮之感。”

〔**链接**〕乐游原位于长安城东的升平坊、新昌坊一带，为一隆起的高原，因汉宣帝以此为乐游苑，并置乐游庙，故名乐游原。这里是都城的最高点，地势高平轩敞，为登高览胜最佳景地。唐太平公主在此添造亭阁，营造了当时最大的私宅园林——太平公主庄园。韩愈《游太平公主庄》诗云：“公主当年欲占春，故将台榭押城堙。欲知前面花多少，直到南山不属人。”仅在乐游原上的一处园林，因太平公主谋反被没收后，就分赐给了宁、申、歧、薛四王，足以想见当时乐游原规模之大。后来四王又大加兴造，遂成为以冈原为特点的自然风景游览胜地。它与南面的曲江池和西南的大雁塔相距不远，眺望如在近前，景色宜人，都人来此游赏者络绎不绝。

〔**教学**〕可将写作背景（包括诗人身世、当时的时代特征等）向学生讲解，以帮助其更准确地把握诗人情感。在此基础之上，可引导学生思考：作者“意不适”的原因可能是什么？诗人的情感变化经历了哪些阶段？你从哪里看出来的？诗人感慨“只是近黄昏”时，心中会想到什么呢？生活中还有哪些情形可用“夕阳无限好，只是近黄昏”这两句诗来描述？

59. 李商隐《夜雨寄北》

君问归期未有期，巴山夜雨涨秋池。
何当共剪西窗烛，却话巴山夜雨时。

〔**背景**〕本诗在《万首唐人绝句》中题作《夜雨寄内》，“内”就是妻子。现传李诗各本题作《夜雨寄北》，“北”则是北方的人，可以指妻子，也可以指亲人朋友。从诗的内容看，按“寄内”理解，似乎更确切一些。作者大中元年(847)随桂管观察使郑亚赴桂林，次年归，本诗可能作于此行经过四川时。作者大中五年至十年曾任东川节度使（治所在今四川三台）判官，与巴山之地合，但此时其妻已逝，或为此时写给亲友。

〔**意境**〕你来信问我归期几何，我又何尝不想早日团聚，只是这归期实在难以确知啊。今夜幽深万重的巴山又下起了雨，绵绵密密，淅淅沥沥，渐渐涨满秋池，烟雨雾气弥漫在夜空中。巴山楚水凄凉地，又逢这渐转萧索的秋天，更加上连绵的秋雨，我心中的思念也像秋池般渐渐涨满了。等到何时我们相聚，定会依偎在一起喁喁细语，任凭西窗下红烛结满烛花。我们一起剪取烛花，不管夜深，再说起今夜巴山的雨、羁旅的愁苦思归、彼此两地的牵挂思念，又该是怎样的一番甜蜜温馨呢？

〔**分析**〕“期”字一为对方问，一为己答。“巴山夜雨”一为客中实景，一为归后谈资。“涨”字说明雨已经下了有些时候，并且还没有停歇之意，也体现出雨丝绵密。“秋”时天气渐冷，渴望温暖时越发思乡。“何当”是作者的想象，更体现诗人的思归心切：人在巴山羁旅，心却已经飞到了家中，幻想着与对方依偎窗下闲剪烛花的情景，将时间与空间的回环对照巧妙地融为一体。“共”字流露出两人相聚时的温馨宁静。“却话”即乃话，亦是作者的想象，这巴山雨夜里的绵长情思要到那时方才对思念的人细细诉来，将相思之情写得委婉深邃，余韵悠长。

〔**艺术**〕构思巧妙，章法独绝。作者跨越了眼前的一切去写未来，想象着在重聚的欢乐中又追思今夜的一切。未来的欢会衬出了今夜的孤苦，今夜的愁肠又成了相偎低语的谈资。以他日写今日，以异地写现地，以欢聚写别思，虚实相生，回环往复，曲折深婉，含蓄隽永。

〔**评析**〕清姚培谦《李义山诗集笺注》："姚培谦曰：白居易'料得闺中夜深坐，还应说着远行人'是魂飞到家里去。此诗则又预飞到归家后也，奇绝！"清桂馥《札朴》："义山'君问'云云，眼前景反作后日怀想，意最婉曲。"近人刘永济《唐人绝句精华》："如此作法，笔势非常矫健，且可省却许多语言，诗家谓之顿挫者也。"

〔**链接**〕王安石《与宝觉宿龙华院》诗："与公京口水云间，问月'何时照我还?'邂逅我还还问月：'何时照我宿钟山?'"杨万里《听雨》："归舟昔岁宿严陵，雨打疏篷听到明。昨夜茅檐疏雨作，梦中唤作打篷声。"两诗在构思谋篇方面均受到本诗的启发。

〔**教学**〕引导学生想象：面对着巴山夜雨，作者此时此刻心中在想些什么呢？当他们重聚之时，再回想起今夜的苦雨，又会说些什么呢？

60. 李商隐《嫦娥》

云母屏风烛影深，长河渐落晓星沉。

嫦娥应悔偷灵药，碧海青天夜夜心。

〔**意境**〕蜡烛将要燃尽，室内的烛光越来越黯淡，云母画屏上映出烛焰渐长的深色影子，越发显出居室的空寂清冷，室中嫦娥的心思也随着这烛光渐趋深沉。室外，天空中的银河正逐渐西移，已近消失，那几颗点缀着空旷天宇的寥落晨星，曾在夜晚默默地陪伴着永夜不寐者，而现在连这最后的伴侣也行将隐没。黎明将近，又一个孤寂的不眠之夜过去了。长夜独坐，心绪黯然。窃药飞升的嫦娥如今独居月宫，早对自己当初的莽撞之举感到了后悔。她虽登仙境，却只能夜夜独对碧海青天；海天辽阔，衬得嫦娥更加孤单寂寞。而那一腔心事，无人诉说，又是怎样的煎熬啊！

〔**分析**〕“深”既是烛影黯淡，也衬出夜已深至尽头，天将破晓。“渐落”写出了银河在天空中缓缓低垂的样子，“渐”字暗示出时间推移的漫长。“沉”字则逼真地描绘出晨星低垂、欲落未落的动态。此刻“落”和“沉”的不仅是银河与晨星，更是嫦娥孤寂的心。“烛影深”“长河落”“晓星沉”，表明时间已到将晓未晓之际，暗示嫦娥一夜未眠。“应悔”是揣度之词，“夜夜心”则说明主人公常常深夜难寐，更衬其心绪寂寞、处境凄凉的程度之深、时间之长。

〔**艺术**〕本诗题为《嫦娥》，实际上抒写的是处境孤寂的主人公对于环境的感受和心灵的独白。全诗看似写景，实则写人，借助于环境氛围的渲染，主人公的形象虽不着一笔却愈加鲜明。诗中所抒写的孤寂感以及由此引起的“悔偷灵药”式的情绪，融入了诗人独特的现实人生感受，有着更加丰富深刻的意蕴：黑暗污浊的现实包围中，诗人力图摆脱尘俗追求高洁，却使自己陷于更孤独的境地。清高与孤独孪生，由此便又引发了诗人既自赏又自伤的复杂心理，通过精微而富于含蕴的语言表现了出来。唐代道教盛行，女子入道成为风气，入道后方体验到宗教清规对正常爱情生活的束缚而产生精神苦闷。李商隐在《送宫人入道》诗中，曾把女冠比作“月娥孀独”，在《月夜重寄宋华阳姊妹》诗中，又以“窃药”喻指女子学道求仙（宋华阳原为宫女，随公主入道做了女道士，李商隐年轻时曾在玉阳山修习道术，可能与宋华阳有恋情）。因此，本诗也可以解作代困守宫观的女冠抒写凄清寂寞之情。

〔**评析**〕清沈德潜《唐诗别裁》：“孤寂之况，以‘夜夜心’三字尽之。士有争先得路而自悔者，亦作如是观。”

〔**链接**〕《淮南子·览冥训》载：“羿请不死之药于西王母，姮娥窃以奔月，怅然有丧，无以续之。”高诱注：“姮娥，羿妻；羿请不死药于西王母，未及服食之，姮娥盗食之，得仙，奔入月中为月精也。”姮即常意，因汉文帝名恒故避讳为常，姮娥即今嫦娥。

〔**教学**〕本诗中“悔偷灵药”式的现实人生之叹，那种同病相怜的感情，是小学生难以理解的，不要求掌握。可启发思考提问，如：你认为嫦娥会后悔吗？她的心里在想些什么呢？想象一下嫦娥在月宫中的日常生活情形。

61. 林杰《乞巧》

七夕今宵看碧霄，牵牛织女渡河桥。

家家乞巧望秋月，穿尽红丝几万条。

〔**意境**〕晴明的秋夜，点点繁星拥着一轮皎洁的明月，将清辉洒向人间。天空是通透而幽深的蓝色，清晰的银河横流其间。今晚正是七夕佳节，传说被王母娘娘拆散的牛郎织女将踏着善良的喜鹊聚成的鹊桥，渡过宽广的银河来相会。相传织女聪明美丽，并且心灵手巧，能织出绝美的纹锦化作天边云霞。凡间的女儿们谁不羡慕织女的一双巧手？传说谁若有了一双巧手，便能够拥有一生美满幸福。看，家家户户的少女们正乘着月色“乞巧”呢！庭院里早已摆好了香案，上面一字排着乞巧果子、红菱、白藕、菱角。姑娘们三五成群，这边几个将针儿举得高高，正对着月亮穿针引线；那边几个围作一圈，相互赛着水面抛针；边上独自立着一个小女孩，不言不语，原来却在低头焚香，诚心拜祝。千家万户的女儿家如此费尽心思，极逞智巧，都是希望能分得织女姐姐的一点聪明灵慧啊！女孩子们手中那一条条穿针的红线（这也是月老许配姻缘的红线呢），寄托着她们对爱情的纯真向往——牛郎织女今夜相聚，而心上那个模糊的人儿，又会是哪般模样？

〔**分析**〕“七夕今宵”点出时间，交代了节日背景。“碧霄”说明天气晴好，银河清晰可见，更易联想到鹊桥相会。“牵牛织女渡河桥”明写牵牛织女的传说，暗写乞巧女儿们追求幸福生活的愿望。“家家”“穿尽”“几万条”则共同反映了少女们乞求灵巧、追求幸福的强烈愿望，写出乞巧的盛况，烘托了节日的热烈气氛。

〔**艺术**〕诗人用语生动凝练，又用夸张法，极言乞巧女儿之多，饱含浓郁的生活气息。将乞巧与美好的爱情生活暗暗联系，并与女子心思相应。

〔**链接**〕织女又名天孙，相传她聪明美丽，心灵手巧。而牛郎与织女那凄美的爱情故事，更是家喻户晓。古时候女子经常织布，都羡慕传说中织女的一双巧手，因此就有了七夕月夜向织女乞巧的活动，乞巧节由此而来。古代乞巧诗很多，如唐施肩吾《乞巧词》："乞巧望星河，双双并绮罗。不嫌针眼小，只道月明多。"欧阳修《渔家傲》："乞巧楼头云幔卷，浮花催洗严妆面，花上蛛丝寻得遍。颦笑浅，双眸望月牵红线。"

〔**教学**〕如今很多孩子对七夕夜乞巧并不了解。教师应事先准备相关资料，将孩子们引入节日情境中，帮助其更准确地理解诗意。可以让学生想象：乞巧时的女孩子们都可能想些什么，做些什么？

62. 罗隐《蜂》

不论平地与山尖，无限风光尽被占。
采得百花成蜜后，为谁辛苦为谁甜？

〔**大意**〕蜜蜂，这小小的生物，大千世界里，到处都能看到它们的身影。你看那一望无垠的田野上，它们正扇动着透明的翅膀忙碌。你看那崇山峻岭，凡是鲜花盛开的地方，都能看到它们穿梭于花间草丛，采花酿蜜。然而它们日夜忙碌，采尽百花酿成蜜后，到头来却被别人拿走，那琼汁玉液是为谁酿造的呢？蜜蜂辛勤酿蜜却劳而不获，不正如那千千万万的普通农民吗？他们辛辛苦苦，到头来却让剥削者不劳而获。

〔**分析**〕"尽"字极言蜜蜂占尽风光，为后两句的议论蓄势。诗的后两句运用反诘语气道之，第三句主叙，第四句主议。"采得百花"已有"辛苦"之意，"成蜜"二字已具"甜"意，但三四句由于主叙主议不同，有反复之意而无重复之感。本来反诘句的意思只是：为谁甜蜜而自甘辛苦呢？却分成两问，亦反复而不重复，辛苦归自己、甜蜜属别人的意思更加显著。反复咏叹，使人感慨无穷，诗人的矜惜怜悯之情也随之欲出了。

〔**艺术**〕语言洗练，虽平淡却富有思致。前两句极称蜜蜂“占尽风光”，正言欲反、欲夺故予，后两句反跌一笔，将“尽占”二字一扫而空，表达效果更强。

〔**评析**〕近人刘永济《唐人绝句精华》：“诗意似有所悟，实乃叹世人之劳心于利禄者。”

〔**链接**〕唐杜荀鹤《蚕妇》：“粉色全无饥色加，岂知人世有荣华。年年道我蚕辛苦，底事浑身着苎麻。”宋张俞《蚕妇》：“昨日入城市，归来泪满巾。遍身罗绮者，不是养蚕人。”宋梅尧臣《陶者》：“陶尽门前土，屋上无片瓦。十指不沾泥，鳞鳞居大厦。”同样描写劳动者为他人作嫁衣裳的悲哀。

〔**教学**〕让学生了解蜜蜂采花酿蜜的过程，以便更好地理解诗意。可以让学生联系现实，试着分析造成这种不公平现象的原因是什么。感受前两句与后两句之间的转折，如果不这样写效果会怎样。

63. 吕岩《牧童》

草铺横野六七里，笛弄晚风三四声。

归来饱饭黄昏后，不脱蓑衣卧月明。

〔**背景**〕吕岩，字洞宾，唐末人。曾中第，两调县令。值黄巢之乱，遂携家归终南山，放迹江湖间。相传他在长安酒肆遇到仙人钟离权（又称汉钟离），遂得道，不知所终，后来成为传说中的八仙之一。

〔**意境**〕广阔的原野上，一望无垠的绿草满满地铺在夕阳下。晚风吹拂，远处传来时续时断的牧笛声。哦，原来是一个放牛的孩子正迎着徐徐晚风，手持竹笛，随意吹出几支悠扬的曲子呢。他头戴斗笠，身披蓑衣，骑着牛儿游荡在回家的路上。回到家里吃饱了饭，连蓑衣都不脱，以地为床，以天为帐，就闲适而满足地躺在了月夜里的草地上。是累了，想躺下来好好地舒展一下身子？还是喜欢清风吹拂下的月色，想好好欣赏一下？仰望明亮的月儿，他的心里会想些什么？或许什么都没想，就睡着了吧……饥来即食，困来即眠，真是无牵无挂，自由自在。

〔**分析**〕“铺”字表现了草的茂盛和草原给人的那种平缓舒服的感觉。“笛弄晚风”即“晚风中弄笛”，“弄”字显出了随意嬉戏的情趣，也把笛声在风中时断时续、悠扬飘逸的情态传达出来了。“六七里”和“三四声”非确指，只是为了突出原野的广阔和乡村傍晚的静寂。未见牧童，先闻其声，给人留下想象的空间。后两句写吃饱饭的牧童休息的情景时，诗人似乎只把他所看见的如实地写了下来，却留下了很大的想象空间。

〔**艺术**〕本诗写牧童，实为写作者的情趣追求。草场、笛声、月夜、牧童，像一幅恬淡的水墨画，不仅让我们感到了“日出而作，日落而息”的安然与恬静，也感受到了牧童心灵的无羁无绊、自然放松。透过诗，我们也能看到作者心灵世界的一种追求，对远离喧嚣、亲近自然、悠然自乐的生活状态的向往。

〔**链接**〕在古诗词中，牧童、短笛、老牛经常被完美地组合在一起，构成诗人笔下清新悠闲的画面。牧童纯朴率真、无忧无虑的恬然与现实中钩心斗角、尔虞我诈的污浊形成鲜明对比，是诗人们追忆快乐童年和憧憬美好未来的寄托，是一个有着特定含义的文学意象。如唐栖蟾《牧童》：“牛得自由骑，春风细雨飞。青山青草里，一笛一蓑衣。日出唱歌去，月明抚掌归。何人得似尔，无是亦无非。”唐卢肇《牧童》：“谁人得似牧童心，牛上横眠秋听深。时复往来吹一曲，何愁南北不知音。”李涉《牧童词》：“朝牧牛，牧牛下江曲。夜牧牛，牧牛度村谷。荷蓑出林春雨细，芦管卧吹莎草绿。乱插蓬蒿箭满腰，不怕猛虎欺黄犊。”宋雷震《村晚》：“草满池塘水满陂，山衔落日浸寒漪。牧童归去横牛背，短笛无腔信口吹。”

〔**教学**〕重在引导学生感受诗的意境美和画面美，对作者归隐自然的思想不必要求掌握。

64. 范仲淹《江上渔者》

江上往来人，但爱鲈鱼美。

君看一叶舟，出没风波里。

〔**背景**〕鲈鱼以江苏松江（今吴淞江）四腮鲈最为知名。范仲淹是吴县人，生长在松江边上，对游客慕名来吃鲈鱼这一情况知之甚深。作为北宋著名政治家，范仲淹少时家境清贫而有大志，刻苦自励，从政后以清廉自律，讥切时弊，同情百姓，有“先天下之忧而忧，后天下之乐而乐”的情怀。

〔**意境**〕多水的江南，川道纵横，多鱼的松江，鲈鱼最美。有风的晴日里，我来到松江边的一个酒楼，一边饮酒一边观赏风景。酒楼里坐满了南来北往的客人，一片热闹景象，都是来品尝鲈鱼佳肴的。酒客们不住地称赞肉嫩味鲜，觥筹交错间，早已忘记了窗外的世界。酒楼外的江面上，波涛汹涌，风浪滔天。只见一只渔船像一片树叶，正随着风浪起伏，飘摇不定，时隐时现。在茫茫江面上，渔民随时会遭到强风袭击，可为了生活，不得不在风浪中捕鱼，而吃鱼的人只知道赞叹鲈鱼味美，根本不关心捕鱼人的辛苦危险！

〔**分析**〕“江上”与“风波”两种截然相反的环境形成对比，一个安逸热闹，一个惊险孤寂。“往来”与“出没”两种动态强烈对比，往来之人还有“往来”之时，但“出没”之间可能就会丧命。这么多“往来人”却没有一个人注意到江上的“一叶舟”，与“但”对应。通过对比，也暗含着对“往来人”的规劝。

〔**艺术**〕本诗语言朴实，形象生动，对比强烈，含蓄蕴藉，耐人寻味。不事艺术形象上的雕琢，而是以情制胜。让读者从所描绘的事物中，自行去观察、体会、思索、判断。

〔**链接**〕鲈鱼，又称花鲈、寨花、鲈板、四肋鱼等，俗称鲈鲛，与长江鲥鱼、太湖银鱼、黄河鲤鱼并称为“四大名鱼”。鲈鱼肉质白嫩、清香，没有腥味，肉为蒜瓣形，最宜清蒸、红烧或炖汤。松江流域湖泊众多，盛产鲈鱼。古诗中提到鲈鱼的非常多，如唐刘兼《秋夕书怀》：“宦情总逐愁肠断，一箸鲈鱼直万金。”唐元稹《酬友封话旧叙怀十二韵》：“莼菜银丝嫩，鲈鱼雪片肥。”

〔**教学**〕引导学生想象：假如你是诗人，看“往来人”和“一叶舟”两种情景有何感想？以后你吃到美味时应该想到什么？之后可采用绘画法（可画近景和远景，近景画人头攒动的酒楼中，诗人站在临江的窗子旁遥望江面；远景画波涛汹涌的江上一叶小舟在水面颠簸），加深对诗意的理解。

65. 王安石《梅花》

墙角数枝梅，凌寒独自开。
遥知不是雪，为有暗香来。

〔**背景**〕宋惠洪《冷斋夜话》载：“荆公尝访一高士不遇，题其壁。”说王安石曾去拜访一位品德高洁的隐士，没有遇见，在他家的墙壁上题写了这首诗。

〔**意境**〕严冬时节，天寒地冻，大地披上了一层银白的雪装，一片萧索沉寂。在不为人注意的墙角，却有几枝梅树不畏严寒，冒雪而开。那晶莹嫩白的花瓣经受着阵阵寒风的侵袭，似在展示自己的孤傲倔强和特立独行，为沉寂的冬日带来了生命的活力。乍从远处看去，还以为是白雪落在枝条上呢，但我很快明白那是梅花，因为空气中有暗暗的香气浮动而来。那香气虽清淡却富有穿透力，在枯涩的空气中格外清晰，严寒没有使它中断消散，却更顽强地透散开来。在这萧瑟的冬日，梅花不仅贡献了它的颜色，还贡献出了它的芳香，贡献出了它顽强的生命。

〔**分析**〕“墙角”表明梅花不欲显眼炫耀，另外墙角相对较暖，更适合冬天植物生长。“凌寒”的不仅有花，还有香气。“暗香”既说明香气无形，也表明香气淡雅，不欲讨好。

〔**艺术**〕前两句直写梅开，后两句转写香气。以写香气结，留下源源不断涌来的动感、虚渺的想象空间及品味不尽的余香，言尽而意不尽。

〔**链接**〕南朝陈苏子卿《梅花落》：“中庭一树梅，寒多叶未开。只言花是雪，不悟有香来。”本诗从该诗化来，而突出了其“凌寒”的特色。梅花的颜色主要有白、红之分，红梅开放较晚。戎昱《早梅》：“应缘近水花先发，疑是经春雪未消。”宋林逋《山园小梅》：“疏影横斜水清浅，暗香浮动月黄昏。霜禽欲下先偷眼，粉蝶如知合断魂。”所写都为白梅。

〔**教学**〕出示梅花的图片（特别是雪中白梅），让学生与雪比较。若学生不知梅花香气，可引导用其他的花香类比联想。

66. 王安石《元日》

爆竹声中一岁除，春风送暖入屠苏。
千门万户曈曈日，总把新桃换旧符。

〔**意境**〕盼望已久的元旦终于到了。天还未亮，就传来了噼噼啪啪的爆竹声，此起彼伏，原本寂静的天地顿时热闹起来，兆示着新的一年到来了。人们尽情地燃放，想把旧年的一切瘟神晦气全都驱除，好使新的一年有个喜庆吉利的开端。家家的盛筵开始了，人们纷纷暖上用屠苏叶泡过的美酒，畅饮以避邪祟。和煦的春风拂过大地，迫不及待地加入到新年的庆祝中，及时带来了阵阵暖意，又吹入到屠苏酒中，顿时飘出温馨的香气。太阳升起，天地一片明亮，千家万户都沐浴在灿烂之中，尽情享受新年的光明和期望。大家纷纷把旧的桃木门神换下，换上精心制作的新门神，祈求新的一年神人保佑，合家平安。新符必定代替旧符，人间的一切也都应当除旧布新，才能适应新的形势，社会才能发展。看家家户户充满了喜气洋洋的气氛，大家对新气象的到来是多么期待！

〔**分析**〕屠苏酒本由人温热，但似是春风吹暖，故曰“入”。“总”意谓全都如此，表现出除旧布新是千门万户的共同心愿，是不可抗拒的历史潮流。

〔**艺术**〕作品选取了大年初一的几个典型场景来写，没有直接写人，但人的喜气溢于言表。前两句主要着眼于局部，后两句则强调全体，互相补充生发。王安石作为政治家和改革家，主张“变风俗，新法度”，极力推行新法，不断发展变化的认识和愿望含蓄地融进了作品，使作品以小见大，突破了单纯描写节日的狭小格局，具有了更深广的哲理和现实内涵。

〔**链接**〕宋李壁《王荆公诗注》：“爆竹，岁旦爆竹于庭，世传庭燎之礼，非也。《神异记》云：西方山中有人，长丈余，人见之即病寒热，名曰山臊。以火着竹中，烨烞有声，则惊遁远去。”“屠苏，孙思邈所居庵名……今医方集众药为之，除夕以浸酒悬于井中，元日取之，自少至长东面而饮。取其滓，以绛囊盛，挂于门桁之上，主辟瘟疫。”宋周紫芝《岁杪四绝》（其一）：“湖上青山一水边，暮云楼阁九重天。春幡影里迎新岁，爆竹声中送旧年。”（杪：末。春幡：春旗，立春日或挂春幡于树梢，或将丝绸剪成小条别在头上，以示迎春之意。）宋陈造《元日》：“爆竹声中杂笑呼，斗杓插海寺钟初。椒觞带梦随小饮，桃板得诗仍自书。”（斗杓：斗柄，指北斗的第五至第七星。插海：斗柄向下。椒觞：用花椒浸泡的酒，正月初一用以祭祖或献之于家长以示祝寿拜贺之意。）

〔**教学**〕让学生回忆现在过春节的情形，比较古今风俗的差异。对作者寓于诗中的变革思想可略讲或不讲。

67. 王安石《登飞来峰》

飞来山上千寻塔，闻说鸡鸣见日升。

不畏浮云遮望眼，只缘身在最高层。

〔**背景**〕皇祐二年（1050）夏，王安石由浙江鄞县（今宁波市鄞州区）知县升任舒州通判，先回江西临川故乡，路过杭州时作本诗。作者时三十岁，年富力强，雄心勃勃，此诗反映了他为实现自己的政治抱负而勇往直前、无所畏惧的进取精神。

〔**意境**〕鄞县知县任期已满，舒州通判任期尚未开始，回老家江西临川途经杭州，顺便游览了西湖风景。灵隐寺前的灵鹫峰又称“飞来峰”，远远看去有千丈高。我鼓足劲爬到了塔顶，视野一下子开阔起来，心胸也跟着骤时开阔。时间尚早，望着远方的景色，想起了以前听过的一个传说，说是因塔很高，早上公鸡鸣啼时，其他地方天尚未亮，而塔上就可以看到旭日初升的绮丽景观。这不正和做人一样吗？我不会担心浮动的流云遮住我极目远眺的视线，因为我已经身处在凌空的最高层了。我相信，只要高瞻远瞩，就能拨云见日。

〔**分析**〕古代以八尺为“寻”，“千寻”用夸张的手法极言塔高，为接下来的议论抒情做好了铺垫。“见日升”不写亲眼所见之景而用传闻之景，衬托出塔高及峰高，为后两句直抒胸臆蓄势。“不畏浮云遮望眼”为典故，前人曾用浮云遮蔽日月比喻奸邪小人在皇帝面前对贤臣挑拨离间，如陆贾《新语·慎微篇》：“故邪臣之蔽贤，犹浮云之障日也。”李白《登金陵凤凰台》亦写道：“总为浮云能蔽日，长安不见使人愁。”意思是说自己离开长安是由于皇帝听信了小人的谗言。王安石反用之，显示出自己的气魄和豪迈。在阐发哲理方面，“不畏浮云遮望眼，只缘身在最高层”与苏轼的“不识庐山真面目，只缘身在此山中”一脉相承，王诗就肯定方面而言，苏诗就否定方面而言，极具哲理性。这首诗也和王之涣《登鹳雀楼》“欲穷千里目，更上一层楼”相通。

〔**艺术**〕本诗构思奇特，选择角度新颖。暗用典故，寄意深沉，言简意赅，豪壮洒脱。

〔**链接**〕飞来峰指杭州西湖灵隐寺前的灵鹫峰。传说东晋时印度高僧慧理认为它像天竺国的灵鹫山，并说“不知何时飞来”，故而得名。

〔**教学**〕结合诗的创作背景来体会诗人的情感。诗所阐发的哲理不可拘泥于本身，要引导学生充分发散思维，结合身边事例和自身经历，说一说自己学习此诗的感受，较深入地领会哲理性。

68. 王安石《泊船瓜洲》

京口瓜洲一水间，钟山只隔数重山。
春风又绿江南岸，明月何时照我还？

〔**背景**〕宋神宗即位后任王安石为江宁（今南京）知府，熙宁三年（1070）初任宰相，熙宁七年罢相，八年再相，九年再辞出为江宁通判。这首诗作于熙宁八年二月，当时王安石第二次拜相（时已五十五岁），奉召进京，舟次瓜洲。

〔**意境**〕再一次被皇上任命为宰相，我挥别了钟山，乘船至京口歇息，然后北渡至瓜洲，准备沿运河进京。京口与瓜洲之间隔着烟波浩渺的长江，那滔滔江水载着我的乡愁静静流淌。虽然长江远远地将瓜洲与京口隔开，可是内心的牵挂缩短了空间的距离，使我觉得两地只隔浅浅的一条水，而我的第二故乡钟山也只要翻过几座山就可以到达。是啊，就算千山万水又怎能阻隔我延绵不绝的思乡之情？此时此刻，正是草长莺飞的春天，柔和的春风再一次把江南大地吹绿，钟山没有朝廷内部的尖锐斗争，有的只是生机盎然的春景，官场上的失意似也都消解在这美景之中。回望既久，不知不觉中江日西沉，一轮明月渐渐升起，温暖的月光洒向波光粼粼的江面，更使我心潮澎湃：春风尚有情，一年一度地将江南岸吹绿，而我偏偏在这美好的时节告别故乡，踏上征程，不知我何时才能够重返故乡？现在明月照我上任，前途似乎一片光明，但此去宦途难料，不知能干多久又被罢相，到时明月一定会给我指引和慰藉，陪伴着回到家乡，重新照亮我的人生。想到这里，禁不住从内心深处发出呼唤："明月啊明月，今天你送去了我，何时你才能够照着我这个思乡的游子重返故乡？"

〔**分析**〕"水"指代长江。"一水间""只隔"点出诗人觉得两地近在咫尺，从而表达了对故乡的依依不舍。过了瓜洲，与江宁不再有长江相连，就算彻底离开了故乡。"数重山"的间隔被作者说得如此平常，也反映了对家乡的无限眷恋之情。"绿"是经过精心筛选的，本来是形容词，诗中用作使动，把看不见的春风转换成了鲜明的视觉形象，写出了春风使万物复苏的景象和过程，显示出生机勃勃的动感，既与诗人对家乡的怀恋相应，又暗示了对再次拜相、推行变法的期待。另外，古诗中春草也常与愁绪相联系。“又”表示春风每年都会来到，而自己偏偏在这美好的时节离开了家乡，不知道什么时候“又”能够回到家中。此外，“又”字也表达了今年的绿与往年的绿有些不同，因为它重新开启了诗人的政治生涯；但是与以往却又是相同的，自己的政治遭遇可能和以前一样。“明月”自古以来就是思乡的典型意象，寄寓作者期盼与疑惧、入世与出世的复杂心情，与“又”字在一起，用反问句恰如其分地反映了诸种不确定性。

〔**艺术**〕出仕与归隐的矛盾是这首诗的基本线索，前两句直接抒写作者的心情，后两句借景含蓄地抒情。作者将自己复杂的心情融入到了景色当中，既有推进改革、实现政治抱负的进取之心，又有归居山林、心系家乡的隐逸之情，这无疑拓展了心灵的宽度。

〔**链接**〕王安石为江西人，但早年即随父定居江宁（今南京），后三次在江宁为官，第一次罢相后即寓居钟山（在南京市北，临长江），晚年长期居于此，视江宁为第二故乡。京口即今镇江，为京杭大运河经过地。瓜洲为长江北岸与运河交汇的渡口。宋洪迈《容斋续笔》卷八云：“王荆公绝句云：……吴中士人家藏其草。初云‘又到江南岸’。圈去‘到’字，注曰‘不好’。改为‘过’，复圈去而改为‘入’。旋改为‘满’。凡如是十许字，始定为‘绿’。”按：此说的真实性值得怀疑，此不多论。今人钱锺书《宋诗选注》指出前代已有“绿”的使动用法，非王安石发明，如唐丘为《题农父庐舍》：“东风何时至，已绿湖上山。”李白《侍从宜春苑奉诏赋龙池柳色初青听新莺百啭歌》：“东风已绿瀛洲草，紫殿红楼觉春好。”唐常建《闲斋卧病行药至山馆稍次湖亭》：“行药至石壁，东风变萌芽。主人门外绿，小隐湖中花。”后代有化用此诗者，如明李梦阳《芦雁》：“江上黄芦风作花，一双秋影落寒沙。春风又绿长安草，何必江南有岁华。”古人常用明月表达思乡之情，抒发客居他乡凄凉孤寂的心境以及对家乡、亲人的思念，如杜甫《月夜忆舍弟》：“露从今夜白，月是故乡明。”唐王建《十五夜望月寄杜郎中》：“今夜月明人尽望，不知秋思落谁家？”苏轼《水调歌头》：“人有悲欢离合，月有阴晴圆缺，此事古难全。”

〔**教学**〕让学生比较“绿”字与其他用字的优劣，理解诗人对语言文字的锤炼。注意理解“又”字。可以介绍写作背景，让学生适当理解作者的复杂心情。

69. 王安石《书湖阴先生壁》

茅檐长扫净无苔，花木成畦手自栽。

一水护田将绿绕，两山排闼送青来。

〔**背景**〕本诗写于宋神宗元丰六年（1083），时诗人六十二岁，退居江宁。湖阴先生即杨骥（jì），字德逢，是一位躬耕田园的隐士，也是王安石晚年居江宁时的邻居和好友。

〔**意境**〕晚年居于江宁，远离了官场，事事淡泊，在纵情山水的同时也结交了一些志同道合的好友，邻居湖阴先生就是其中一位。他那隐居山水的生活着实让人羡慕。今天闲来无事，正好去拜访一下。一踏入他家的庭院，我便深深陶醉了，清新淡雅的风光使人误以为进入了世外桃源。庭院地面洁净得没有一丝青苔，灰黑色的土地没有了青苔的遮蔽，不时地散发出阵阵泥土的清香。这股清香仿佛一位热情的向导，引领着我走向庭院的深处。这里又是一番别有洞天的景致，一排排整齐栽种的花木，正怡然自得地享受着阳光和空气。花儿争奇斗艳，草木郁郁葱葱，一看就是先生耐心培育、精心照料的结果。想到这儿，仿佛看到了湖阴先生倚锄停帚、闲适潇洒的模样。我不禁微笑着望向院外，弯弯的流水绕田而过，犹如慈母怀抱着婴儿一般守护着绿油油的稻田；两岸对峙的青山，就像热情的来客，推门而入送来了青翠的山色。绿水悠悠、山峦叠翠，难道山水也有情有义，欣赏喜爱我的友人，才把他的家装点得仿佛一幅清幽明丽的水墨画？

〔**分析**〕“无苔”写出了庭院的清幽。青苔性喜湿暗，生长于僻静处，较难扫除，茅檐尤易生长，且一般人常因其在高处而不打扫，但现在茅檐没有青苔，表明庭院无处不净、无时不净。“花木”是庭院内最引人注目的景物。因为品种繁多，所以要分畦栽种，“成畦”二字并非仅仅交代花圃的整齐，也暗示出花木的丰美，既整齐又不单调。正因为这清幽的环境令人陶醉，所以当诗人的目光从院内花木移向院外的山水时，他的思致才会那样悠远、飘逸，平常的田野风光也才会似对这位志趣高洁的主人有了情谊。“护”“绕”“排”“送”用拟人化的手法写活了自然景物，暗含了诗人超俗高逸、亲近自然，以至于自然也主动亲近诗人的深意。“护田”“排闼”用了汉代人的典故，但看不出痕迹，犹如作者自出胸臆，达到了用典的很高要求。

〔**艺术**〕前两句寓动于静，后两句静中见动。全诗以景喻人，无一句直接提到湖阴先生，而又句句与这位隐士紧密关联。

〔**链接**〕本组诗共两首，其二云：“桑条索漠楝花繁，风敛余香暗度垣。黄鸟数声残午梦，尚疑身属半山园。”五代沈彬《题法华寺》：“地限一水巡城转，天约群山附郭来。”辛弃疾《水调歌头》：“五亩园中秀野，一水田将绿绕。”宋韩淲《浣溪沙·徐倅生朝》：“留得菖蒲酒一杯，与公今日寿筵开，灵山排闼送青来。”宋魏了翁《水龙吟·登白鹤山，借前韵呈同游诸丈》：“山送青来，僧随麦去，山为吾友。”

〔**教学**〕联系诗人罢相后对世事的淡泊心情，把握对湖阴先生隐居生活的艳羡之意。品味“护”“排”“送”诸字时，可采用以画解诗的方法，将抽象的情思化为生动的画面。

70. 苏轼《惠崇〈春江晚景〉》

竹外桃花三两枝，春江水暖鸭先知。

蒌蒿满地芦芽短，正是河豚欲上时。

〔**意境**〕这是一幅生意盎然的早春图。画面一侧，茂密的竹子枝叶挺立，正借着东风拔节生长。淡雅的竹边斜伸出两三枝盛开的桃花，提示人们竹林后面藏着一片绚烂的春景。宽阔的江水斜着穿过画面，微波荡漾，一群鸭子自由地浮游水中。它们整日游在水中，对水温变化敏感，一定是最先感受到了江水变暖，才如此快乐和自在地嬉戏吧。江岸另一侧是满地新长出的蒌蒿和刚出嫩芽的芦苇，它们虽没有桃花艳丽，却也以自己的勃勃生机为春天添彩。河豚不是喜欢吃新出的蒌蒿和芦芽吗？现在应该正是溯流而上、大快朵颐的时候，眼前不由得浮现出几只河豚出入江水的情景。据说用蒌蒿和芦芽炖河豚味道鲜美，什么时候能够好好吃上一顿啊。

〔**分析**〕“三两枝”意味着竹林后藏有一片桃花，若将其整个画出，则与竹林争地，过于密集，也缺乏含蓄。用“三两枝”隐多，与《游园不值》“一枝红杏出墙来”同，此处不说“一枝”，应是因为桃花并非整个画面的中心，不需要聚焦。为何是“鸭先知”而不是“鹅先知”历来是讨论的热点，惠崇为何画鸭而不画鹅，大概是因实见如此。另外，本句的重点是“先”，而非鸭或鹅的选择问题。宋代烹饪以蒌蒿、芦芽和河豚同煮，故见之而想象到河豚。“欲上”赋予河豚急不可待的动感，又使人联想到人的“欲吃”。今人钱锺书《宋诗选注》云：“‘水暖先知’是设身处地的体会，‘河豚欲上’是即景生情的联想。”

〔**艺术**〕惠崇原画已佚，由本诗推测，整个画面由高到低排列，江水应在中间，错落有致，动静结合，诗作也很好地反映了这一特点。好的题画诗不仅要准确、传神地写出原画的客观物景，还要能体会出画面所蕴含的生机和情趣（如“鸭先知”）。本诗除做到这些，还联想到了画面不曾有的河豚，视野更开阔，赋予画面更多的生命活力，作者的爱春之情也表现得更充分。末句以想象结束，留下了更多想象和体味的空间。

〔**链接**〕孟郊《春雨后》：“何物最先知，虚庭草争出。”苏轼《游桓山，会者十人，以“春水满四泽，夏云多奇峰”为韵，得“泽”字》：“春风在流水，凫雁先拍拍。”苏轼《寒芦港》：“溶溶晴港漾春晖，芦荻生时柳絮飞。还有江南风物否？桃花流水鮆鱼肥。”宋梅尧臣《范饶州坐中客话食河豚鱼》：“春洲生荻芽，春岸飞杨花。河豚当时是，贵不数鱼虾。”（贵不数鱼虾：这时河豚贵重，大家都不去关注鱼虾了。）

〔**教学**〕引导学生想象：原画除了诗中所写景物，可能还有哪些景物？画面布局是怎样的？（可有多种答案）可出示类似的画，让学生说出画面所有，体味画面所蕴含的情趣、作者心理，并联想画面外的情景。

71. 苏轼《赠刘景文》

荷尽已无擎雨盖，菊残犹有傲霜枝。
一年好景君须记，正是橙黄橘绿时。

〔**意境**〕犹记得朵朵荷叶在夏日里承接雨露的美好景象，可惜眼前的荷塘已是叶黄茎残。昔日华美绽放的大朵菊花也枯萎在了枝头，唯有那傲霜挺拔的菊枝仍然在寒风中生机勃勃地挺立着，似乎尚在不屈不挠地斗争。好朋友啊，你且记住，不要以为时至深秋便再无美景，你看那黄澄澄的橙子正满挂在枝头；绿色的橘子也日益饱满起来了，色泽越发光艳喜人。其实要说起一年里最美好的景色，正该是眼下这收获的好时节哪！恰似你我二人，虽已青春流逝，但也步入了撷取人生硕果、大展作为的黄金阶段，更当珍惜这大好时光，切不要意志消沉啊！

〔**分析**〕“荷尽”“菊残”是秋末冬初的萧瑟景象。荷叶“已无”而菊枝“犹有”，通过对比展现出了菊枝的不畏严寒。“擎”是向上托举的动作，“傲”则含有藐视、不屈的情态，两相对比之下衬托出菊枝傲霜独立的高尚品格，另外也使所咏之物很自然地带有了人的品格，以物喻人。菊花的耐寒，更隐喻着不为流俗所同、不向现实官场的严酷环境低头的精神力量。“君须记”点出了作者的看法，也是向友人赠诗的目的所在。“橘”象征着许多美德，屈原曾作《橘颂》，夸它“独立不迁”“精色内白”“秉德无私”“行比伯夷”。橙黄橘绿的景致中蕴含着作者对朋友人格的深深称许。

〔**艺术**〕作者巧妙地将对刘氏品格和节操的称颂糅合在对初冬景物的描写中，可谓熔写景、咏物、赞人于一炉。古人笔下的秋景大多气象衰微，笼罩着凄凉的悲秋情绪，而此诗却一反常情，着力描写秋冬时节的丰收景象，显露出勃勃生机，给人以昂扬奋发之感，也反映出了作者的人生态度。

〔**评析**〕宋胡仔《苕溪渔隐丛话》："二诗意同而辞殊，皆曲尽其妙。"（以之与唐代韩愈的《早春呈水部张十八员外》中"最是一年春好处，绝胜烟柳满皇都"句并论）

〔**链接**〕刘景文，名季孙，字景文，与苏轼过从甚密，苏称赞他为"慷慨奇士"。宋杨无咎《望海潮·上梁帅生辰》："菊暗荷枯，橙黄橘绿，嘉时记得今朝。"元朱名世《彭月》："彭月怀沙小更肥，团脐风味颇相宜。菊花新酒何孤负，正是橙黄橘绿时。"（彭月：又称彭越、彭蜞，蟹的一种，体小少肉。）

〔**教学**〕引导学生先思考季节本身的不同特性，说说自己心中最好的季节是什么时候；再思考诗人为什么说"一年好景""正是橙黄橘绿时"？你认为人生中的"一年好景"又是什么时候，为什么？

72. 苏轼《饮湖上初晴后雨》

水光潋滟晴方好，山色空濛雨亦奇。

欲把西湖比西子，淡妆浓抹总相宜。

〔**背景**〕作者于熙宁四年（1071）至七年在杭州任通判（知州的辅佐官）期间，曾写了大量咏西湖景物的诗，这是最脍炙人口的一首。

〔**意境**〕这天，我和朋友在西湖上饮酒畅谈。开始是晴空，阳光如同金子一般洒在荡漾的水面上，波光粼粼，有一种迷人的美。湖面上铺满了荷叶，像撑开的一张张绿伞，有的轻浮于湖面，有的亭立在碧波之间，似层层绿浪，如片片翠玉。绿叶丛中，一朵朵荷花亭亭玉立，像娇羞的少女，满脸绯红，默默含笑，美丽动人。一阵清风吹来，醉人的香气扑面而来。金光闪闪的湖面上，几叶扁舟轻轻荡漾，还不时地传来轻微的摇橹声和远处的悠扬的琴声。有时会飞来几只鸥鸟，轻轻地掠过湖面，水面泛起一道道波纹。夏天晴雨不定，我正沉醉于西湖晴日的美景之中，只见细雨落在湖面上，溅起一圈圈涟漪，发出了沙沙的声音，又如数不清的银丝线，连起了天空和湖面。岸边的柳树也舒展着柔嫩的枝条，仿佛在清风细雨间欢快地跳舞。远处，本来清晰的群山显得隐隐约约、若有若无，好似披上了一层薄纱，又如同仙境一般。看着绰约多姿的西湖山水，我不禁想起了美女西施。西湖的美无时无处不在，正如西施一般，淡妆时如同出水芙蓉，浓妆时同样妩媚动人，都恰到好处地展现了她的内在美。

〔**分析**〕“潋滟”指的是水波荡漾的样子，“空濛”指的是细雨迷蒙、视线不清的样子，两个词生动形象地描绘出了西湖晴雨天的不同风貌。“方”意为刚刚，不仅暗含了西湖在晴天很美，美得恰到好处，得出了“晴方好”的赞美，而且为下文的“亦”做了铺垫。“方好”转入“亦奇”，转换很快。“好”“奇”两个字带有作者强烈的感情色彩，直接表达了喜爱之情。“奇”意谓奇妙，不仅表现雨天西湖景色美好、奇妙，也加入了作者的惊奇喜爱之情。“水光”“山色”“晴”“雨”“方好”“亦奇”互文见义，水光雨亦奇，山色晴亦好，水光晴亦奇，山色雨亦好。从对西湖的赞评中，读者不仅想其景，也想其人，可以想到诗人即景挥毫时洒脱的兴致及开阔的胸怀。把西湖比作西子，本体和喻体之间有着共同之处：从表面上看，“西”字使二者有了天然的联系，西湖和西施都在越地，人杰而且地灵；从内涵上看，西湖与西子都有内在的美，外界怎样变化都无法掩饰改变其内在美。

〔**艺术**〕作者选取西湖中最具特色的“水光”“山色”，又分别写出了其在“晴”“雨”不同条件下独具特色的美。拟人是本诗最突出的特色，把西湖比作西子，使西湖富有了人的情感和灵性，似乎通过晴阴变化有意装扮自己。拟人也是化实为虚，对西湖的景观做了整体描述，饱含着作者对西湖的深厚情感。

〔**链接**〕本题诗共两首，其一为：“朝曦迎客艳重冈，晚雨留人人醉乡。此意自佳君不会，一杯当属水仙王。”可见那天早晨阳光明艳，后来转阴，入暮后下起雨来。所有景物为作者一天所见，可见其欣赏了整整一天，可看出西湖的吸引力之大。苏轼几次用到本诗造意，如《次韵仲殊游西湖》：“水光潋滟犹浮碧，山色空濛已敛昏。”《次前韵答马忠玉》：“只有西湖似西子，故应宛转为君容。”元方回《问西湖》：“谁将西湖比西子，旧日繁华渐欲无。始信坡仙诗是谶，捧心国色解亡吴。”西湖以其秀丽的景色吸引了无数文人骚客，赞美西湖的诗词为数不少。如白居易《钱唐湖春行》：“孤山寺北贾亭西，水面初平云脚低。几处早莺争暖树，谁家新燕啄春泥。乱花渐欲迷人眼，浅草才能没马蹄。最爱湖东行不足，绿杨阴里白沙堤。”欧阳修《采桑子》：“群芳过后西湖好，狼藉残红。飞絮濛濛，垂柳阑干尽日风。　笙歌散尽游人去，始觉春空。垂下帘栊，双燕归来细雨中。”

〔**教学**〕给学生展示不同环境下的西湖风景图片，让学生想象补充西湖晴日和雨天时有哪些具体景象。比较西湖与西子的共同点和不同点。

73. 苏轼《六月二十七日望湖楼醉书》

黑云翻墨未遮山，白雨跳珠乱入船。

卷地风来忽吹散，望湖楼下水如天。

〔**背景**〕本诗作于熙宁五年（1072）作者任杭州通判期间。

〔**意境**〕这日天气晴朗，闷热难耐，我到西湖去消消暑气。乘舟荡漾于湖面，一阵凉风吹来，好不惬意。这么闷热的天怎么会有凉风呢？呀，远处天边涌起团团黑云，浓得像倒泼了的墨汁，翻滚而来，霎时天色昏暗下来，一定是要下雨了，六月的天真是阴晴不定。游人们纷纷靠岸躲避。我正好划到望湖楼下，准备去喝几杯，本想赶快上楼去，再看远处的山峦，并没被黑云全部覆盖，有些地方还阳光明媚，这是过云雨无疑了，一会儿就会停的，不如就在船中享受雨景吧。正想着，黑云已滚到了上方，豆大的雨点随之而来。雨点噼噼啪啪打在水面上，溅起晶莹洁白的水珠，像颗颗珍珠一般，乱纷纷地砸落到船上，似乎在对我说：我们自己送到你身边来了，尽情赏玩吧。我的衣服顷刻间便湿透了。正想着怎么去避雨，忽然间一阵大风贴着水面吹来，似乎要把一切都卷走。黑云被吹成絮状分散飘走了，雨霎时也停了，一切都恢复了原样，阳光灿烂，草木静立，望湖楼下湖面如天宇般平静和阔大，水天相映，寥廓澄澈，真令人神清气爽。在望湖楼上眺望美景，应是别有一番滋味，赶快到楼上痛饮一番，将这美景题写下来吧。

〔**分析**〕过云雨来去迅疾，往往雨量较大，作品所写即是过云雨的典型情况。

〔**艺术**〕善用比喻是苏轼诗的突出特点，本诗有明显体现，四句用了三个比喻，形象生动，使人易于感受和理解。短短四句写了由云到雨、到风、到晴的过程，转换快捷，使人目不暇接，富有艺术感染力和冲击力。善用对比，墨与白、未遮山与乱入船、卷地风与水如天都形成对比。作者的视线由远到近再到远，末句将视线由近处引向远处，水虽静而读者的心犹未静，留下体味想象的空间。

〔**评析**〕清吴景旭《历代诗话》引明王昌会《诗话类编》："阴阳变化开阖于顷刻之间，其气雄语壮，所谓吞云梦者。"

〔**教学**〕可以出示四幅画面，或制成动画，帮助理解比喻的用法及经历的过程。

74. 苏轼《题西林壁》

横看成岭侧成峰，远近高低各不同。

不识庐山真面目，只缘身在此山中。

〔**背景**〕元丰七年（1084）作者由黄州贬所改迁汝州团练副使，于五月游庐山，作诗七首，本诗为游完庐山后所作。

〔**大意**〕游完庐山，不由感慨：庐山真是秀甲天下。各种各样的峰峦、怪石、林木、沟壑目不暇接，有些山峰横在前面，连作一片，成为一条连绵起伏的山岭。别以为它完全是一样高的山岭，侧过身去看这条岭的远处，却有一处突兀而起，形成挺拔险峻的山峰。山峦沟壑远远看去是一个模样，走到近处看却是另一番模样。站在高处看低处，似乎已看得很清楚，下到低处再看却别有风景，很多东西高处是看不到的。各个位置点的形状、大小、颜色是如此不同，庐山似在与游人捉迷藏，染上了神秘奇幻的色彩。我们不能准确说出庐山确切的面目，那是因为身在山中，视野受到局限，没法看到全貌。只有经过横看、侧看、远看、近看、高看、低看，才能跳出山中一隅，才能在胸中有整体性的认识，这是我游完庐山的感受。庐山如此，其他事物何尝不如此？

〔**分析**〕本诗是游完庐山后所写，作者感慨在山中从横、侧、远、近、高、低诸角度皆不得真面目，其实正是经历了这些视角后对庐山的整体认识，是“识得真面目”后的感慨。

〔**艺术**〕本诗通过写庐山，揭示了全体与局部的辩证关系，这是事物间的普遍关系，是人们在生活中经常碰到的问题，作者得出的结论就有了普遍性，这也是本诗被广为传诵的生命力所在。宋人喜欢以议论入诗，往往有干涩、抽象之弊，本诗前两句写景，后两句自然得出结论，融论于景，不觉枯涩。

〔**评析**〕宋惠洪《冷斋夜话》：“山谷曰：此老人于般若横说竖说，了无剩语，非其笔端有口，亦安能吐此不传之妙。”（山谷：宋代文学家黄庭坚。般若：梵语的译音，意为“智慧”，佛教用以指如实理解一切事物的智慧。）清高宗敕编《唐宋诗醇》：“能作如是语，始是认取真面目者，妙。高峰三日不见而见之，别峰与此参看。”

〔**链接**〕姚宽《西溪丛语》：“南山宣律师《感通云》：‘庐山七岭，共会于东，合而成峰。’因知东坡‘横看成岭侧成峰’之句，有自来矣。”本诗首句所写与庐山的这种特殊山势有关。历代咏庐山诗颇多，如李白《望庐山五老峰》：“庐山东南五老峰，青天削出金芙蓉。九江秀色可揽结，吾将此地巢云松。”苏轼《初入庐山》：“青山若无素，偃蹇不相亲。要识庐山面，他年是故人。”明张治《登石钟山望庐山》：“庐岳亭亭翠万重，悬泉千尺挂飞龙。石钟山下江如镜，映出青天五老峰。”

〔**教学**〕可出示不同视点的图片或视频，帮助学生理解前两句的意思，或让学生自己谈谈游览山水时的类似感受。引导学生列举生活中适用后两句的例子。

75. 曾几《三衢道中》

梅子黄时日日晴，小溪泛尽却山行。
绿荫不减来时路，添得黄鹂四五声。

〔**意境**〕人人都爱江南好，但若是赶上梅雨时节，便会让你染上几分惆怅伤感。此次出行恰巧赶上这个时令，往年这个时候常常是阴雨绵绵，一想到可能连着几日都见不到太阳，不禁有些许担忧。出来后才发现自己的担心是多余的，这几天晴空万里，风和日丽，要不是岸边时不时出现的几棵子已熟透的黄梅树，我们都要忘记此时正值梅雨时节了！泛舟西行，前行的小船给平静的湖面带来一圈圈涟漪，阳光洒在湖面上，波光粼粼。两岸的青山将它们秀丽的身影映入湖面，在层层涟漪的推动下，恍恍惚惚、若隐若现，仿佛是幻境一般。渐渐地湖面变窄了，船夫一转，小舟进入一条岔溪，前行不久便到了小溪的尽头，于是下船改走山路继续前行。故地重游，不禁回想启程时游览此地的情景，当时正逢暮春，路边郁郁葱葱的树木也如今日一般树茂枝繁、苍翠欲滴，与水路一样美不胜收。不同的是今日重经此地，几只小巧的黄鹂在晴风暖日下舒展筋骨，不时发出几声婉转悦耳的啼鸣，在幽静的小道上显得更加清脆，更让单调的路途多了几分新鲜感。

〔**分析**〕"梅子黄时"点明了此行的时间，正值农历五月梅子快熟之时。"日日晴"以明快的节奏透露了诗人的欣喜之情，为游兴勃发做了铺垫。"却"有"再"的意思，船至尽头再改山路跋行，引出三、四句在三衢道中的所见所闻。"绿荫""黄鹂"皆是此时节的代表物，一色一声给诗人带来愉悦畅快之感。"不减""添得"二词用得最妙，一方面二词形成鲜明的对比，不仅表达出诗人心中的新鲜之感，更赋予整诗明朗轻快的节奏；另一方面与"来时路"做对比，诗人并没有直接描述"来时路"，一句"不减"便将"来时路"展现在读者眼前，"添得"更暗示了季节的转变，手法尤为新奇。

〔**艺术**〕本诗在短短的篇幅中，运用了三次鲜明的对比，将往年的阴雨与今年的“日日晴”对比，将溪上泛舟与山路跋行对比，将今日见闻与“来时路”对比。通过对比展现季节、风景的变换及情感的起伏，表达出作者归途的愉悦之情。

〔**链接**〕三衢山在浙江衢州市常山县北，据载昔有洪水自顶暴出，界此山为三道，因谓之三衢。除了此诗，还有一些诗人也曾在游经三衢道中时留下诗作，如宋华岳《三衢道中》：“西风吹梦落青帘，浊酒三杯路一千。别岸舟行秋色里，故人家在夕阳边。”元张雨《三衢道中三首》其一：“大溪中道放船流，船压山光泻碧油。”其二：“东风恶剧雨飞花，被底春寒水涨沙。”明皇甫汸《三衢道中》：“山居无别业，民俗半为农。树杪开山阁，溪湾置水舂。”

〔**教学**〕让学生说说自己行走在山道上时的见闻感受，回忆自己在游玩的经历中去程和归途的不同心情。

76. 李清照《夏日绝句》

生当作人杰，死亦为鬼雄。
至今思项羽，不肯过江东。

〔**大意**〕活着，就要做人中的豪杰，为国家建功立业；就算是死，那也要为国捐躯，死得其所，成为鬼中的英雄！想当年垓下之围，楚霸王项羽只身突围到乌江，本可急速渡江，回到江东再重整旗鼓。他却执意不肯渡江，回身杀入敌军阵中，手刃数百士兵而后举剑自刎！如今我重到这乌江畔，迎风凭吊故去的雄杰，放眼却唯有满目萧条，再不见当年楚霸王！那般的英雄气概，那一种所向无惧的人生姿态，直教后人思念至今！

〔**分析**〕“当作”体现出作者的坚定，是想也不用想的选择；“亦为”则是更进一步的决绝。尔后追思项羽，缅怀那种“死不惧辱不受”的精神气节。“不肯”既非“不能”，亦非“不想”，而是自主自愿的选择，体现出“士可杀而不可辱”的英雄气概。

〔**艺术**〕最大特点是借古讽今、起调高亢。诗人运用典故，写得干脆利落，力透纸背，正气凛然，鲜明地提出了人生的价值取向。相比古人的英雄气概，今人又如何呢？宋室南渡，偏安一隅，不思奋力杀敌复国，完全没有杀身成仁、舍生取义的精神。作者的丈夫赵明诚身为知府，却在城中叛乱起时悄悄地用绳子缒城而逃。作者对今日的人和事没有评说，也不屑于评说，然而语有尽而意无穷，唯其只字不提，更突出了借古讽今的效果。读者从字里行间尽可体会到作者的不满和愤慨，“至今思项羽”一句，包含多少慨叹！

〔**链接**〕唐于季子《项羽》：“北伐虽全赵，东归不王秦。空歌拔山力，羞作渡江人。”辛弃疾《浪淘沙·赋虞美人草》：“不肯过江东，玉帐匆匆，至今草木忆英雄。唱着虞兮当日曲，便舞春风。”

〔**教学**〕使学生在了解历史背景和典故内容的基础之上进行体会，尤其要联系宋室南渡的史实和作者自身的遭遇。

77. 陆游《游山西村》

莫笑农家腊酒浑，丰年留客足鸡豚。

山重水复疑无路，柳暗花明又一村。

箫鼓追随春社近，衣冠简朴古风存。

从今若许闲乘月，拄杖无时夜叩门。

〔**背景**〕此诗写于孝宗乾道三年（1167）。在此之前，陆游曾任隆兴府通判，因为极力赞助张浚北伐，被投降派劾以“交结台谏，鼓唱是非，力说张浚用兵”的罪名，罢归故里。对照伪诈的官场，诗人的心灵在家乡淳朴的自然生活中得到了慰藉。

〔**意境**〕不要笑话农民家里隔年酿造的米酒不够香醇，它自有它的味道——因为这其中融入了他们深厚的情谊。而且在这丰收的好日子里，有的是肉肥味美的猪肉和鸡肉做成的佳肴款待来客。漫步于山野的小径，我的眼前有观赏不完的美景：山虽然不高，却峰峦秀丽，清澈的山泉潺潺流淌，仿佛唱着一首欢乐的歌谣。走过一道山又是一道山，经过一条溪流又是另一条溪流，草木愈见繁茂，而蜿蜒的山径也难以辨认，我开始怀疑前面是否还有路径。而正当经过一番周折、认为已无路可走时，只觉眼前豁然开朗：一条大河通往村庄，茂盛的柳树优雅地舒展着翠绿的枝条，浓密的树荫下五颜六色的鲜花正争相怒放，清新的花香弥漫在湿润的空气当中。草木扶疏之间，座座茅舍隐隐浮现。走进村子，几个天真可爱的孩子正在农舍前追逐嬉戏。一年一度的春社就要来到了，在喧闹的锣鼓声中，欢天喜地的男女老少忙着庆贺这美好的时刻，祈求丰年。农民们的衣着都十分简朴，很好地保留了淳朴的风俗。不知不觉中，月亮已经高高地挂在天空，夜晚宁静的村庄别有一番趣味。我多么希望以后可以过上这种悠闲的村居生活，不必成天想着有什么公事要办，不必陷入官场的尔虞我诈。希望今后只要有清闲的时候，就拄着拐杖，趁着皎洁的月色轻叩不管哪家人的柴扉，与淳朴的老农倾心交谈。

〔**分析**〕“腊酒”更多是泛指农户家酿的米酒，南方惯用糯米为原料，过滤比较简单，所以酒液稠厚而不清亮，带米香味，正像是朴实而浓郁的乡情。“足”指足够，与“莫笑”呼应：虽非山珍海味，却量足情盛。“重”“复”突出了山水的曲折幽深，而“疑无路”是一层转折，进一步写出了山水蜿蜒曲折的情景，也写出了诗人此时的心理活动，饱含了作者对山间景色的陶醉，以致于迷失其中。“柳暗花明”描绘的是村庄兴旺的景象和蓬勃的生机。“暗”字突出了柳树的茂密，“明”字则突出了花草的繁盛和明媚，以“暗”衬“明”描绘了村庄独特的风光。“又一村”对于之前的“柳暗花明”，又是一层转折。“疑无路”是想象，是虚写；而“又一村”则是真实景象，是实写，虚实结合，情景交融，韵味无穷且包含了深刻的哲理。此外，诗人虽貌似闲适，却未能忘情国事。秉国者目光短浅，无深谋长策，然而诗人并未丧失信心，深信总由一天会否极泰来。这种心境和游览之境恰相吻合，于是两相交涉，产生了传诵千古的“山重”“柳暗”一联。这两句后用来比喻人在探索之途上难免遇到困境，如果能够锲而不舍继续前行，便会豁然开朗，找到一片新的天地。“春社”是传统节日，一般在立春后第五个戊日，人们在这一天祭拜土地神，用来祈祷丰年，同时也是一年劳动刚开始的欢乐的节日。“追随”表达出箫鼓声的热烈，衬托出节日热闹的气氛。

〔**艺术**〕整首诗在结构上十分严谨，全文围绕着一个“游”字，体现了诗人游兴十足，表达了诗人对农村淳朴生活的热爱。文章静态与动态先后排列，层次清晰，写出了农村的山水之美、风俗之美，并写出了自己愿意流连在这山水之间。对仗工整，颔联尤其为此。末句以假设作结，韵味悠长。

〔**链接**〕“柳暗花明”出自唐武元衡《摩诃池送李侍御之凤翔》：“柳暗花明池上山，高楼歌酒换离颜。”“山重水复疑无路，柳暗花明又一村”现多用为形容柳树成荫、繁花似锦的春天景象，也比喻在困难中遇到转机。宋章良能《小重山》：“柳暗花明春事深。小栏红芍药，已抽簪。雨余风软碎鸣禽。迟迟日，犹带一分阴。”宋赵闻礼《踏莎行》：“柳暗花明，萤飞月黑。临窗滴泪研残墨。”

〔**教学**〕给学生介绍诗中出现的古老习俗，引起学习兴趣，帮助理解诗歌内容。让学生说说自己经历的类似第二联所述的情景。

78. 陆游《秋夜将晓出篱门迎凉有感》

三万里河东入海，五千仞岳上摩天。
遗民泪尽胡尘里，南望王师又一年。

〔**背景**〕此诗作于绍熙三年（1192）秋，中原地区沦陷已经长达六十几年了。诗人此时被罢官回归故乡，但心系中原地区的百姓，盼望着祖国尽快统一。

〔**意境**〕拂晓将至，天边已经开始泛白，这一夜辗转反侧、彻夜难眠，索性起床来到外面透透气。时已入秋，刚迈出篱门，就被迎面袭来的一股凉风“惊醒”，不觉间精神为之一振。这凉风大概是从已然寒冷的中原地区吹来的吧，想我中原，波涛汹涌的黄河奔腾到海，巍峨的华山昂首挺立、直刺苍穹，这是何等气势恢宏，这是何等雄伟壮丽！三万里河孕育了华夏文明，沿途还有多少美景，灌溉滋润着多少土地人民；五千仞岳自古便坚实地矗立在中原大地。而今这壮美的大好山河却遭受着敌人铁蹄的蹂躏，往日美丽的景色被战乱蒙上了一层痛苦的灰尘。更让人痛心的是，那些身在沦陷区的老百姓们正在水深火热中煎熬，敌人残酷的压迫使他们过着啼饥号寒、饿殍载道的日子，此时他们感觉到的不是凉意，而是寒意！欲哭无泪的他们一年又一年地盼望着王师收复失地，盼望着国君重整昔日的家园，可是等待他们的是一次又一次的失望，他们哪里知道朝廷的君臣们已把他们忘记了！一年又一年，整整六十几年过去了，眼看着这一年也要过去了，还我河山的日子什么时候才能到来，百姓什么时候才能像今天的我熬过黑夜迎来黎明，过上普通而温暖的家居生活？

〔**分析**〕开头两句描写祖国壮丽的景色，“三万里”“五千仞”均是虚数，以夸张的手法极言黄河之长、华山之高，一开始就给人以雄伟壮丽之势。“东入海”写出了黄河奔腾东流的气势，尤其一个“入”字使得原本气势宏大的画面增添了一份动感，好像波涛汹涌的黄河正在我们面前奔腾，同时也隐含着遗民挣扎反抗的行动；“上摩天”三个字赋予了华山兀然矗立、直刺苍穹的气势，“上”字将山的静态转为动态，与“入”呼应，充满动感；“摩”在这里有摩擦、接触之意，描写华山之高可以与天相接，夸张地表现了华山的高峻，也隐含着遗民不屈的意志。作者曾在陕西前线抗金，“五千仞岳”一般认为指华山，实际上可泛指高山。同样，“三万里河”也不拘于专指黄河。一个“尽”字触动人心，不但是对压迫的无奈，更是对王师的失望。“又”字表达了失地百姓对和平的热切盼望以及对失地长年未收的无奈。后两句不乏对朝廷的失望，但是失望不等于绝望，诗人之所以作此诗正是要唤起君主对失地的重视，希望有朝一日能够实现“王师北定中原”的愿望。

〔**艺术**〕这是一首爱国主义诗歌，诗人以慷慨之词表达了自己对祖国统一的殷切期盼。整首诗借景抒情，前两句描写祖国大好河山之景，一河一山，一动一静，一横一纵，支撑起一个阔大的空间，囊括了所有的景物，风格豪放，气魄雄浑，对仗工整，并且在对河山的赞美中隐含着对遗民心向朝廷的坚信，又自然地开启了后两句对遗民的同情及对收复失地的召唤。

〔**链接**〕本题组诗共两首，第一首为：“迢迢天汉西南落，喔喔邻鸡一再鸣。壮志病来消欲尽，出门搔首怆平生。”唐李山甫诗：“华山秀作英雄骨，黄河泻出纵横才。”南宋时描写遗民苦难生活的诗歌逐渐增多，多表达了对遗民悲惨生活的同情、对祖国统一的无限盼望以及对朝廷昏庸无能的不满，如范成大《州桥》：“州桥南北是天街，父老年年等驾回。忍泪失声询使者，几时真有六军来?”陈深《江上》：“天地遗民老，山河霸业空。清愁无着处，卷入酒杯中。”刘克庄《书事》：“遗民似蚁饥难给，侠士如鹰饱易扬。”本诗表现了作者站在南宋“正统王朝”立场上的爱国思想，实际上当时沦陷区的百姓并非都生活在水深火热之中，并且随着沦陷的时间推移，逐渐在认同金朝的统治。

〔**教学**〕要让学生了解相关历史背景，可与《示儿》结合起来学习。也可联系作者其他的爱国诗词，如《关山月》《题海首座侠客像》《书愤》和《诉衷情》(当年万里觅封侯）等。

79. 陆游《示儿》

死去元知万事空，但悲不见九州同。

王师北定中原日，家祭无忘告乃翁。

〔**背景**〕作者卒于1210年除夕，享年八十五岁。本诗为临终前绝笔，也是一生中最后一首诗。

〔**大意**〕我原本就知道人死了万事归空，什么也带不走，所牵挂的事没什么放不下的。回顾自己的一生，有感情的挫折，有被诽谤的愤慨，有屡遭打击、不得重用的无奈。这些随着我的死都会灰飞烟灭，现在不再去想了。唯一让我无法释怀、倍觉悲哀的是没有见到收复失地、统一全国。我深知战乱是国家的最大不幸，一生都在为抗金奋战。如果不是主和派软弱退让、屈辱求和、假公济私，我的抱负怎么可能得不到实现，国家怎么可能尚未统一？真是汉奸误国呀！我只能“壮志未酬身先死”，带着这个永久的遗恨离开人世。不过，我坚信军民都有抗金的决心，收复中原、统一全国的日子一定会到来。到了那天，你们在祭祀我的亡灵时一定不要忘记告诉你们的老父亲这一大好消息，到时我也就无憾了。

〔**分析**〕“家祭”为家人祭祀，作者官职不高，无缘享受“国祭”。另，这番话是对家人而说。不说“我”而说“乃翁”，一是为押韵，二是站在自己逝后子女们的立场上述说。

〔**艺术**〕作者临终前家人环立榻前，却不以自己的身后事、子女们的前途等家事为念，而只想到国事，表现了他炽热执着、至死未减的爱国情怀，是自己一生志向和信念的最后概括和浓缩，是本诗最为动人之处。作者虽悲愤遗恨，但又有坚定的信念和热烈的期待，悲中有壮。如此深沉的思想和情感却以朴素、平淡的语调说出，自然真诚，不做作雕饰，更显动人的力量。

〔**评析**〕明徐伯龄《蟫精隽》：“较之宗泽三呼渡河之心，何以异哉!”（南宋初抗金名将宗泽临终前不忘恢复大业，连呼“渡河”而死。）清贺贻孙《诗筏》：“率意直书，悲壮沉痛……可泣鬼神。”清高宗敕编《唐宋诗醇》：“祖应世曰：放翁易箦，嘉定中，国弱已极，而尚作此想，其赍志可悲矣。褚人获曰：《示儿》一绝有‘三呼渡河’之意。周之麟曰：观于‘家祭无忘’之语，千秋而下，亦为长恸，此其用心与子美何以异哉!”（易箦：去世。赍志：怀抱着志愿。子美：杜甫字。）

〔**链接**〕陆游《书愤》：“早岁那知世事艰，中原北望气如山。楼船夜雪瓜洲渡，铁马秋风大散关。塞上长城空自许，镜中衰鬓已先斑。《出师》一表真名世，千载谁堪伯仲间?”《书愤三首》（其一）：“壮心未与年俱老，死去犹能作鬼雄。”《诉衷情》：“当年万里觅封侯。匹马戍梁州。关河梦断何处，尘暗旧貂裘。　胡未灭，鬓先秋，泪空流。此生谁料，心在天山，身老沧洲。”宋末元初林景熙《读陆放翁卷后》：“青山一发愁濛濛，干戈已满天南东。来孙却见九州同，家祭如何告乃翁。”（来孙：玄孙之子，从自身算起的第六代，亦泛指远孙。）此诗作于元朝统一中国后。梁启超《读陆放翁集》：“诗界千年靡靡风，兵魂销尽国魂空。集中十九从军乐，千古男儿一放翁。”

〔**教学**〕引导学生想象作者临终前的情形，如家人说了什么，作者说了什么，各自有哪些感受等，以更深入地体会作者的思想感情。也可表演这一情景。

80. 范成大《夏日田园杂兴》(其一)

梅子金黄杏子肥，麦花雪白菜花稀。
日长篱落无人过，惟有蜻蜓蛱蝶飞。

〔**背景**〕作者五十七岁以后退职闲居于苏州石湖，于淳熙十三年（1186）六十一岁时写了组诗《四时田园杂兴》，分春、晚春、夏、秋、冬五组，每组十二首，共六十首。时宋金暂时休战，局势太平，农民负担得以稍减，农业得以恢复。本诗为“夏日田园杂兴”第一首，所写为初夏景物。

〔**意境**〕初夏时节的农村，一派欣欣向荣的景象。路边的梅子由青绿变成了金黄，沉甸甸挂在枝头，似乎在向人炫耀自己已成熟。杏子正在快速生长，已由小粒变得肥满圆润了。向地里看去，麦子正堆出细碎的白花，那下面一定蕴藏着丰硕的麦粒吧。原本很盛的菜花渐渐稀少，而菜叶越加硕大茂密，终于可以大量吃上新鲜蔬菜了。日头渐长，农事正忙，天气尚不很热，大家都在田里抓紧劳作，本应人来人往的篱笆边空无一人，显得有些寂静，只有忙着捉虫的蜻蜓和吃蜜的蝴蝶自由地飞舞其上，独自享受这无人打搅的农家风光。

〔**艺术**〕前两句选取初夏田野的典型景象，第一句写树，第二句写花，全与农事相关。两句对仗工整，色彩鲜明。有意使“子”“花”重复，具有口语化、顺畅的美感，有似民歌，与田园生活相应。后两句以篱落无人衬田野有人，以蜻蜓蛱蝶的动衬篱落的静，并以其自在衬农民的繁忙，另外也预示着丰收。前两句写景，后两句写人（写蜓蝶实为写人），由景的丰茂可知人的欣喜。

〔**链接**〕杜甫《曲江》：“穿花蛱蝶深深见，点水蜻蜓款款飞。”陆游《江村初夏》：“江村夏浅暑犹薄，农事方兴人满野”。作者《晚春田园杂兴》（其三）：“蝴蝶双双入菜花，日长无客到田家。鸡飞过篱犬吠窦，知有行商来买茶。”

〔**教学**〕让学生思考：梅树、杏树、麦花、菜花、篱落是如何布局的，除此之外作者还会看到些什么，看到这些景物的感受是什么。

81. 范成大《夏日田园杂兴》(其七)

昼出耘田夜绩麻，村庄儿女各当家。
童孙未解供耕织，也傍桑阴学种瓜。

〔**意境**〕正是大忙季节，白天大家都到田里耕地锄草，侍弄庄稼，妇女们也帮着男人们一道去干。忙碌一天，晚上回来顾不上劳累，妇女们接着纺麻织线，男人们也给打打下手。男女都是各自擅长领域的行家里手，农活打理得井井有条，忙而不乱。大家辛劳的身影透着愉快——这样的忙碌，还能不丰衣足食吗？小孙子还是个小顽童，看着大人们如此忙碌，本在桑树荫下玩耍的他也受到感染，拿着铲子挖出小坑，放上瓜籽后刨平土，像模像样地种起瓜来，仿佛在说：瓜呀，快快长大，好让我看到劳动的成果，让爸爸妈妈爷爷奶奶吃了解渴！

〔**分析**〕第一句可以理解为男人昼出耕田妇女夜绩麻，也可理解为男女都耕田绩麻，可以理解为双方都做而以一方为主，这符合男耕女织的传统及“各当家”的表述，同时又可表现农民日夜劳作的辛劳。作品的口吻，可以认为是作者，也可认为是一个老农。瓜需阳光，桑荫下非种瓜之处，显出孩童的天真。

〔**艺术**〕前两句正面泛写农人忙碌，后两句侧面具写孩子忙碌，孩子忙大人自然更忙，孩子感受到了劳动的快乐，大人也能感受到。后两句为忙中闲笔，为紧张忙碌的场面注入了轻松活泼的气息，张弛结合，补出了劳动固有的情趣及安定祥和的生活局面。忙碌是丰收的希望，儿童是生活的希望，有了希望，忙碌和生活便不再感觉沉重枯燥。

〔**教学**〕引导学生想象补充前两句农民具体都干了哪些活，后两句中的小孩具体是怎么种瓜的，有些什么体验和感想。

82. 杨万里《小池》

泉眼无声惜细流，树阴照水爱晴柔。
小荷才露尖尖角，早有蜻蜓立上头。

〔**意境**〕初夏的天晴而不晒，热中有柔，一个小巧的池塘边叠着几块石头，石缝中一股清澈的泉水静静地流出，默默注入到小池中。水流很细，似乎泉眼很珍惜自己的水，不愿多流，也不愿弄出叮咚声来炫耀。池边几棵大树也喜欢这晴朗柔和的天，将树荫倒映在水中，随风飘动几下枝条，似在对镜梳妆，又似在顾影自怜，欣赏自己的美态。水面上散布着一些幼小的荷花，趁着这轻柔的天使劲生长。刚刚在水面露出了一个小角尖，眼快的蜻蜓已倒立其上，将它作为休息的驿站，似乎在调皮地说：我每天都盼你出来呢，现在我们终于可以依偎在一起了。又似乎对水面说：看看，你现在沾不湿我了吧！

〔**分析**〕泉眼惜流，表明水很珍贵，由其形成的小池身价自高，树、荷得其滋养，蜻蜓以其为家，一并都显得珍贵。树荫照水也有为水面送去一片阴凉之意，以报其滋养之恩。

〔**艺术**〕全诗贯穿着一个“小”字，渗透着一个“柔”字，最终表现了一个“趣”字，描绘了一幅小巧玲珑、生机盎然、天真有趣的画面。前两句作者的镜头从大处着眼，移动扫视，后两句则聚焦于场景中央的一点，抓住了最富情致的片刻将其定格下来，耐人回味。小荷生长本为静态，“露”字却赋予其动感；蜻蜓立上本为动作，却成为一幅静态的画面，动静的衬托转化全在于作者的会心体悟。通过全诗可以看出作者喜爱自然、心与物融、淡泊自适的心情。

〔**教学**〕引导学生想象：除了诗中所写，小池还会有哪些景物？作者看到这些景象的心情是怎样的？

83. 杨万里《宿新市徐公店》

篱落疏疏一径深，树头花落未成阴。
儿童急走追黄蝶，飞入菜花无处寻。

〔**意境**〕难得再次来到这个让我迷恋的新市，于是在徐家酒店留宿了一晚。早上醒来，推开窗子呼吸新鲜空气，没想到一幅美景随之而来。空气中夹杂着青草和泥土的香味儿，闻起来有种清新的甜甜的味道。这家酒店位于新市郊外，敞亮的门窗面对的正是一片秀丽的田野。围护院子的篱笆上，绿色藤蔓尚未成荫，只是稀稀疏疏地泛着绿意，大概是为了不阻挡这一片美好的田野风光吧？窗外路旁的树上，新叶闪着嫩绿，还没有长成浓荫，但预示着一个更繁茂的季节即将到来。我伫立窗前，眼光透过稀稀疏疏的篱笆墙和那尚未成荫的树木投向一条田间小路。小路又细又长，蜿蜒着伸向了田野深处，一户农家坐落在那里。一望无际的田野中，油菜花正在盛开，满地金黄，一片欣欣向荣的阳春景象。忽然，有个孩子从小路上追着一只黄色的蝴蝶急匆匆地跑来，转眼间，蝴蝶已翩翩飞进了菜花丛里。小家伙找啊，找啊，在一片黄菜花中，怎么也弄不清蝴蝶藏在哪里了！请不要失望吧，小家伙儿，你看这满地金灿灿的油菜花不就像千万朵黄色的蝴蝶在起舞吗？

〔**分析**〕篱笆和小路点明是农村，“花落未成阴”和“菜花”点明是暮春时节。由于“篱”疏、树头花落“未成阴”，诗人才能发现“一径”之深，而从“径”之深也可看出诗人视野的开阔。人家在田野深处，是一幅人与自然和谐相处的图景。“急走”“追”是快速奔跑追逐的意思，形象贴切地将儿童的天真活泼、好奇好胜的神态和心理刻画了出来。“无处寻”三字留下想象回味的余地，仿佛面前浮现出一个面对一片金黄菜花搔首踟蹰、不知所措的儿童。儿童正在成长，春景亦在成长，快乐源自对生命成长的期许和欣慰。黄蝶飞入菜花，儿童也融入菜花，呈现了人与自然的和谐统一。

〔**艺术**〕本诗描绘了一幅春意盎然的景象中可爱儿童捕蝶图，语言生动简洁，运用白描手法，平易自然，形象鲜明。篱笆、小路、落花、儿童、黄蝶、菜花，寥寥几笔却画出一幅色彩鲜明的儿童捕蝶图。前两句写乡村田野的静景，也是捕蝶的背景，后两句写儿童捕蝶的动景，末句又将活动的镜头突然转为静止。动静结合，画面也随之丰富起来。

〔**链接**〕《宿新市徐公店》共两首，其二云："春光都在柳梢头，拣折长条插酒楼。便作在家寒食看，村歌社舞更风流。"杨万里为官清廉，曾遭奸相嫉恨，被罢官后长期村居，对农村生活十分熟悉，描写自然真切感人，别有风趣。他的田园诗很多，如《初夏睡起》："梅子流酸溅齿牙，芭蕉分绿上窗纱。日长睡起无情思，闲看儿童捉柳花。"表达的是一种初夏午睡起身闲适无聊的情景。

〔**教学**〕让学生把诗人所描绘的画一画、写一写（画时注意视角和色彩搭配的和谐，及儿童捕蝶的天真烂漫的形态）。引导学生想象儿童寻不到黄蝶时的所做所想。

84. 杨万里《晓出净慈寺送林子方》

毕竟西湖六月中，风光不与四时同。

接天莲叶无穷碧，映日荷花别样红。

〔**意境**〕虽然是盛夏，清晨山水相依的西湖尚有丝丝凉意。友人要远行他乡，送他从净慈寺出来，向东北方向迎着初升的朝阳经过西湖边。看到眼前的景象，不禁心中一动，毕竟是六月的西湖，风光与其他时候就是不一样：春天的西湖色彩缤纷，初夏的西湖婀娜温柔，秋天的西湖成熟厚实，冬天的西湖恬静淡雅，而这六月的西湖，则是繁丽茁壮。请看，那碧绿的荷叶层层叠叠，支支红艳的荷花挺立其中，一直铺到了水天相接的地方。朝阳斜洒，荷叶明暗相间，绿中发光，荷花分外鲜红，更显妖娆，仿佛要占据整个西湖，仿佛西湖全部的生命力都汇聚在这儿了。

〔**分析**〕净慈寺在西湖西南方，作者至西湖边时与东方升起的朝阳正迎面相对。作者可能是陪友人游玩而住在净慈寺。“毕竟”本为修饰“不与四时同”，提至句首，一来表达作者情不自禁、脱口而出的感慨，做到起句响亮，二来与“西湖”“六月中”挨近，强调风光的地点和时间。古代为与五行相配，将夏季分初夏与季夏，共成五时（五季），六月属季夏，此处“四时”指春、初夏、秋、冬。后两句为互文见义，莲叶、荷花同是“接天”，同是“映日”。莲、荷为一物而分用两词，是为避免重复。荷花本为高洁的象征，本诗中也可认为隐含有这一特性，与其艳丽、广被相互映衬，单纯的风景赞美之外又含有品性的赞美。

〔**艺术**〕前两句为泛写、虚写，为直抒胸臆，后两句为具写、实写，为景物呈现，互相生发，相得益彰。后两句不但有碧与红的深度，接天、无穷的广度，还有映日的亮度，妩媚、壮阔、明艳相结合，红、绿色彩相映衬，立体地展示了荷花的情态。

〔**链接**〕作者《晓出净慈寺送林子方》共两首，本诗为第二首，其一云：“出得西湖月尚残，荷花荡里柳阴间。红香世界清凉国，行了南山又北山。”宋柳永《望海潮》词亦写及西湖荷花：“东南形胜，三吴都会，钱塘自古繁华……有三秋桂子，十里荷花。”净慈寺为西湖名寺，北宋著名僧人道济（民间俗称济公）即在此寺。

〔**教学**〕结合组诗第一首，引导学生想象作者当时游历的过程及所处的情境，及见到满湖荷花的感受。后两句可作画。

85. 朱熹《春日》

胜日寻芳泗水滨，无边光景一时新。

等闲识得东风面，万紫千红总是春。

〔**意境**〕天气晴好，暖风拂过，泗水之滨该是一片大好的春光吧？赶快去看看！那儿果然到处是鲜花绿树，争奇斗艳，芬芳袭人，一扫冬天的萧瑟单调，令人耳目一新。是谁带来了这万紫千红的新景象，带来了春天的气息？是东风。在随意寻芳赏景的过程中，便认识到了东风的真面目。正是这无边无际万紫千红的花朵给春天带来了活力和色彩，它们都是春日气息的外在表现。

〔**分析**〕“新”既指客观的万象更新，也指主观的耳目一新。泗水发源于山东，孔子曾在此地教授学生。南宋时泗水所在的淮河以北为金人占领，作者不可能来此欣赏风景，故诗中泗水滨实际代指孔门学说，朱熹作为理学家，学问源头正在孔子。“寻芳”即学习、寻求圣人之道，“无边风景”是赞美孔门学说博大精深、丰富多彩，也是作者求得圣人之道后感到自己的学问、思想焕然一新。孔门学说的核心是仁，其他一切都由此派生，只要抓住了“仁”这个“东风”，那么其他部分也就一通百通，虽纷繁复杂，但都可理解，都富有生机活力，正如耳目所及都是春天。“等闲”谓此中真谛可感悟而得，孔门义理并不深奥晦涩。

〔**艺术**〕首句点题，第二句为总括性虚写，后两句为具体深化，说明“寻”的结果及“新”的原因。作品不直接说理，而是巧妙地融于写景的框架中，不着痕迹，避免了直接说理常有的枯燥、抽象之弊。末句以“春”结，留有想象余地。如果不考虑说理而将本诗单纯作为一首游春诗，也不失为佳作。

〔**评析**〕明冯从吾《少墟集》卷二：“既识得东风面，则万紫千红总是春，安往非学，安往得厌，安往非诲，安往得倦。”（安往非学：到哪儿不是学习。得厌：得以满足。）

〔**教学**〕哲理内涵可以不向学生讲解，以免增加理解负担。

86. 朱熹《观书有感》

半亩方塘一鉴开，天光云影共徘徊。

问渠哪得清如许，为有源头活水来。

〔**意境**〕半亩大的方形池塘水面清澈，像一面打开的镜子，恬静而幽雅。

天空的光色同舒云的倩影一起映入水塘，悠闲自在地在水面上徘徊游荡，多么静谧可爱啊！我不禁有了疑问：这方塘的水怎么会如此清澈？原来那是因为水塘虽然不大，却并不是一泓死水，而是常有活水注入，因此才能像明镜一样，清澈见底，映照着天光云影。这种情景，同一个人在读书中想通问题、获得新知的情形颇为相似。读书时要克服浮躁情绪，才能使自己的内心清澈如池水。人只有经常开卷阅读不断吸取新的知识，接受新的事物，才能保持思想的活跃与进步，才能滋润心灵焕发神采。

〔**分析**〕这是一首借景喻理诗。全诗以方塘作比，前两句写景，绘出一幅美丽的自然风光图，令人读后清新明快，再加上题目是观书的感想，这美的意境顿时升华，与读书融合了。后两句以设问的形式抒发作者的感叹、惊讶以及赞美，同时也让作者身临其境，感触并思考着泉水如此澄澈透清的原因，使读者的情思融入文章，引起共鸣。这两句借水之清澈是因为有源头活水不断注入的道理，暗喻人要心灵澄明，就得认真读书，时时补充新知，因此人们常常用此来比喻不断学习新知识，才能达到新境界。人们也用这两句诗来赞美一个人的学问或艺术的成就，自有其深厚的渊源。这两句诗已凝缩为常用成语“源头活水”，用以比喻事物发展的源泉和动力。一个“问”字不仅是诗人的有意安排，也是诗人在赞叹池塘水之清澈的同时脱口而出的疑问，整首诗所要阐发的哲理也因一个“问”字而呼之欲出了。

〔**艺术**〕以理入诗，是宋诗的特点，而于形象中寓深刻的道理，正是宋诗的成功之处。整首诗充盈着淡雅的节奏和气韵，感情细腻温婉，风格清新且富含哲理。诗人用象征的手法，将读书的内心感觉化作可以感触的具体形象加以描绘，使人在清新的气氛之中既获得美的享受，又引发出哲理的感悟。诗人用了隐喻的修辞手法，方塘实为书，开镜即开书；写方塘映照之美，实喻书中知识之丰富；问映照清澈之关键，实喻书中道理之高妙。以池塘要不断地有活水注入才能清澈，比喻思想要不断有所提高才能活跃，才能避免停滞和僵化。“天光”是静景，“云影”是动景，以此凸显动静结合、欲动还静、欲静还动的风雅，表达作者欢愉、舒畅之情。

〔**链接**〕作者《观书有感》共两首，另一首为：“昨夜江边春水生，蒙冲巨舰一毛轻。向来枉费推移力，此日中流自在行。”（蒙冲：亦作“艨艟”，一种高大的战船。）同样是一首哲理诗，它告诉人们，读书积累是以贯通为归宿，而贯通则以积累为基础。

〔**教学**〕抓住此诗以理入诗的特点，重在抓住具体形象背后所蕴含的哲理，可以让学生说一说自己对这首诗的感悟，以及有关“源头活水”的故事或实例，拓展视野，发散思维。

87. 辛弃疾《清平乐·村居》

茅檐低小，溪上青青草。
醉里吴音相媚好，白发谁家翁媪。

大儿锄豆溪东，中儿正织鸡笼。
最喜小儿亡赖，溪头卧剥莲蓬。

〔**背景**〕本词是作者晚年遭受议和派打击，志不得伸，归隐江西上饶（春秋时属于吴地）闲居农村时所写。

〔**意境**〕前方是一座低小的茅草房屋，虽然简陋，但是周围的环境确是清静优美。一条清澈的小溪潺潺流过，溪边绿草如茵，充满了无限的生趣。在这样恬静淳朴的村庄里，生活着乐在其中的人们。我不禁陶醉其中，忘情之中已略带醉意。此时，听到一对老翁老妪醉酒后用熟悉的吴音互相取悦对方，便不禁萌发了想要知道这是谁家的老翁老妪的念头。走近时看到了一对满头白发的老头老太太正亲热地坐在一起，一边愉快地喝酒，一边悠闲地聊天。我不禁被这温暖惬意的农村生活所深深感动。向远处看去，勤劳的大儿子正在溪边的豆田中辛苦地劳作，晶莹的汗水滴入豆田，滋润了嫩绿的豆苗。他是多么地热爱劳动，又是多么勇敢地承担起了家中的重担。你看二儿子虽然年龄比较小，做不了太重的农活，却心灵手巧，正坐在那里编织精美的鸡笼。最天真烂漫的要数那最小的儿子，他卧在溪边肥硕的荷叶底下剥莲子呢！他们的生活是多么地和和美美，其乐融融呀！要是祖国统一了，全国老百姓都过上这虽简朴却安逸的日子，那该多好！

〔**分析**〕作者首先点明了所写地点。“茅檐低小”，说明主人公的生活十分简陋。整首词围绕着小溪来写，低矮的茅草屋是临近溪边的，大儿子劳作的地点也是溪边的豆田，小儿子的活动也出现在溪头，这条小溪平添了江南村居特有的灵性和生命的颤动。作者在接触到主人公的时候，声先入耳，为文章添加了不少乐趣，也顺利地从环境过渡到人物。同时，听到这么和谐的乡音，作者推测这么美好的生活一定是不寻常人家的，然而走进一看这只是一个普通的人家，由特别现象，过渡到了普通人的生活，高度概括了农村老年夫妻的幸福生活。“亡赖”虽然表面上看来是对小儿子的嗔怪，但是真正表达的是对小儿子天真烂漫的喜爱。“卧”字用得十分巧妙，既可以表现小儿的两个小脚丫向上翘起，左右摇摆、交叉摆动，又可以表现他休息时的安静自在，动静结合，表达了对小儿子活泼顽皮的喜爱及对这种不加粉饰的生活的热爱。联系辛弃疾其他抗金爱国的词可以看出，他对村居生活的向往隐含着对国家统一、结束战争、人民安居乐业的期盼。

〔**艺术**〕诗人采用了白描的手法，只写人物的声音和动作，不直接写人物的心理和作者的感受。词中人物的精神与所处环境一致和谐，并各具特色。

〔**链接**〕古代有许多描写乡村生活的诗词，多表达诗人对乡村生活的热爱、对乡村纯朴风土人情的无限向往，同时也抒发对官场尔虞我诈的痛恨，或是壮志未酬的悲悯情怀等情感。如唐杜荀鹤《闲居书事》：“竹门茅屋带村居，数亩生涯自有余。鬓白只应秋炼句，眼昏多为夜抄书。”孟浩然《过故人庄》：“故人具鸡黍，邀我至田家。绿树村边合，青山郭外斜。开轩面场圃，把酒话桑麻。待到重阳日，还来就菊花。”宋张舜民《村居》：“水绕陂田竹绕庐，榆钱落尽槿花稀。夕阳牛背无人卧，带得寒鸦两两归。”

〔**教学**〕重点体会“醉”与“亡赖”所表现的情感，体会这首词所表达的更深一层的情感。借助看图和朗诵，让学生想象田园生活的美景。补充人物的对话动作和心理。

88. 辛弃疾《西江月·夜行黄沙道中》

明月别枝惊鹊，清风半夜鸣蝉。

稻花香里说丰年，听取蛙声一片。

七八个星天外，两三点雨山前。

旧时茅店社林边，路转溪桥忽见。

〔**背景**〕辛弃疾被罢官后居住在上饶农村地区，这首词是作者经过黄沙岭道上的作品之一。

〔**意境**〕宁静的夜晚，我独自一人走在宽阔的黄沙岭上。一轮明月涌出，漆黑的夜晚顿时明亮起来，枝头上安睡的鸟雀惊异于突然到来的光亮而惊慌失措，展翅扑扑乱飞，从这一枝头飞向了那一枝头。枝头的蝉儿一直叫个不停，顺着清凉的微风送来，使原本安静的夜晚充满了生意和动感，我不禁享受起这乡村夜晚的清幽闲适。一阵稻花的清香迎面扑来，沁人心脾，驻足聆听，蛙声一声接着一声，一声高过一声，好似一曲振奋人心的交响乐，此起彼伏，争相诉说着自己捕捉害虫的功绩，又似在夸耀：有了我们才有丰收！我仿佛看到了秋收时节麦田里饱满的稻穗笑弯了腰，也仿佛看到了人们丰收时热闹而繁忙的劳动场景。这里没有官场的尔虞我诈，没有他人恶意的指责与诽谤。虽然我被罢官免职，这一腔的愤懑却可消解在这自然、恬淡的乡村之中了。忘情之中，忽然发现乌云遮住了月亮。向远处望去，高远的天边尚有几颗寥落的星辰，但挺拔的山前却飘来零星的几点雨滴。这点雨大概是一场雷雨的前兆吧？我开始担心起来，责备自己只顾欣赏这眼前的美景而迷失在原本熟悉的小径之中。那土地庙树丛旁边过去明明有个可以避雨的茅店，现在怎么偏偏不见了呢？于是我加快脚步，匆忙赶路。经过溪边的小桥，拐了个弯，突然惊喜地发现了旧时林子边上的茅店旅社。在这里我不仅能避雨，还可以悠然自得地欣赏夏夜的雨景，真是意外的收获！

〔**分析**〕前两句从视听角度出发，写夜行当中的见闻。其中“惊鹊”“鸣蝉”运用了以动衬静的写作手法。月光之所以能够惊动鸟雀是因为鸟雀对光线十分敏感，从侧面反映出了夜的静。蝉的鸣叫使得本来宁静的夜晚显得更加清幽，也使大自然在宁静中充满了勃勃生机。“别枝惊鹊”的正常语序应是“惊鹊别枝”，调换语序是为符合平仄要求。“别枝”通常有斜枝、离开枝头几种解释。蛙多说明水多，水多是稻田丰收的前提。把“蛙”拟人化，写蛙“说丰年”，不仅生动地预示了丰年的景象，也反映出了诗人内心的喜悦。三四句嗅觉听觉并重。“香”不仅指稻花的清香，预示着丰收，也说明诗人心头甜蜜的感觉。“七八个”“两三点”这两个对仗工整的数量词，形象地体现出了星星的稀疏和细雨的轻微，与上阕的清幽喜悦相应，也兆示着一个新的过程的开始。最后两句与作者观察顺序相符，“忽见”把诗人忽然见到茅店的惊喜表现了出来。

〔**艺术**〕上阕写路，通过明月、惊鹊、清风、蝉鸣、稻香、蛙声等景物描绘了农村夏夜的优美景色。下阕写雨景及作者的心情。欣赏乡村美景，雨中迷路，突然看见茅店，这个过程一波三折，境界三变，同时也表现了作者沉浸于稻花香中以至于迷路的怡然自得的心情。整首词不仅写景物的动静、明暗、声音、气味，还寓情于景，写出了词人心情的变化。辛弃疾的农村词，通常是用田园般乡村生活的美好来安慰自己仕途的失意。

〔**评析**〕清许昂霄《词综偶评》：“后叠似乎太直，然确是夜行光景。”清陈廷焯《词则·别调集》：“所闻所见，信手拈来都成异采，总由笔力胜故也。”

〔**链接**〕黄沙岭在江西上饶县西四十里。宋孝宗淳熙八年（1181）冬，词人被奸佞中伤罢官之后，就开始在上饶居住，一直住了十五年左右。这中间虽然曾短期出仕，但基本上就住在上饶，有机会充分领略黄沙道上的风物之胜。描写这一带风景的词，现存约五首，即《生查子·独游西岩》二首、《浣溪沙·黄沙岭》一首、《鹧鸪天·黄沙道上即事》一首，以及本词。它们从不同角度体现了辛弃疾部分写景词中清新俊逸和绰约自然的风格。唐卢延让《松寺》：“山寺取凉当夏夜，共僧蹲坐石阶前。两三条电欲为雨，七八个星犹在天。”

〔**教学**〕将词中的数字换成别的数字或概括类词进行比较，使学生体会数字的作用。体会作者起伏变化的心情：欣赏乡村美景时心情怎样，雨中迷路时心情怎样，看到茅店后心情又是怎样的？

89. 林升《题临安邸》

山外青山楼外楼，西湖歌舞几时休？
暖风熏得游人醉，直把杭州作汴州。

〔**背景**〕这是一首题在临安（今浙江杭州）旅店壁上的诗。汴州又称汴京（今河南开封），为北宋都城。北宋灭亡之后，南宋在临安偏居一隅，至此已约半个世纪（作者活动于淳熙年间）。宋高宗消极抗金，过着苟且偷安的生活，都城临安呈现出了虚假繁荣。

〔**意境**〕青山一重重，山外还有青山。楼台一重重，楼台之外还是楼台，到处都是寻欢作乐的达官贵臣，到处都是歌舞升平、纸醉金迷，一派繁荣景象。这西湖的歌舞到底到什么时候才能停止?！靡靡之风已经熏得这些达官贵臣如醉如迷，熏得他们忘了靖康之耻，忘了北方的大好河山，忘了沦陷于异族的千百万中原人民了！面对国破家亡，君臣应该卧薪尝胆，以图收复失地，再回旧京（汴州）才是，现在怎么能是歌舞享乐的时候呢?！看样子，他们早就把杭州当作了汴州，只安于这种偏安局面。边境危机四伏，朝廷风雨飘摇，他们却还在心安理得地享乐。当日的汴州，由于他们的贪图享乐、不修军备，才落得被敌人攻陷占领的境地。如今，还不吸取教训，又把杭州当作当年的汴州一样酣歌醉舞，再不振作起来，到头来也会落得个同样的结果。

〔**分析**〕头两句抓住临安城西的特征，写出当年虚假的繁荣太平景象。“楼外楼”极言楼台之多，这才会引起人们的注意，表明达官贵人真多，也确实善于寻欢作乐。“游人”特指那些忘了国难、苟且偷安、在西湖山水之间享乐游逛的达官显宦。“暖风”一语双关，既指自然界的春风，又指社会上淫靡之风。“熏”“醉”把那些纵情声色、祸国殃民的达官显贵的丑态刻画得惟妙惟肖。末句直斥南宋当局忘了国恨家仇，辛辣的讽刺中蕴含着极大的愤怒和无穷的隐忧。

〔**艺术**〕全诗不用典故，篇幅极短却内蕴丰富，语言平易却忧愤深沉。构思巧妙，措词精当：冷言冷语的讽刺，偏从热闹的场面写起；愤慨已极，却不作谩骂之语。

〔**链接**〕清赵信《南宋杂事诗》："莫把杭州作汴州，山河牛角为谁谋。西湖水石无情况，纵少芦花也是秋。"（山河牛角：山河如牛角般越来越尖，越来越小。）陆游《示儿》、李清照《夏日绝句》、文天祥《过零丁洋》则表现了坚决抗敌、收复国土的爱国激情。

〔**教学**〕搜集当时有关抗金或反映朝廷黑暗的历史故事，如岳飞抗金却被陷害的故事，为学生做好情感铺垫，以引起感情共鸣：人不能安于现状，只顾眼前享乐。

90. 叶绍翁《游园不值》

应怜屐齿印苍苔，小扣柴扉久不开。
春色满园关不住，一枝红杏出墙来。

〔**意境**〕江南的二月潮湿温润，刚下过一场小雨，空气中弥漫着雨后泥土的芳香，大自然的景色焕然一新，不禁令人倍感清爽。我像刚刚到来的春景一样兴致盎然，穿上用来防滑和登山的木屐，决定乘兴雨后出门访友。到友人带花园的栅栏门前，看见门内青苔鲜绿，犹如一块温润的翡翠，园子中隐约传来声声鸟叫，清脆悦耳。很想看看园里的情景，但又怕惊扰了啼叫的鸟儿和沉静的绿意，于是弯起手指轻轻地敲了几下柴门，可是没有声响。又敲了几下，还是没人应声。虽然怕打扰如此安静环境中的主人，打扰宁静的春景，但又不舍得白白地走此一遭，所以只好又轻轻地敲了会儿，可还是不见有人来开门迎客。怎么回事儿呢？主人不在吗？难道也和我一样，雨后踏青去了？可是守着这么一大片美景，应该不会吧？转念一想，住在如此幽静雅致的地方，应该是个很爱清静的人，也许不愿被打扰？想到这儿，我不经意地低了一下头，看到了自己脚上穿的木屐，啊！或许是主人怕我的木屐的屐齿踏坏园中的青苔，破坏了这一片美景才闭门谢客的呢！未能入园观赏，不禁有些失落和扫兴。正在无可奈何、准备离去的时候，好像大自然体会到了我的心情，就在不经意抬头之间，竟看见墙上一枝盛开的红杏花正探出头来冲着人打招呼呢！那墙内必是杏花满树、春意满园吧？我不禁更加快意地想道：啊！满园的春色已经溢出墙外，任你主人把园门闭得再紧，也关它不住！我虽未进园，但满园春色我已尽览，就像我虽未见到园主你，却也感受到了你的品格与喜好，确是不虚此行！

〔**分析**〕“不值”即不遇。“怜”字用得颇有情致，诗人揣测园主人是有意拒绝，为下文做了铺垫，巧妙地引出后两句更新奇的想象。诗人未能入园的原因可以有很多：第一，也许园主真的不在家；第二，也许园主在家，但因为诗人“小扣”声音小，园主没有听到；第三，既然“小扣”，说明诗人生怕惊扰了满园春色，外人尚能怜惜这一番美景，园主何尝不是呢？因此，园主即使没有猜到诗人会穿木屐而来，可能也还是不开门迎客。最后一句不仅诗人“怜”春，春也“怜”人。从木屐、苍苔可以看出是新雨之后，这也正是春色满园的原因。苔生暗处，且茂密，故呈青黑色。以“一枝红杏”见“满园春色”，以小见大、以偏概全，给人留下了无限的遐想，使诗显得婉转含蓄，耐人咀嚼。作者所见出墙红杏可能不止一枝（古诗中常有诗句所写与实际所见不一的情形），说“一枝”，就有明显的聚焦作用，使其更显眼，也更能起到以“少”见“满”的作用。诗人未能入园游览，但从这出墙而来的“一枝红杏”却早已感受到了满园热闹的春色；虽未曾见到主人，却从他所居住的环境猜到了园主的性格喜好。春色也在这么一“关”一“出”之间，冲破围墙，溢出园外，显示出了蓬蓬勃勃、关锁不住的生命力度，也隐含着虽然园主未曾出现，但其品质也是想隐藏也隐藏不住的。

〔**艺术**〕作品采用了先抑后扬的写法。先是写“游园不值”，诗人不得不索然而归，把情绪压向低谷。就在诗人打算离开之际，突然发现“一枝红杏出墙来”，于是情绪一下就上升到了顶峰，悬念跌宕，耐人回味。后两句诗形象鲜明，构思奇特，“春色”和“红杏”都被拟人化，不仅景中含情，而且景中寓理。

〔**评析**〕宋陈思编《两宋名贤小集》："如'春色满园关不住，一枝红杏出墙来'，至今脍炙人口，虽村巷妇稚皆能诵之。"明瞿佑《归田诗话》："陈简斋诗云：'客子光阴诗卷里，杏花消息雨声中。'陆放翁诗云：'小楼一夜听春雨，深巷明朝卖杏花。'皆佳句也，惜全篇不称。叶靖逸诗：'春色满园关不住，一枝红杏出墙来。'戴石屏诗：'一冬天气如春暖，昨日街头卖杏花。'句意亦佳，可以追及之。"

〔**链接**〕本诗前两句一作"应嫌屐齿印苍苔，十扣柴扉九不开"。唐吴融《途中见杏花》："一枝红艳出墙头，墙外行人正独愁。"温庭筠《杏花》："杳杳艳歌春日午，出墙何处隔朱门。"陆游《马上作》："平桥小陌雨初收，淡日穿云翠霭浮。杨柳不遮春色断，一枝红杏出墙头。"宋张良臣《偶题》："谁家池馆静萧萧，斜倚朱门不敢敲。一段好春藏不尽，粉墙斜露杏花梢。"古诗中写"未遇却遇"的诗很多，参见贾岛《寻隐者不遇》一诗的"链接"部分。

〔**教学**〕通过对"怜""小扣"等重点字词的品味，引导学生体会诗人的惜春之情。抓住诗人未能入园这一点，深度挖掘诗人的心情以及背后隐含的园主的品格，从而体会"遇"与"不遇"的巧妙转换。将后两句中的"一"与"满"对比品味，采用换字法，将"一"换成"二""三"等其他数字，对比体会"一"字的妙处。

91. 叶绍翁《夜书所见》

萧萧梧叶送寒声，江上秋风动客情。

知有儿童挑促织，夜深篱落一灯明。

〔**意境**〕秋风瑟瑟的夜晚，独自一人客居舟中。秋风惹愁，江船漂泊，不禁思念起温暖的家乡来。心中郁结，难以入眠，步出船外呼吸一下新鲜空气。

满江黑暗，寒意袭人，秋风吹来，梧桐枯叶沙沙作响，纷纷飘落身边。正裹紧衣衫以挡寒风，忽然看到远处篱笆下一盏灯火忽明忽暗，使得周围显得更加黑暗，那该是孩子们在点着灯捉蟋蟀吧？灯火处，该是怎样的一幅景象呢？他们仿佛不在意瑟瑟秋风、落木纷纷，专注痴迷于玩乐。望着若隐若现的灯火，思乡的我恍惚中想起了自己小时候也是像这些孩子一样天真烂漫、开心有趣。我仿佛又回到了儿时亲切温馨的家乡，亲友的音容笑貌逐渐清晰起来。又是一阵秋风吹来，不禁打了个寒战，从回忆中醒来，再看那盏灯火，是那么孤单，周围是那么黑暗。灯火渐渐微弱了，儿童的欢声笑语也渐渐细微了，只剩下身处异乡的我和在黑暗中呜咽的秋风，真是成人不自在呀……

〔**分析**〕节候迁移，景物变换，最容易引起旅人的乡愁。“寒”字一语双关，既有寒凉之意，更有凄清之意。梧叶“送”寒声、秋风“动”客情都包含一种主动的意味，有不想感受到“寒声”却不得不感受到的无奈之意。据传晋人张翰官居洛阳，见秋风起而思念故乡，于是辞官回乡，了却心愿，“江上秋风动客情”暗用这一典故，传达了诗人久居在外、归家不得、思家念亲的思想感情。后两句视线从内移到外，视角大跨度跳跃，从侧面反映出诗人意绪纷繁，难以入睡。写“一灯明”而不是“两灯”“三灯”，是因为“一”更能表达出诗人孤独的心境，更能与周围的黑暗形成鲜明对比。作者所处可能为舟中，也可能为江边旅店。

〔**艺术**〕多用对比衬托：用童趣衬托己悲，以儿童在家衬托自己客居，以儿童天真衬托成人烦恼，以篱落灯明衬托四周黑暗，以风声叶动、儿童玩乐衬托自己的寂静孤单。诗人借萧萧落木和阵阵寒声来抒发凄怆落寞之感，是悲。写儿童夜捉蟋蟀时的欢悦之情，是喜。一悲一喜，相互映衬，以儿童之欢衬诗人之悲，愈感其悲，均是不着痕迹的借景抒情。以萧萧之声催发寒秋之感，用听觉形象沟通触觉感受，妙用通感，意味深长。

〔**评析**〕诗中写儿童夜捉蟋蟀，今人钱锺书《宋诗选注》说：“这种景象就是姜夔《齐天乐》咏蟋蟀所谓：‘笑篱落呼烟，世间儿女。’”若补上陈廷焯评姜词所云：“以无知儿女之乐，反衬出有心人之苦，最为入妙”（《白雨斋词话》卷二），便可想见诗人此时内心深处的悲哀了。

〔**链接**〕梧桐叶大，风吹较响，枯叶尤为如此。梧叶不耐寒，寒气来时即枯，故梧叶成为众多诗人写秋的典型意象。如韦应物《秋夜南宫寄沣上弟及诸生》：“况兹风雨夜，萧条梧叶秋。”明徐再思《双调水仙子夜雨》：“一声梧桐一声秋，一点芭蕉一点愁，三更归梦三更后。”元白朴有《唐明皇秋夜梧桐雨》杂剧。

〔**教学**〕可引导学生通过体会“送”“动”“一”等重点字词运用的妙处来深度挖掘此诗背后所蕴藏的情感，丰富诗的意境，加深理解。

92. 翁卷《乡村四月》

绿满山原白满川，子规声里雨如烟。

乡村四月闲人少，才了蚕桑又插田。

〔**意境**〕江南春夏之交，山陵是绿的，原野是绿的，充满了无限的生机。绿色的原野上一道道河渠纵横交错，将山原分成条块状，好似一幅美丽的画卷。河渠和水田都溢满了水，倒映着天光云影，满目一片亮白。此时，乡村到处都可以听到布谷鸟欢快的歌声，仿佛是一曲催人及早播送的欢歌，也仿佛唤来了这场细雨。绵密的细雨充塞天地，笼罩一切，像烟雾一样轻薄柔和、朦胧迷蒙、无处不在，似乎要将大地润透，田川灌满。在这充满希望的农村四月，人们都热情地忙碌着。他们既要养蚕采桑，又要忙着插秧。一项工作接着一项工作，甚至是这项工作还没有做完，下一项工作又接踵而至。人们忙得不亦乐乎，哪里会有无事可做的闲人呢？他们喜在脸上，乐在心头——都不约而同地期盼着即将到来的丰收。

〔**分析**〕“绿”与“白”相映成趣，自然在两者之间建立起了联系。“满”字化静为动，有充盈感和活力感，与下文“闲人少”对应，写出初夏与初春的风光大不相同。第二句中杜鹃的声声啼叫给优美的田园风光添加了勃勃的生机，似乎在赞美、享受这场细雨，间接表达出了作者喜悦的心情。雨带来了“绿”，也带来了“白”，为下文做了铺垫。“闲人少”自然地引出了农民繁忙的生产景象。“蚕桑”和“插田”分别对应上文的“绿满山原”“白满川”，“桑”“田”也分别写衣、食这两个方面。“才”“又”两个字相互关联，充满紧凑的动感，不写忙而繁忙自现。

〔**艺术**〕本诗前两句写景，后两句写人。语言自然清新，别具特色。有静有动，绘声绘色，鲜明如画。

〔**链接**〕描写乡村忙景的诗歌有很多，如白居易《观刈麦》：“田家少闲月，五月人倍忙。”叶绍翁《田家三咏》（其二）：“田因水坏秧重播，家为蚕忙户紧关。黄犊归来莎草阔，绿桑采尽竹梯间。”

〔**教学**〕抓住“绿”“白”“才”“又”等重点词，引导学生有感情地朗读。可让学生扩充想象“绿”“白”“子规声”“烟雨”所代表的丰富景象。也可画一画江南农村四月的景象。

93. 白朴〔越调〕《天净沙·秋》

孤村落日残霞，轻烟老树寒鸦，一点飞鸿影下。青山绿水，白草红叶黄花。

〔**意境**〕日头平西，落霞满天。举目望去，但见一座小小孤村披上了斜晖，笼罩在一片暗淡和清冷之中。偶有几丝炊烟缓缓升起，更增添了些许惆怅和扑朔迷离。几棵老树枝丫纹丝不动，树上的寒鸦也收拢了翅羽，默默辍立在枝头。眼前这秋日黄昏的景象了无生趣，令人顿感萧瑟。突然间掠过一只大雁，其速度之快使人只来得及瞥见它的身影。大雁打破了冷寂的氛围，我的目光不由自主地追随着它远去的踪影，目光所及却是另一番景象：远处的秋山尚未褪去青翠，在夕阳的光芒下显得格外娇艳；山下清澈的小河曲曲弯弯，泛起粼粼波光；山脚下还生长着茂密的丛草，草叶大多已经转白，白草间映衬着星星点点的红叶黄花，显得生机盎然。好一派五颜六色的秋日画面！看到这般美丽的景象，方才郁积胸中的萧瑟之情不禁烟消云散，代之以满心暖暖的喜悦。

〔**分析**〕前两句连用六词，并列呈现，词与词之间相互生发，将秋天的萧瑟充分表达了出来。“一点”说明大雁的距离之远，“飞鸿”“影下”说明大雁行动之快，打破了前两句所渲染出的凄清氛围，为阴冷静态的画面带来了活力，静中有动。“下”字也是全曲情感的转换标志，上半段作者着力渲染的凄冷萧瑟到此结束，取而代之的是活跃而鲜明的景色。“青山绿水”是远景，山尚青而水映绿，说明秋意未浓，尚是初秋时分；“白草红叶黄花”则是近景，这些都是秋季特有的景物，同青山绿水五色连用，构成了美丽的初秋画卷。作品无名的寂寞与淡淡的哀愁可能与经历由金入元的战乱及不愿出仕元朝有关，“一点飞鸿影下”可以看作暗喻自己摆脱了无生趣的处境与心境，而向往、拥抱美好的自然，过闲云野鹤般的隐居生活。

〔**艺术**〕结构新颖，章法生动：作者先铺排静景，又穿插飞鸿动景，而后再次铺排静景，结构规范而不呆板；章法上动静结合，变化而不单调。作者用白描笔法，不着谓词而直接铺陈景物，使意象直观涌现，增强了视觉冲击力，增大了作品容量，给人以明丽清新之感。青、绿、白、红、黄五种颜色，交织在了一起，而白、红、黄花三色，又是交杂在青山绿水之间的，五种颜色相互交杂，错落有致，原本是萧瑟的秋景一下子变得多姿多彩了起来。作者一笔并写两面，成功地将秋日迟暮萧瑟之景与明朗绚丽之景融合在了一起。先悲秋，后振作，与传统的悲秋之作不同。

〔**链接**〕元马致远〔越调〕《天净沙·秋思》：“枯藤老树昏鸦，小桥流水人家，古道西风瘦马。夕阳西下，断肠人在天涯。”亦用意象并置之法，被后人誉为“秋思之祖”。另有元无名氏〔越调〕《天净沙·秋思》：“平沙细草斑斑，曲溪流水潺潺，塞上清秋早寒。一声新雁，黄云红叶青山。”

〔**教学**〕可让学生发挥想象，画出诗中景致。也可让学生改写成诗。可引导想象：作者因何心情不畅？

94. 王冕《墨梅》

吾家洗砚池头树，个个花开淡墨痕。

不要人夸颜色好，只留清气满乾坤。

〔背景〕这是一首作者题咏自己所画墨梅（只用墨色所画的水墨梅花）的诗作。王冕是元末明初人，善画梅花，被称为“画梅圣手”。王冕自幼家贫，年少时白天放牛，晚上到佛寺长明灯下借光苦读，终于学得满腹经纶又能诗善画。但屡试不第，又不愿巴结权贵，于是绝意功名利禄，归隐浙东九里山，以作画易米为生。

〔意境〕我家洗砚池边生长着一株梅树。时值冬日，枝头梅花朵朵开放，竟像是吸收了洗砚池中的墨水，花瓣也带上了淡淡的墨色，非纯正的红色或白色。这不正适合用墨笔把它画下来吗？素白的宣纸上静静绽放着浓淡不一的墨色梅花，淡色为主，间或有一两朵浓重的点缀其间。虽是画作，却令观者舒心怡然，似乎陶醉在幽香满室中了。我欣赏梅花高洁傲视、予人馨香的情怀，便喜用墨色画梅花。画中的墨梅并不用鲜艳的色彩博得人们的夸奖赞叹，她只愿默默在天地之间散发清香。

〔分析〕首句交代所画之梅乃是洗砚池旁所生。“淡”字既道出画梅花的技法，又刻画出梅花朴素淡雅、傲立于严寒的风骨，令人耳目为之一新。墨梅本无香，而末句却说“清气满乾坤”，“满”字写出了梅香的充盈韵味，更凸显了诗人理想中的人格魅力。清气由画梅而来，也由池边真实生长的梅树而来，诗人终日书画，染水为墨，可见他的书画生涯有清气，他的理想人格更是充盈清气。“不要”与“只留”的对比，体现出梅花的独立意志与自主选择，也是诗人的自我写照。

〔艺术〕整篇托物言志。梅花开放在万花凋零的严寒季节，既有清肌玉骨的仙姿，又不畏冰雪，因此古人常把她作为坚强品格和高贵气节的象征。本诗先描绘墨梅的形象，再写其意愿，刻画了一个外表并不娇艳，但内在气质高洁端庄的梅花形象。后两句表现了诗人鄙薄流俗、宁愿独善其身也不愿媚俗的人生态度。诗人将画格、诗格、人格融为一体，看似赞誉梅花，实则借梅自喻。

〔**链接**〕历代多有墨梅诗，如金刘仲尹《墨梅》："生憎施粉与施朱，换骨玄都亦自姝。疏影冷香题不到，梦惊烟雨暗西湖。"王冕另有《墨梅》多首，如："老仙醉吸墨数斗，吐出梅花个个真。相见莫嫌颜色异，山林别是一般春。"晋代书法家王羲之有"临池学书，池水尽黑"的传说，王冕善画梅花，且也姓王，故化用了这一典故。

〔**教学**〕拓展阅读毛泽东的《卜算子·咏梅》，让学生思考两首诗作中的梅花形象有何异同。

95. 于谦《石灰吟》

千锤万凿出深山，烈火焚烧若等闲。
粉身碎骨浑不怕，要留清白在人间。

〔**背景**〕清姚之骃《元明事类钞》引《于肃愍公行状》云："景泰初，公监修京城时见石灰，因口占一绝云：'千锤万凿出深山，烈火坑中炼尔颜。粉骨碎身皆不顾，要留清白在人间。'此诗谶也。"一说此诗写于永乐十二年(1414)，当时作者只有十六岁。

〔**意境**〕大山里，采石工人们有的拿着锤子，有的拿着凿子，不停地对着坚硬的山石锤击，声音震耳欲聋。只有通过这样成百上千次的凿锤，才能够得到制作石灰的岩石。采石工们把岩石运进炉窑当中，不断地添火加柴，使得熊熊烈火喷射出半人高的火焰，岩石在烈火里一动不动，好像这样恶劣的环境对它来说已经习以为常了。经过长时间的焚烧后，原本坚硬无比的岩石被压成了洁白的粉末状，好像在向世人宣告：即使是将我压得粉身碎骨，我也要将我清白的颜色留在人世间。我何尝不像这石灰一样呢？如今，朝廷内部腐败奢华，百姓生活困苦不堪，边境安全危机四伏，在这样的环境当中，我要和这些恶势力斗争到底，哪怕牺牲掉自己的性命，也要为了百姓的利益和国家安危斗争，要留清白于世。

〔**分析**〕诗的一二句具体描写石灰的开采和提取，“千锤万凿”写出了石灰原料开采的艰难，“烈火焚烧”说明了石灰提取的方法，反映出石灰在制作过程中经历的重重磨难，突出其坚硬的特点。一个“若等闲”表达了石灰面对苦难不惧怕、不退缩的精神，并以此自喻。三四句升华，诗人以石灰焚烧压制之后的状态“粉身碎骨”来进一步比喻自己不怕牺牲的品质，表达了通过牺牲使生命获得新的价值的坚定信念。

〔**艺术**〕本诗是一首典型的托物言志诗，运用双关手法，句句是描写石灰，又句句描写诗人自己。语言简练质朴，但内涵深刻。

〔**链接**〕烧制石灰的过程：先把巨大的石灰石砸成小块石料（石灰石的主要成分是碳酸钙），放入石灰窑中，经高温煅烧生成一种白色固体——生石灰。在将生石灰磨成细粉状的过程中，在空气中遇水熟化而得到熟石灰，其主要成分是氢氧化钙。最后，熟石灰与空气中的二氧化碳发生反应，生成不溶于水的白色固体碳酸钙，即供人们使用的石灰粉。

〔**教学**〕联系其他托物言志的诗学习。结合石灰烧制过程体会其品德。

96. 纳兰性德《长相思》

山一程，水一程，
身向榆关那畔行。
夜深千帐灯。

风一更，雪一更，
聒碎乡心梦不成。
故园无此声。

〔**背景**〕康熙二十一年（1682）二月，作者身为一等侍卫，扈从康熙皇帝北上盛京（今沈阳）祭扫祖墓、祭祀长白山，途中作此词。

〔**意境**〕浩浩荡荡的人马从京城出发，向山海关外行进。路途十分艰险，既要翻越崇山峻岭，又要涉过激流险滩。远处，山野一片苍茫，这高山远水走了一程又一程，何时才能够到达榆关？又是何时我才能够重返家园？当大批人马庄严荣耀地一直前进时，我却是频频回首，望断千山万水却怎么也看也不见家园的踪影。不知不觉中夜色已深，寒气渐重，人马停宿在幽黑的草原，无数帐篷都闪烁着点点灯火，好似繁星落地，与远方天空中的群星交相辉映，好一片广袤壮阔的景象。夜越来越深，可是我依旧辗转反侧，无法入睡。帐外，狂风呼啸，雪片扑打帐篷的声音不断传入耳中，时间一更一更地流逝，我多想做个好梦——在梦乡中回到故园，那里没有塞上风雪的酷寒，有的是家中舒适的生活环境、家人的嘘寒问暖以及朋友的理解和关切。可这恼人的喧闹风雪却搅扰了我的好梦，温暖的家乡又何曾有过这恼人的风声雪声？

〔**分析**〕“程”是指路程、道路，“一程”重复出现，将行军中的无奈、寂寥、艰苦及望不到头的重复真切地表现了出来。“榆关”指山海关，“那畔”指山海关外。“身”字从侧面反映出作者身在军中而心在故乡，“身”“心”的强烈对比更加凸显出对故乡的思念之情。“千帐”写出了行军队伍之大，写出了随行人员的自豪，也写出了塞上壮观的夜景，而此时只有作者以之为忧虑，勾起了其思乡之情，对照鲜明。灯照出众人的不眠及欢乐，愈衬作者之伤感。“一更”重复出现，不仅与“一程”相互对照，写出了风雪交加的场景，也写出了作者在无眠中挨过漫漫长夜，以哀景衬托哀情，也从侧面写出了彻夜未眠的原因。“聒”指噪音嘈杂刺耳，运用了拟人手法，突出了作者与风雪为敌及无可奈何的感受。

〔**艺术**〕本词总体上运用了借景抒情的手法。文章的上阕写景，空间广袤，气势开阔，景中也包含着深厚的思乡之情；下阕抒情，随着时间的变化作者的思乡之情也越来越浓烈。整首词中没有一句写思乡，但思乡之情却渗透在每一句中。“一程”“一更”既是景语，也是情语，使得上下阕相互照应、整齐对称。本文的另一特色是语言清新质朴，选取的景色都是普通的事物，如山、水、风、雪等。作者把自己细腻的感情融入到了广阔雄壮的景色中，寄托思乡之愁，感情真切。

〔**链接**〕康熙帝因于康熙二十年平定了长达九年的三藩之乱，于本年上元节（农历正月十五）在宫内召宴内阁翰林等，号为“升平嘉宴”。时过一月，又有此北上之行。此行一方面为告慰祖先神灵，另一方面也是为了显示武威、安定民心。此行中作者还作有《如梦令》词：“万帐穹庐人醉，星影摇摇欲坠。归梦隔狼河，又被河声搅碎。还睡，还睡，解道醒来无味。”主题同本词。宋柳永《爪茉莉·秋夜》：“每到秋来，转添甚况味。金风动、冷清清地。残蝉噪晚，其聒得、人心欲碎，更休道、宋玉多悲，石人、也须下泪。”纳兰性德的父亲纳兰明珠时为大学士，势力正熏，自己又年少即中进士，深受康熙帝赏识，却不以功名为念，特重夫妻情感，故十分恋家，不以扈从为荣，反以为苦。他情思细腻、敏感、真挚，常有出世思想，可能与小时候的成长经历有关。

〔**教学**〕介绍词人的生平、情感特点以及作品写作背景，帮助学生理解为何作者不以年少得志、侍卫扈从为荣，反以之为苦，并执着地思念家乡。

97. 郑燮《墨竹图题诗》

衙斋卧听萧萧竹，疑是民间疾苦声。

些小吾曹州县吏，一枝一叶总关情。

〔**背景**〕乾隆十一年至十八年（1746—1753），诗人在潍县（今山东潍坊）任知县，任职期间时刻想着民间疾苦，感同身受便写下此诗。

〔**意境**〕连日来，到衙门申冤的老百姓日渐增多，案桌上铺满了冤书。不是谁家因为旱情交不上赋税，就是谁家因为土地被富豪吞占闹出人命，这都要“归功”于朝廷的赋税制度和那些贪官污吏、土豪恶霸吧！一方面是猛于虎的苛政，一方面是富豪恶霸的土地吞占，可怜的老百姓们生活在这样的夹缝中，每日辛勤劳作却依旧过着穷苦的日子，赶上灾荒就更是民不聊生、路死饿殍了！想到这些我不禁心如刀绞，决定今晚批阅完所有案卷，尽快给百姓们一个答复。不知不觉夜已过半，看着批阅完的一摞案卷，欣慰之余带来些许倦意，便顺势躺在书斋长椅上。迷迷糊糊地即将进入梦境，只听得夜风夹带着雨水撞击窗子，扰我入梦。凝神谛听，夜风逐渐强劲，窗外的青竹在狂风肆虐下左右摇晃起来，婆娑的枝叶萧萧作响，时而像年幼孩童饿着肚子望着母亲发出的呱呱期盼声，时而像白发老者坐在田间看着干死的禾苗发出的悲戚绝望声。我们虽然官位低微，但不正是离百姓最近、最能理解体恤百姓的人吗？何为父母，"'乐只君子，民之父母。'民之所好好之，民之所恶恶之，此之谓民之父母"。作为老百姓的父母官，我们应该乐民之所乐，恶民之所恶，关心百姓一点一滴的细微小事，为民做主，为百姓谋利益，做一个像竹子一样品节高尚的君子。想到这些，我再也难以入眠，索性起来研好浓墨，画下一幅墨竹图。

〔**分析**〕首句"衙斋"点明地点，是在衙门的书斋里，并由此侧面展现诗人心系百姓、深夜办公的爱民之心，引出后面"疾苦声"。"萧萧"叠词的使用一方面拟出大风吹动竹叶的声音，另一方面"萧萧"又常与"冷落凄冷"相关，给"疾苦声"奠定悲戚的感情色彩。风吹叶响本是极平常的事，但是诗人却联系到"疾苦声"，这反过来突出了关爱百姓、体恤民情的高尚品质。"一枝一叶"有借代象征的意味，表面看来是与"萧萧竹"对应，写竹子的枝叶，实则蕴含着百姓的一举一动、一饮一啄都牵动着诗人的心，更进一步体现作者忧国忧民的思想。

〔**艺术**〕本诗为题画诗。诗人以竹为对象，托物言志，首句实写竹，后三句均为情感抒发。语言质朴，借代使内容含蓄隽永，回味悠长。

〔**链接**〕此诗题目另作《潍县署中画竹呈年伯包大中丞括》《画竹呈包括》。(年伯：科举时代对父亲同年登科者的尊称，也用于称与自己同榜考取者的父辈，后用以泛指父辈。包大中丞括：即包括，杭州人，曾任山东布政使，署理巡抚，故称"中丞"。）清查慎行《发彭泽纪事和恒斋》："民间疾苦原难悉，移粟徒烦睿虑劳。"

〔**教学**〕此诗为题画诗，可以配合着画讲。让学生说说自己听到风吹竹叶时会想到什么，与作者的心情做比较。

98. 郑燮《竹石》

咬定青山不放松，立根原在破岩中。
千磨万击还坚劲，任尔东西南北风。

〔**意境**〕高耸的山石上但见一枝枝竹子紧紧巴住干冷无土的石块。如此屹立不倒，原来是簇生的根须硬是深深咬入了岩石的缝隙之中。不知何处罅隙之间扬起一阵强劲的山风，贴地卷过，石上的竹子被风吹得摇晃不止，枝干在风中渐渐弯折，细脆的枝叶也纷纷落下。这风来得快，去得也快，风力一弱，枝枝翠竹即刻挺立如初。像这样的狂风吹打，石上竹子早已经历了千千万万次，然而无论烈风如何肆虐折磨，竹竿依旧傲然挺立，坚劲不折。狂风迟早会止息，风过后落叶满地，翠竹却傲立如初，似带笑意。

〔**分析**〕开篇即用“咬定”二字，传达出岩上之竹的风神，将它拟人化，形象地写出了竹根紧扎石缝之状。“原在”是作者的推究与解释，“破岩”说明竹子生存环境的恶劣。“千磨万击”极写磨砺之多和摧残之烈。“还”字带有转折之意，更凸显了它的风骨。“任”字写出了竹的坦荡大气，也蕴含着人的坦荡情态，体现了石上竹开阔磊落、笑对四方磨砺的顽强性格。“尔”字含有对对方的蔑视之意。“东西南北”写尽了四方之风，也包括了四季之风，突出范围之广和时间之长，与上文的程度之烈互相映衬。

〔**艺术**〕托物言志是本诗最大的特点，作者借傲岸的翠竹，写出了自己的正直倔强。诗人既抓住了竹子的最大特色，又和自己历尽磨难的身世、耿直傲岸的性格结合了起来，表面写竹，其实写人。

〔**链接**〕郑燮极善画竹，自言“画竹子以慰天下劳人”，本诗即是题画诗。原题为《题竹石画》，共两首，其二云：“竹枝石块两相宜，群卉群芳尽弃之。春夏秋冬全不变，雪中风味更清奇。”

〔**教学**〕可搜集诗人此画的图片（画上有诗），向学生展示，以便更形象地理解诗意。

99. 袁枚《所见》

牧童骑黄牛，歌声振林樾。
意欲捕鸣蝉，忽然闭口立。

〔**意境**〕夏日炎炎，我在家中读书作诗，窗外知了好像也受不了这空气的炎热，吱吱乱叫。我甚感烦躁，于是决定到郊外走走散心。走在乡间野外的林荫小路上，边走边看，不知不觉间，已来到了一大片又大又茂密的树林，树荫满地，鸟儿欢叫，我的心情一下子开朗了不少。忽然一阵歌声传来，我甚是好奇，遥望远处，原来是一位黄发垂髫的小牧童骑在黄牛背上，正手扬牧鞭缓缓而来。也不知有什么开心事儿，他一路行一路唱，唱得好脆好响，快乐的歌声回响在茂林中，似乎把树叶都震动了。忽然，歌声戛然而止，只见他脊背挺直，嘴巴紧闭，两眼直直地凝望着高高的树梢。“知了，知了，知了……”树上，一只蝉儿正在扯开嗓门，自鸣得意地唱呢。原来，正是它把小牧童吸引住了，他正想将蝉儿捉到手呢！看，他轻轻地伸出小手合成小碗状，身子前倾，慢慢靠近鸣蝉，接着……

〔**分析**〕读者看到题目“所见”，正在想诗人见到了什么的时候，第一句诗就回答了这个问题，就像一张等待作画的白纸，诗人一笔就先把画的中心——一个悠然自得的牧童形象——勾勒了出来，悠闲的基调也奠定了下来。“振”字用夸张手法将歌声的嘹亮和穿透力写了出来。用“林樾”而不用树林、树梢，给读者留出了很大想象空间：树林中会有些什么？“意欲捕鸣蝉”不是写诗人所见，而是对牧童心思的推想。“忽然闭口立”写出了牧童机灵敏捷的动作和神态变化。这两句抓住牧童刹那间心理发展和动作变化这一细节，生动形象地勾画出一幅“牧童捕蝉图”。诗人应该是先看到牧童“忽然闭口立”，才会有“意欲捕鸣蝉”的推想，诗中将“忽然闭口立”置后，既是为押韵，也留下了想象空间——牧童“闭口立”又发生了什么呢？是否捉到蝉了？是怎样捉的？捉到后是怎么处理的？

〔**艺术**〕歌声、蝉鸣写声音，黄牛、林樾写颜色，事物有限却声色兼备。高坐牛背、大声唱歌是小牧童的动态，屏住呼吸、眼望鸣蝉是小牧童的静态。从动到静的变化，写得既突然又自然，把小牧童天真烂漫、好奇多事的形象，刻画得活灵活现。

〔**链接**〕古代有关牧童的诗词很多，如周敦颐《牧童》："东风放牧出长坡，谁识阿童乐趣多。归路转鞭牛背上，笛声吹老太平歌。"隐峦《牧童》："牧童见人俱不识，尽着芒鞋戴箬笠。朝阳未出众山晴，露滴蓑衣犹半湿。二月三月时，平原草初绿。三个五个骑羸牛，前村后村来放牧。笛声才一举，众稚齐歌舞。看看白日向西斜，各自骑牛又归去。"

〔**教学**〕此诗所隐含的空白之处很多，需引导学生充分想象，通过编故事补充空白，体味诗的故事性。也可引导学生在想象的基础上把牧童的神态和捕蝉的瞬间表演出来，还可以作画。

100. 龚自珍《己亥杂诗》

九州生气恃风雷，万马齐喑究可哀。

我劝天公重抖擞，不拘一格降人才。

〔**背景**〕我国古代用天干地支法来纪年，己亥在本诗中指道光十九年(1839)，即鸦片战争的前一年。这年作者四十八岁，因不满于官场的黑暗，辞官南归，后又北上接取家属，在南北往返途中，写成三百一十五首短诗，并总命名为《己亥杂诗》。它是近代著名的大型组诗，以诗人的一生经历为主线，述写其平生出处、著述、交游等，题材广泛；或记事，或抒情，内容复杂，大多借题发挥，抨击时弊，表达其反对侵略、呼唤变革的思想和对未来的憧憬，其风格雄奇与哀艳并存。这里选录的是第一百二十五首，也是最突出的一首，是作者在一次祭神活动中，应道士邀请所写的祭神诗，最能体现作者的精神及对时代的要求。

〔**意境**〕现今朝廷腐败，官场黑暗，我愤然辞官，打算北上接取家属后南归杭州老家。一路上看惯了官场上的尔虞我诈、民生疾苦，在深感痛心的同时，也期待着变革这黑暗的社会状况，换一个新的天地。正赶上此地赛神会，看着供的玉皇大帝等雕像，不禁又想起这个日夜惦念的心病。记得苏轼的《三马图赞引》中曾提到，说是宋朝有一匹高大雄壮的西域贡马，“振鬣长鸣，万马齐喑”，这不正是现在社会的状况吗？在腐朽、残酷的统治下，人们的思想被禁锢，人才被扼杀，到处是昏沉、庸俗、愚昧，士人人人自危不敢言，社会政局一片死寂，令人窒息，这种状况真是太可悲了！神州大地要想出现生机勃勃的新局面，必须要有一场如急风惊雷般尖锐猛烈的变革。实行社会变革最重要的因素就是人才，新局面是不可能自动出现的，而是要依靠人才去破坏旧世界，缔造新世界。人才需要多种多样，不应嵌在一个框子里。人才能否出现主要取决于朝廷能否不拘陈规地选拔任用人才，要是当今皇上广纳贤才，不再固守陈规旧例，那该多好！望着眼前的神像，我只得把希望暂寄于天公的开眼，祈求天公打破清规戒律，降下有用的人才，期待着改革大势形成新的风雷和生机，以一扫笼罩九州的沉闷和迟滞的局面。

〔**分析**〕前两句用“万马齐喑”和“风雷”两个比喻，写出了诗人对当时中国形势的看法，从整体着眼，写得大气磅礴、雄浑深邃。后两句用奇特的想象表现了诗人期待人才被重用的殷切希望，既揭露矛盾、批判现实，更憧憬未来、充满理想。“九”“万”“一”数字入诗，使诗气势磅礴，大有风雨招之即来之势。诗人要求人们去重新思考，振奋起来，以达到改造世界的目的，本诗的启蒙意义就在于此。

〔**艺术**〕全诗感情激越，想象奇特，语言大胆犀利又直抒胸臆，兼用比喻手法，富有浪漫主义气息。诗人借题发挥，有力地鞭挞了昏庸的统治，反映了诗人希望改革现状、期待人才辈出的强烈愿望，满腔爱国热情跃然纸上。

〔**链接**〕《己亥杂诗》还有一首：“浩荡离愁白日斜，吟鞭东指即天涯。落红不是无情物，化作春泥更护花。”同样表现了诗人虽然脱离官场，却依然关心着国家的命运，不忘报国之志。

〔**教学**〕可多搜集诗的创作背景方面的资料，让学生充分了解当时的社会背景。重点理解“降”在诗中的意思，引导学生理解“降人才”与“用人才”

的关系。

101. 高鼎《村居》

草长莺飞二月天，拂堤杨柳醉春烟。

儿童散学归来早，忙趁东风放纸鸢。

〔**意境**〕南方乡村的二月已是生机勃勃。我独自散步在乡间的小路上，享受春天带来的活力。阳光娇艳，空气清新，碧空如洗，把整个乡村衬得亮丽而生动。村子前后的田野里，泥土散发出清香，小草在春风的抚摸下，尽情地舒展着腰肢，大概是想比一比谁长得更快吧？蓝湛湛的天空中，飞翔的黄莺自由欢快地歌唱着。堤旁的杨柳摇摆着碧绿柔长的枝条，轻轻地抚摸着堤岸。那水泽和草木间蒸发的水汽凝成的雾，飘荡在杨柳间，为这个生机盎然的春天更增添了一种朦胧美。杨柳也似乎被这浓丽的景色所迷醉，枝条摆动的瞬间更显得妩媚动人了。好一幅江南乡村风景图啊！孩子们放学了，他们无暇抬头去看那被他们的笑声感染而唱得更欢的黄莺，也无心在路上贪玩，而是急急往家赶。我甚是好奇，不经意抬头一看，啊！原来他们是想赶着东风劲吹的时候，美美地把风筝放上天空啊！你看，那蔚蓝的天空中不一会儿就飞起了一只只五彩斑斓的风筝。那些孩子肯定是早就准备好了风筝就等放学了。“放得高些，再高些!”循着孩子们的嬉笑声望去，只见风筝们仿佛也怕错过了这醉人的美景一样，在和煦的春风中，尽情地越飞越高。天色渐晚，我恋恋不舍地踏上了归家之路，耳边仿佛还飘荡着孩子们的欢声笑语……

〔**分析**〕在静态景物草、莺、杨柳、春烟、儿童、东风、纸鸢这些词前冠以长、飞、拂、醉、归、放这些动词，体现了生命的运动和春天的生机勃发。诗人选写的这些人和事也为美好的春光平添了几分生机和希望。“拂”和“醉”将景物拟人化，“拂”字刻画出了杨柳在春风中袅娜多姿的形态，而杨柳“拂堤”堤自醉，也正好应了后面的“醉”字。“醉”字不仅是写杨柳因“春烟”

而“醉”拂堤岸，春烟也因杨柳拂堤的美态而自“醉”，而且把诗人看到的乡村春景描绘得美到了极致，因为只有美到极致才会醉人。不仅青草因“醉”而生长、莺因“醉”而飞，而这些景物本身就组成了一幅醉人的乡村春景图，它们的“醉”自然又组成了一个醉人的充满生机的早春。不仅这些景物“醉”，人也“醉”，儿童放学归来因“醉”而放纸鸢，而那放飞的童心和孩子脸上灿烂的笑容又为这个醉人的春天增添了更加醉人的风景。东风吹来了春景，也吹起了风筝，绾合前后两句。

〔**艺术**〕全诗有景有人有事。字里行间透露出对春天来临的喜悦和赞美，透露出对乡村安逸无忧生活的留恋和热爱，充满了生活情趣。前两句由远及近，后两句由下及上，视野开阔。诗人将蓝天与黄莺、多彩的纸鸢、杨柳与春烟放在一起，色彩对比鲜明，一幅乡村生活“乐春图”跃然纸上。

〔**链接**〕唐欧阳玭《社日村居》：“鹅湖山下稻粱肥，豚阱鸡栖对掩扉。桑柘影斜春社散，家家扶得醉人归。”宋张舜民《村居》：“水绕陂田竹绕篱，榆钱落尽槿花稀。夕阳牛背无人卧，带得寒鸦两两归。”

〔**教学**〕可通过对“醉”字的分析引导学生充分展开想象，丰富诗所描绘的画面，可以让学生说，也可以写，还可以画下来。也可让学生说说自己放风筝的心情体会，感受诗人的心情。还可引导学生想象创作背景，及作者看到这幅美景后的所做所想。

【思考与练习】

1. 对于古诗解读的思路，你有什么自己的想法？
2. 对于本章所述作品解读，你有哪些修正和补充？
3. 借鉴本章思路，解读其他古诗作品。

主要参考书目

朱光潜著：《诗论》，上海古籍出版社 2001 年版。

陈良运著：《中国诗学体系论》，中国社会科学出版社 1992 年版。

张松如主编，庄严、章铸著：《中国诗歌美学史》，吉林大学出版社 1994 年版。

萧华荣著：《中国诗学思想史》，华东师范大学出版社 1996 年版。

吴建民著：《中国古代诗学原理》，人民文学出版社 2001 年版。

王南著：《中国诗性文化与诗观念》，四川民族出版社 2002 年版。

叶维廉著：《中国诗学》，生活·读书·新知三联书店 1992 年版。

傅璇琮等主编：《中国诗学大辞典》，浙江教育出版社 1999 年版。

王力著：《汉语诗律学》，上海教育出版社 2002 年版。

王力主编：《古代汉语》，中华书局 1992 年版。

麻守中著：《中国古代诗歌体裁概论》，吉林大学出版社 1988 年版。

钱锺书著：《谈艺录》，中华书局 1984 年版。

傅庚生著：《中国文学欣赏举隅》，北京出版社 2003 年版。

师长泰著：《唐诗艺术技巧》，陕西人民出版社 1991 年版。

宋绪连等主编：《唐诗艺术技巧分类辞典》，中国人民大学出版社 1996 年版。

胡晓明选编：《唐诗二十讲》，华夏出版社 2009 年版。

李浩著：《唐诗的美学阐释》，安徽大学出版社 2000 年版。

陈伯海主编:《唐诗汇评》,浙江教育出版社 1995 年版。

王兆鹏、吴熊和主编:《唐宋词汇评》,浙江教育出版社 2004 年版。

吴小如等撰写:《汉魏六朝诗鉴赏辞典》,上海辞书出版社 1992 年版。

萧涤非等撰写:《唐诗鉴赏辞典》,上海辞书出版社 1983 年版。

缪钺等撰写:《宋诗鉴赏辞典》,上海辞书出版社 1987 年版。

钱仲联等撰写:《元明清诗鉴赏辞典》,上海辞书出版社 1994 年版。

唐圭璋等撰写:《唐宋词鉴赏辞典》,上海辞书出版社 1988 年版。

蒋星煜主编:《元曲鉴赏辞典》,上海辞书出版社 2008 年版。

中华人民共和国教育部制定:《义务教育语文课程标准(2011 年版)》,北京师范大学出版社 2012 年版。

姚春杰主编:《小学语文名师古诗文课堂实录》,华东师范大学出版社 2009 年版。

后　记

当持续了几年的写作终于结束时，我们心中忍不住涌起了欣慰、遗憾与惶恐。

欣慰的是我们始终把这本书的编写看成是严肃的、颇有价值的、富有挑战性的工作，自认为也取得了一些创新。理论篇基本上是“述”——承述前人的观点，不过也努力有自己的思考，如对于古诗美学特点的梳理、格律部分的附论。教学篇自己的思考多一些，如教学原则、教学步骤、某些教学方法等方面，针对目前古诗教学存在的普遍问题提出了一些改进思路。耗费心力最多、“作”（创新）的成分较大的是作品篇。首先在体例上，确立了先悟后思、以意境复现为核心的鉴赏思路，这是近七八年以来我在京郊小学教师培训中一直提倡的方法；其次在链接部分搜集了不少资料，其中很多不见于已有著述，教学建议部分也努力结合作品特点提出有针对性的、有助于发散思维的建议；最后是经三轮修改，不断提升补充，很多作品的解读相对于已有成果有或多或少的超越。这部分我们投入的不仅有时间，还有心灵，当然收获也最大，真正沉浸在古诗境界中时才能更多地感受到古诗的精妙，体会到拥抱自然、主客相融的愉悦，才能使心灵受到净化。

遗憾的是由于篇幅限制，定稿时删去了六万余字，包括理论篇的古诗创作艺术技巧简述，教学篇的两篇案例，作品篇的三十五首古诗解读。

留下更多的还是惶恐。我们对古诗理论缺乏专门性的精深研究，对古诗教学实践中的具体问题了解得还不够深入全面，古诗解读能力有限，加之古诗解读本身就是个无底洞，不可能解得尽善尽美，故深感本书存在着诸多有待改进之处，现在将其献出，的确满心惶恐。聊以自慰的是我们尽心尽力了，基本上代表了我们目前能达到的最高水平。完成仅仅是一个新的开端，此时不禁想起两句看似简单的诗句——欲穷千里目，更上一层楼。着意于“更上一层楼”而不是“身在最高层”，就使得攀登永远处在动态过程中，顶点似乎是不可企及的，或者是不必追求的，真正的意义蕴含在追求的过程中。

诗意无限，古诗教学探究亦无限。

我们真诚欢迎读者诸君指出本书的不足，或就古诗教学问题进行交流探讨，联系邮箱：jqzpr@sina.com。

张平仁

2015 年 7 月